SOUL
DATING

Sommaire

Partie 1

RÉGULATION ET COMPOSANTES ÉNERGÉTIQUES DE L'ÊTRE

Partie 2

LES PLANS PHYSIQUE ET VITAL

Partie 3

LE PLAN ÉMOTIONNEL

Partie 4

LE PLAN MENTAL

Partie 5

LE PLAN CAUSAL

Partie 6

LES PLANS SPIRITUEL ET DIVIN

Introduction

“

Nous n'avons aucun mal à considérer l'être charnel et terrien que nous sommes puisque notre rapport au monde passe avant tout par notre relation physique à celui-ci.

Mais au-delà d'être faits de chair, nous ressentons aussi des émotions, portons des mémoires, avons des souvenirs et savons raisonner, réfléchir, penser. Nous sommes donc des êtres charnels, mais revêtons quantité d'autres dimensions moins tangibles touchant plutôt au domaine du mysticisme et du sensible.

Il est question dans ce livre de la dimension spirituelle de notre être. C'est un sujet assez sensible et clivant en occident, alors qu'il est accepté et banalisé dans d'autres pays d'Orient ou d'Amérique du sud. En Europe tout particulièrement, nous nous sommes coupés de cette dimension de notre être, car cela n'entre plus dans nos codes sociaux-culturels. Nous avons peur de cet aspect de notre personne, car nous le maitrisons que trop peu ; et nous le savons, l'égo ayant peur du nouveau, cela le fait sortir de sa zone de confort. Nous avons aussi inconsciemment associé la spiritualité à la religion et à ses nombreuses dérives. C'est un amalgame qui arrange bien sûr notre système qui se veut capitaliste, basé sur le profit et la compétition plus que sur le bien-être de chaque individu.

”

Malgré cela, ces dernières années, de nombreuses personnes se sont mises à se reconnecter à tous ces aspects de leurs êtres ; il y a un éveil des consciences, une ouverture d'esprit qui s'est opérée...

« BEAUCOUP ONT CAPTÉ LEUR ESSENCE PROFONDE, VOULANT ALLER MIEUX, VERS PLUS DE SENS. »

Ce livre vous propose une vision globale de l'être, afin que vous puissiez apprendre à le traiter, le gérer et l'exprimer dans toutes ses dimensions. Les clés que je partage dans cet ouvrage vous aideront à les harmoniser, les relier entre elles et à les impliquer dans votre quotidien.

VOUS VOUS DONNEREZ L'OPPORTUNITÉ D'APPRÉHENDER VOTRE INCARNATION AVEC UNE VISION PLUS LARGE ET PLUS JUSTE DE QUI VOUS ÊTES, ET DONC DE TOUCHER À CE À QUOI VOUS ASPIREZ RÉELLEMENT ET PROFONDÉMENT.

Utilité

SI NOUS NE PRENONS EN COMPTE QUE NOTRE ÊTRE CHARNEL, NOUS NOUS COUPONS DES AUTRES DIMENSIONS.

Une vision holistique de notre être nous permet de mieux nous comprendre, de mieux appréhender notre existence en fonction de nos besoins personnels et spirituels.

En considérant en intégralité l'être que nous sommes, nous pouvons alors nous épanouir, nous réaliser, demeurer en bonne santé, toucher à la réalisation de soi, laisser notre âme s'exprimer dans la matière.

Comprendre conjointement notre être physique et notre être spirituel nous permet d'emprunter un chemin nouveau... Afin que celui-ci ne se veule ni éreintant ni désespérant, il nous est important de rester tolérants et indulgents envers nous-mêmes.

Même si nous devons aussi faire preuve d'auto-discipline, la patience et la douceur restent indispensables afin que nous puissions avancer paisiblement dans un contexte et un environnement épanouissants.

VISION HOLISTIQUE DE L'ÊTRE

"

Nous possédons au total 6 corps subtils en plus de notre corps physique. Chaque corps subtil entre en vibration énergétiquement avec un plan vibratoire qui lui correspond en terme d'énergie.

- Chaque corps subtil est principalement relié à un chakra (même s'ils sont indirectement en correspondance avec tous).
- Chaque chakra est quant à lui influent sur une glande endocrine, et en lien avec certains de nos organes.
- Chaque corps émet sa propre aura. L'ensemble de toutes nos auras donne une aura globale.

CORPS SUBTILS	PLANS VIBRATOIRES	CHAKRAS	GLANDES ENDOCRINES
DIVIN ou ATMIQUE	Âme et Source	Coronal	Epiphyse (pinéale)
SPIRITUEL ou BOUDDHIQUE	Conscience et esprit supérieurs	3ème oeil	Hypophyse
CAUSAL	Mémoires	Gorge	Thyroïde
MENTAL	Pensées	Coeur	Thymus
ÉMOTIONNEL ou ASTRALA	Emotions	Plexus solaire	Pancréas
VITAL ou ÉTHÉRIQUE	Energies	Sacré	Gonades
PHYSIQUE	Terrestre	Racine	Surrénales

Définitions

L'EGO

c'est un programme intérieur qui nous pousse à assurer notre viabilité dans le monde matériel. Il génère d'ailleurs dans cette optique, des instincts et réflexes afin d'assurer notre survie. Il s'imprègne dans notre inconscient afin de se glisser dans les filtres de notre mental et de notre émotionnel et nous inciter à faire quelque chose ou bien à nous en dissuader ; et ce dans le but de nous protéger (du moins c'est ce qu'il croit faire) (1).

LE MENTAL

celui qui est capable de donner une forme mentale, c'est-à-dire conceptuelle, rationnelle, et compréhensible aux choses, mais aussi aux données intangibles captées par l'esprit (2).

LA CONSCIENCE

celle qui révèle à l'esprit des perceptions et données ; mise en lumière qui dépendra du degré d'ouverture de cet esprit. À ne pas confondre avec la conscience individuelle qui nous permet de conscientiser, de considérer le fait que nous soyons chacun des êtres uniques à part entière.

L'ESPRIT

celui qui a la faculté d'obtenir une vision d'ensemble, contrairement au mental qui ne peut traiter que ce qui est présent consciemment. L'esprit peut transmettre des données, des informations sur tout ce qui EST et existe car l'esprit VOIT. C'est-à-dire qu'il est capable de balayer en long et en large le champ des données qui se trouve tout autour de nous (3).

L'INCONSCIENT

ce sont les données qui sont ignorées, non mises en perspectives, voilées et non divulguées à l'esprit. L'inconscient est une strate où des informations sont retenues en otage, afin d'être évincées car elles paraissent non utiles ou bien dangereuses à notre survie.

(1) Fiche page 175 . (2) Fiche page 212 . (3) Fiche page 212

Définitions suite

LES CHAKRAS

il s'agit de tourbillons énergétiques qui aspirent et rejettent les énergies (notamment celles de la terre, du ciel, des émotions, des pensées, des paroles, des mémoires, de l'esprit et de l'âme). Les chakras aident notamment à la régulation énergétique globale de notre corps en traitant les différents types d'énergies qui parviennent jusqu'à nous [1].

LES PLANS VIBRATOIRES

un plan vibratoire peut être comparé à l'étage d'un immeuble. Tous les étages d'un immeuble le composent mais tous ne sont pas à la même hauteur. Certains se trouvent en bas et donc plus près de la terre, d'autres en haut plus près du ciel. Ces différents niveaux ne sont pas fréquentés par tous les habitants de l'immeuble car chacun regagne l'étage où il vit. Il existe différents niveaux ou étages sur ces plans vibratoires et chaque étage a sa fréquence et les énergies qui entrent ensemble en vibration.

LES CORPS SUBTILS

les corps subtils sont des enveloppes autres que celle du corps physique, qui ne se veulent pas charnels mais intangibles (2).

L'AURA

il s'agit d'une enveloppe énergétique émanée par notre être en fonction de notre santé globale. L'aura est un champ d'émanation et de protection (3).

L'ÂME

l'essence divine, l'énergie qui est issue du Tout, de la Source. Elle alimente tout ce qui existe en énergie divine, et notamment notre corps physique (4).

LE CŒUR

le pont qui relie et connecte toutes choses entre elles. Seule la conscience individuelle nous donne ce sentiment de séparation et de désunion.

L'âme au contraire nous invite à nous relier, à nous connecter à tout ce qui est et existe et utilise le coeur comme liaison. L'âme est en relation avec le coeur car il est celui qui reçoit et émet le plus facilement sa vibration, il ne tient qu'à nous de l'activer. Seule la peur nous empêche d'écouter notre coeur car cette vibration n'est pas branchée sur les mêmes fréquences que celles de l'âme (5).

LES GLANDES ENDOCRINES

il s'agit des glandes qui gèrent l'émission et la régulation des hormones dans notre corps physique.

(1) Fiche page 17 . (2) Fiche page 12 . (3) Fiche page 27 . (4) Fiches page 36 à 85 . (5) Fiche page 231

Partie 1

RÉGULATION ET COMPOSANTES ÉNERGÉTIQUES DE L'ÊTRE

Nourrir positivement
SES CORPS SUBTILS

“

En plus de notre corps physique, nous avons 6 corps subtils. On les appelle « corps subtils », car ils vibrent à une autre fréquence que le corps physique et sont donc imperceptibles par nos yeux physiques (bien entendu, en développant nos facultés psychiques et spirituelles, ces corps peuvent devenir visibles avec l'esprit). Ils ne sont ni tangibles, ni palpables physiquement parlant. Il faut savoir que, énergétiquement parlant, nos corps vont du plus dense (plan physique) au plus subtil, léger (plan divin) ; du plus terrestre au plus céleste.

Chaque corps subtil est en lien, en connexion avec un plan subtil particulier. Il est important que tous nos corps subtils soient nourris positivement afin d'assurer notre bien-être global.

”

Pour aller PLUS LOIN

LE CORPS PHYSIQUE

Est en lien et connexion avec le monde terrestre et charnel.

C'est le corps que l'on connaît tous, il s'agit de notre enveloppe charnelle. Le corps physique est éphémère, il disparaît après la mort. Le corps physique nous permet de vivre une expérience terrestre et charnelle.

)·(LE CORPS VITAL

Le corps vital (ou éthérique) est en lien et connexion avec le monde des flux énergétiques.

Le corps vital a comme servi de moule de fabrication au corps physique, il est son double. Ce corps est principalement influencé par les énergies telluriques (de la terre), ainsi que du *prana* (« souffle vital » ou « énergie vitale universelle qui se trouve présente autour de nous »). En fait, il permet, entre autres, d'alimenter le corps physique en énergie vitale. Pour utiliser une image : il charge les batteries du corps physique. Pour cela, des centres vitaux reliés par des méridiens, eux-mêmes en lien avec le système nerveux, sont connectés à lui. C'est aussi le corps des pulsions, des impulsions, des désirs et des instincts lorsqu'il est influencé par l'égo.

LE CORPS EMOTIONNEL

Est en lien et connexion avec le monde des émotions

Le corps émotionnel est un corps astral. Autrement dit, c'est un corps qui nous permet d'entrer en relation avec le monde des émotions. C'est aussi un corps libre. Il fait ce qu'il veut, quand il veut. Il n'a aucune attache, sinon celle qui le relie au corps physique.

LE CORPS MENTAL

Est en lien et connexion avec le monde des pensées.

Le corps mental est lié, entre autres, aux pensées, aux concepts et aux formes mentales. Il emmagasine aussi les connaissances de l'incarnation dans laquelle nous sommes. Le corps mental nous permet principalement de réfléchir de manière rationnelle, d'analyser, de synthétiser.

Il faut noter que nous possédons un corps mental inférieur et un corps mental supérieur. Le mental inférieur génère des pensées non constructives ou productives. Le mental supérieur est le siège des pensées qui sont profondément reliées à notre coeur et à notre esprit supérieur. En d'autres termes, le corps mental est responsable des formes-pensées.

C'est aussi un corps qui permet à l'Esprit de se manifester par l'intellect, la réflexion, l'imagination, etc.

LE CORPS CAUSAL

Est en lien et connexion avec les mémoires.

Le corps causal emmagasine notre passé afin que nous puissions évoluer au cours de notre incarnation actuelle, et ce, dans le but de grandir spirituellement. Sur le plan causal sont enregistrées toutes les expériences que nous avons vécues et notamment celles qui nous bloquent au présent. Si nous parvenons à nous connecter au plan causal et à le dépasser en traitant notre inconscient et l'égo, nous pouvons atteindre les plans spirituel et divin.

LE CORPS SPIRITUEL

Est en lien et connexion avec la conscience supérieure, l'esprit, et le monde des idées créatrices.

Le corps spirituel nous permet d'être en connexion avec notre Moi Supérieur qui raisonne avec sagesse. Il peut donc nous aider lorsque nous ne parvenons pas à dépasser une expérience terrestre difficile. Il est le siège des idées créatrices, nous permet de développer nos capacités psychiques et d'avoir une vision claire (lucide), puisqu'il est relié à notre troisième oeil et est donc en lien avec l'esprit.

LE CORPS DIVIN

Est en lien et connexion avec l'âme et la Source.

Il est le corps en lien avec la Source (le noyau/coeur atmique), avec notre berceau originel, avec l'Unité. Plus nous nous développons spirituellement, plus le corps divin peut nous transmettre les informations qu'il détient depuis les plans célestes.

LA BOITE À Questions

Existe-t-il un lien de réciprocité entre tous nos corps ?

« Les corps mentionnés sont interdépendants et interagissent les uns avec les autres. Ils s'influencent donc mutuellement. »

PAR EXEMPLE

1 Nos actions (plan physique) ne sont en général que le reflet de nos croyances (plan causal), de nos pensées (plan mental) et de nos émotions (plan astral). Nos actions peuvent aussi être l'expression de notre grandeur (plan spirituel) et de notre âme (plan divin).

2 Notre vitalité (plan vital) est elle-même influencée par notre état psycho-émotionnel (plans mental et émotionnel). **Des pensées et des émotions négatives affaibliront notre vitalité alors qu'au contraire, des pensées et émotions positives ne feront que la booster !**

3 Si nous manquons d'ancrage (plans physique et vital), nos émotions (plan astral) et nos pensées (plan mental) s'en trouvent chamboulées. En effet, une perte d'assise nous déstabilisera tant physiquement qu'émotionnellement ou mentalement. Cela pourra aussi avoir une influence conséquente sur notre esprit (plan spirituel), et nous serons alors en perte de lucidité.

4 Si des croyances (plan causal) nous limitent, nous aurons du mal à exprimer dans la matière (plan physique) le SOI (plans spirituel et divin). Ces croyances influenceront elles-mêmes notre vision des choses et donc notre réalité, etc.

5 Notre gorge peut se serrer et notre voix trembler lorsque nous ressentons certaines émotions.

Comment pouvons-nous réguler nos corps ?

« **Pour assurer notre bien-être, il est important que tous les plans vibratoires de notre être (notre corps physique et tous nos corps subtils) vibrent positivement. Pour cela, il convient de les nourrir d'énergies vibratoirement élevées, d'énergies positives.**

Ainsi, les chakras qui sont reliés aux différents plans vibratoires s'harmonisent et émettent une énergie suffisante et positive, afin d'influencer positivement nos organes et nos glandes endocrines, mais aussi de permettre aux différents plans vibratoires de rayonner.

CELA VA CRÉER UN CYCLE VERTUEUX ÉTANT DONNÉ QUE CELA PERMETTRA DE DENSIFIER NOTRE AURA, QUI EN ÉMANANT UNE ÉNERGIE POSITIVE, ÉLOIGNERA NATURELLEMENT LES VIBRATIONS NÉGATIVES (CELA RENFORCERA DONC NOTRE PROTECTION ÉNERGÉTIQUE).

Nous devons donc veiller à nourrir correctement et positivement chacun de nos plans vibratoires, pour qu'en émane une énergie positive qui va ensuite attirer d'autres énergies positives par la Loi de la résonnance. »

LA BOITE À

Questions

Est-ce que nos corps subissent des fluctuations, des changements ?

« Souvent, nos corps subtils peuvent être chargés négativement. Ces chargent peuvent venir de l'extérieur (de sources de pollution diverses et variées), ou de nous-mêmes selon ce qu'émettent nos différents corps subtils. »

PAR EXEMPLE

PHYSIQUEMENT : nous pouvons être chargés de métaux lourds, de toxines contenues dans les aliments ou boissons que nous ingurgitons.

De même, des charges peuvent provenir des vêtements ou accessoires que nous portons, en fonction de leurs mémoires (les cuirs ont pour mémoire les conditions de vie et de mort de l'animal, par exemple), ou de leur matière (les matières naturelles sont nettement meilleures pour nous que les matières synthétiques, par exemple), etc.

Nous pouvons être pollués par les messages visuels et audio que nous percevons et décodons par le biais de nos différents sens.

Nous pouvons également être pollués par l'énergie dégagée de nos actions négatives.

VITALEMENT (éthériquement) : nous pouvons être parasités par les ondes qui nous entourent ou par les courants énergétiques sur lesquels reposent notre maison.

Nous pouvons être vampirisé(e)s par des relations toxiques et énergivores, etc.

ÉMOTIONNELLEMENT (astralement) : nous pouvons être parasités par nos émotions et celles des autres.

MENTALEMENT : nous pouvons être parasités par nos pensées et celles des autres. Certains parasites peuvent en effet nous atteindre lorsque nous sommes négatifs (par exemple : je me critique, je pense que je suis envoûté, je vois le mal partout, etc.). Ou bien quand des personnes émettent des pensées néfastes à notre encontre.

CAUSALEMENT : nous pouvons être parasités par nos mémoires, nos blessures, nos croyances et l'inconscient collectif. Ceux-ci nuisent à notre bonne santé mentale et émotionnelle.

PLANS SPIRITUEL ET DIVIN : ces plans ne se parasitent pas à proprement parler mais nous en sommes parfois coupés lorsque nos plans inférieurs se dérèglent ou se mettent à vibrer dans des énergies basses.

Mode d'emploi

SUR LE PLAN PHYSIQUE :

- Ingérons des choses saines (aliments, boissons, médicaments, etc.)
- Ayons un sommeil régénérant (1)
- Ayons des rapports sexuels positifs et sacrés
- Pratiquons des activités positives et épanouissantes
- Soyons ancré

SUR LE PLAN ÉTHÉRIQUE :

- Vivons dans un lieu énergétiquement sain
- Ayons des relations saines et équilibrées (2)
- Libérons-nous de nos dépendances (3)

SUR LE PLAN ÉMOTIONNEL :

- Ayons des émotions positives (4)

SUR LE PLAN MENTAL :

- Ayons des pensées positives (5)
- Soyons dans la gratitude (6)
- Aimons (7)

SUR LE PLAN CAUSAL :

- Exprimons notre être véritable et nos talents (8)
- Exprimons des choses positives
- Laissons notre enfant intérieur s'exprimer (9)

SUR LES PLANS SPIRITUEL ET DIVIN :

- Ayons des prises de conscience
- Soyons connecté à notre âme et exprimons-la

(1) Fiche page 41 . (2) Fiche page 61 . (3) Fiche page 65 . (4) Fiche page 86 . (5) Fiche page 114 .
(6) Fiche page 137 . (7) Fiches pages 140 à 150 . (8) Fiche page 183 . (9) Fiche page 164

Réguler et harmoniser
SES CHAKRAS

Les chakras sont des sortes de petits vortex (tourbillons) par lesquels l'énergie vitale est reçue (aspirée) et transmisme (expulsée) au réseau énergétique du corps vital. Cette énergie circule en nous, dans nos cellules, nous alimente, joue sur la régulation énergétique de nos organes et de nos glandes endocrines (hormones).

Les chakras jouent un rôle d'interface au niveau énergétique entre notre être, l'extérieur, le cosmos et la terre. Ils sont des portes d'entrée et de sortie pour les énergies, tout comme une bouche nous permet de faire entrer de l'oxygène dans le corps et de rejeter du CO_2.

Les chakras sont présents sur le plan vital, mais ont un impact sur tous nos corps subtils, puisque ceux-ci s'influencent mutuellement. Les chakras influencent et sont influencés par les énergies reçues et émises par les plans/corps physique, vital, émotionnel, mental, causal, spirituel et divin. Mais chaque chakra est relié plus spécifiquement à un corps subtil en particulier qu'il influence donc plus fortement.

Chaque chakra est aussi relié à une glande endocrine et influence donc notre métabolisme et un grand nombre d'organes. Si un chakra est défaillant (non régulé, déréglé), la glande endocrine à laquelle il est relié subit un disfonctionnement elle aussi, et nos organes en pâtissent.

De plus, l'énergie émise par les chakras, en fonction de ce que reçoivent et émettent nos différents corps subtils, influence notre aura, le champ magnétique de protection qui se trouve autour de nous [1].

Pour résumer : plus nos chakras sont harmonisés, plus nos corps subtils et glandes endocrines sont équilibrés ; plus nous ressentons un bien-être, plus nous sommes en bonne santé ; plus notre aura rayonne et nous protège.

Pour aller
PLUS LOIN

Il est relié au corps physique.

LE CHAKRA RACINE

- Il contrôle les gonades (ovaires, testicules).
- Il influence principalement le périnée, les os et les organes génitaux.
- Il se situe au niveau du coccyx et du périnée.

Le chakra racine est influencé par la qualité de notre présence (c'est-à-dire si nous sommes dans un état de pleine conscience), notre connexion avec la nature et le monde qui nous entoure, notre ancrage, la vie matérielle et physique, le concret, notre niveau d'activité physique, etc.

Un chakra racine équilibré et sain fait naître des sentiments de stabilité et de sécurité. Au contraire, s'il est sous-actif ou pollué, cela peut faire naître un sentiment de crainte. Enfin, si celui-ci est trop actif, cela peut entraîner un besoin de contrôle trop important.

(1) Fiche page 27

Il est relié au corps vital.

LE CHAKRA SACRÉ

- Il contrôle les glandes surrénales.
- Il influence principalement les reins, la vessie, le sacrum, le ventre et la sexualité.
- Il se situe sous le nombril.

Le chakra sacré est déterminé par le feu intérieur qui nous anime. C'est pour cela que notre énergie vitale augmente lorsque nous avons des désirs qui nous nourrissent. Il est aussi influencé par notre motivation, notre volonté, l'énergie des lieux que nous fréquentons, notre plaisir, nos envies, notre sexualité, etc.

Un chakra sacré équilibré et sain aide à se sentir comblé(e) personnellement et sentimentalement. Il permet aussi de se sentir ouvert(e) sur le monde, généreux(se), et créatif(ve).

Aussi appelé « plexus solaire », il est relié au corps émotionnel.

LE CHAKRA SOLAIRE

- Il contrôle le pancréas (régulation du taux de glucose, sécrétion du suc pancréatique).
- Il influence principalement le système digestif et les muscles.
- Il se situe au niveau du plexus solaire, dans le creux de l'estomac.

Le chakra solaire est directement et surtout influencé par les émotions et les sentiments, puisqu'il est en résonance avec l'énergie (matière) de ces derniers.

Un chakra solaire équilibré renverra une image positive de nous au monde extérieur. Cela donnera l'impression d'être rayonnant(e). Il nous donnera aussi le sentiment d'être courageux(se), d'avoir confiance en nous. Il est en lien avec l'affirmation de soi.

Il est relié au corps mental.

LE CHAKRA DU COEUR

- Il contrôle le thymus (défense immunitaire).
- Il influence principalement les poumons, la pression sanguine, le système lymphatique, le système cardiaque.
- Il se situe au centre de la poitrine.

Le chakra du coeur, c'est l'élan du coeur que nous avons, l'expression de notre générosité et de nos envies. C'est le pont qui relie le monde terrestre au plan de conscience. Si notre coeur devient le centre de décision de nos choix, de nos actions, alors la connexion entre le monde physique et notre conscience supérieure opère directement. Le chakra du coeur est relié au plan mental. Il est important d'écouter et de suivre les idées qui viennent du coeur. Il est aussi en lien avec l'affection, l'altruisme, la paix intérieure.

Un chakra du coeur ouvert permet d'avoir des rapports et des relations positifs avec ceux qui nous entourent. Cela nous donne le sentiment d'être une personne généreuse, tournée vers les autres.

Il est relié au corps causal.

LE CHAKRA DE LA GORGE

- Il contrôle la thyroïde (métabolisme).
- Il influence principalement la gorge.
- Il se situe au niveau de la gorge, du larynx.

Le chakra de la gorge est lié à l'expression de soi et au corps causal (mémoires du passé). Il va donc se nourrir de tout ce que nous extériorisons, démontrons ou exprimons (créations artistiques, confidences, affirmation de soi, féminin et masculin sacrés, l'amour, etc). Il se dérègle lorsque nous nous renfermons sur nous-même, lorsque nous n'exprimons pas notre être véritable (souvent à cause de blessures intérieures de vies antérieures). Il est en lien avec la parole, la communication, l'expression.

Un chakra de la gorge correctement ouvert et équilibré exprime notre aisance avec le fait de communiquer, de s'exprimer en public.

Il est relié au corps spirituel.

LE CHAKRA DU TROISIÈME ŒIL

- Il contrôle l'hypophyse (qui gère toutes les glandes).
- Il influence principalement les yeux, le sinus, le nez et notre biorythme.
- Il se situe au milieu du front.

Le chakra du troisième oeil influence aussi notre vision, notre imagination. Il est en lien avec le développement de nos facultés psychiques.

Un chakra du troisième oeil déséquilibré peut être à l'origine de rêveries, d'idées trop fantasques et saugrenues.

Il est relié au corps divin.

LE CHAKRA CORONAL

- Il contrôle la glande pinéale (soit l'épiphyse).
- Il influence principalement le système nerveux, le cerveau.
- Il se situe au sommet du crâne.

Ce chakra concerne notre connexion avec la Source. Il nous donne le sentiment d'appartenir au Grand Tout, nous connecte à l'Unité, nous permet l'illumination.

Mode d'emploi

La pollution des chakras est principalement liée aux émotions et pensées négatives que nous ressentons ou émettons, aux croyances limitantes et aux blessures que nous portons.

Il est donc préconisé de nettoyer nos chakras (voir exercices), tout en apprenant à gérer et à évacuer nos émotions et nos pensées, à traiter nos blessures, à transmuter nos croyances inconscientes, à prendre le temps de nous purifier (détoxifier) physiquement, etc.
Une fois les chakras propres, il est important de les équilibrer. Ils ne doivent être ni trop ouverts, ni trop fermés, et parfaitement alignés, afin que notre corps physique, notre esprit et notre âme soient en parfaite harmonie.

Pour cela, il est nécessaire d'apprendre à gérer chaque plan, en fonction des vibrations qui leur sont bénéfiques.

Pour rappel

DES CHAKRAS ÉQUILIBRÉS NOUS APPORTENT BIEN-ÊTRE ET SANTÉ, ET COLLABORENT AU BON DÉVELOPPEMENT DE NOS FACULTÉS PHYSIQUES, PSYCHIQUES, INTELLECTUELLES ET SPIRITUELLES.

LE CHAKRA RACINE

- La couleur pour l'harmoniser est : le rouge.
- La note musicale pour l'harmonier est : le do.
- Une des huiles essentielles pour l'harmoniser est : le patchouli.
- Une des pierres pour l'harmoniser est : l'onyx noir.
- Les aliments qui l'influencent et aident à sa régulation sont : les champignons et les fruits rouges.
- Le mantra pour l'harmoniser est : « LAM ».

LE CHAKRA SACRÉ

- La couleur pour l'harmoniser est : l'orange.
- La note musicale pour l'harmoniser est : le ré.
- Une des huiles essentielles pour l'harmoniser est : le cèdre.
- Une des pierres pour l'harmoniser est : l'ambre ou la pierre de lune.
- Les aliments qui l'influencent et aident à sa régulation sont : l'orange et les noix.
- Le mantra pour l'harmoniser est : « VAM ».

LE CHAKRA SOLAIRE

- La couleur pour l'harmoniser est : le jaune.
- La note musicale pour l'harmoniser est : le mi.
- Une des huiles essentielles pour l'harmoniser est : le citron.
- Une des pierres pour l'harmoniser est : l'oeil du tigre.
- Les aliments qui l'influencent et aident à sa régulation sont : les bananes, les céréales et le gingembre.
- Le mantra pour l'harmoniser est : « RAM ».

....

LE CHAKRA DU COEUR

- La couleur pour l'harmoniser est : le vert.
- La note musicale pour l'harmoniser est : le fa.
- Une des huiles essentielles pour l'harmoniser est : l'eucalyptus.
- Une des pierres pour l'harmoniser est : le jade.
- Les aliments qui l'influencent et aident à sa régulation sont : les légumes verts et le thé vert.
- Le mantra pour l'harmoniser est : « YAM ».

....

LE CHAKRA DE LA GORGE

- La couleur pour l'harmoniser est : le bleu.
- La note musicale pour l'harmoniser est : le sol.
- Une des huiles essentielles pour l'harmoniser est : la camomille.
- Une des pierres pour l'harmoniser est : l'agate.
- Les aliments qui l'influencent et aident à sa régulation sont : les fruits (notamment les myrtilles et les prunes).
- Le mantra pour l'harmoniser est : « HAM ».

....

LE CHAKRA DU TROISIÈME ŒIL

- La couleur pour l'harmoniser est : le bleu indigo.
- La note musicale pour l'harmoniser est : le la.
- Une des huiles essentielles pour l'harmoniser est : la vanille.
- Une des pierres pour l'harmoniser est : l'améthyste.
- Les aliments qui l'influencent et aident à sa régulation sont : aucun aliment en particulier, la contemplation est recommandée.
- Le mantra pour l'harmoniser est : « AUM ».

....

LE CHAKRA CORONAL

- La couleur pour l'harmoniser est : le violet.
- La note musicale pour l'harmoniser est : le si.
- Une des huiles essentielles pour l'harmoniser est : le jasmin.
- Une des pierres pour l'harmoniser est : le cristal de quartz.
- Les aliments qui l'influencent et aident à sa régulation sont : aucun aliment en particulier, le jeûne est recommandé.
- Le mantra pour l'harmoniser est : « AUM » ou au mieux le silence.

EXERCICES

Test

Posons-nous les questions suivantes afin de réaliser un bilan concernant nos chakras.
Plus nous répondons « oui » à ces questions, plus nos chakras ont des chances d'être régulés.

CONCERNANT LE CHAKRA RACINE

Sur les plans spirituel et divin :
- ☐ Est-ce nous ressentons notre lien avec le ciel ?
- ☐ Notre métier a-t 'il un sens pour nous ?

Sur le plan causal :
- ☐ Osons-nous sortir de notre zone de confort avec confiance ?

Sur le plan mental :
- ☐ Savons-nous agir sans nous poser de question ?

Sur le plan émotionnel :
- ☐ Osons-nous suffisamment entreprendre ?

Sur les plans physique et vital :
- ☐ Est-ce que nous sommes suffisamment ancrés ?
- ☐ Nous sentons-nous en sécurité dans ce monde ?
- ☐ Répondons-nous à tous nos besoins physiologiques ?
- ☐ Est-ce que nous ressentons notre lien à la terre ?

CONCERNANT LE CHAKRA SACRÉ

Sur les plans spirituel et divin :
- ☐ Est-ce que notre volonté vient de notre Moi supérieur ?
- ☐ Sommes-nous motivés lorsqu'il s'agit de nous accomplir ?

Sur le plan causal :
- ☐ Est-ce nous parvenons à dépasser nos peurs et nos blessures lorsqu'il s'agit de passer à l'action ?

Sur le plan mental :
- ☐ Est-ce que notre motivation se traduit par l'apparition de pensées positives ?

Sur le plan émotionnel :
- ☐ Avons-nous suffisamment confiance en nous ?

Sur les plans physique et vital :
- ☐ Avons-nous suffisamment d'ambition ?
- ☐ Ressentons-nous du désir ?
- ☐ Sommes-nous déterminé(e)s ?

CONCERNANT LE CHAKRA SOLAIRE

Sur les plans spirituel et divin :

- ☐ Est-ce que nous ressentons des émotions positives lorsque nous pensons à notre développement spirituel, à l'amour inconditionnel ?
- ☐ Sommes-nous en joie lorsque nous pensons à notre Moi Supérieur ?

Sur le plan causal :

- ☐ Est-ce que nous avons traité les émotions négatives liées à nos expériences passées ?

Sur le plan mental :

- ☐ Le fait de ressentir des émotions positives nous procure-t-il des pensées positives ? (car au contraire certains éprouvent de la culpabilité ou ont peur lorsqu'ils se mettent à éprouver des choses positives).

Sur le plan émotionnel :

- ☐ Avons-nous suffisamment confiance en nous ?
- ☐ Sommes-nous généreux ?
- ☐ Est-ce que notre chakra solaire est léger ?

Sur les plans physique et vital :

- ☐ Est-ce que nos émotions sont positives ?
- ☐ Notre incarnation nous apporte-t-elle de la joie ?
- ☐ Sommes-nous contents d'être incarnés ?
- ☐ Aimons-nous notre corps physique ?
- ☐ Éprouvons-nous des émotions positives envers lui ?
- ☐ Sommes-nous en joie d'exercer une activité physique ?
- ☐ Est-ce que nos émotions positives nous boostent ? (car certaines personnes ne parviennent pas à trouver l'élan nécessaires à passer à l'action alors même que tous les paramètres sont au feu vert ; ils restent mous et inactifs).

CONCERNANT LE CHAKRA DU COEUR

Sur les plans spirituel et divin :

- ☐ Est-ce que nous sommes plus inspirés ou avons-nous plus d'idées lorsque nous nous connectons au Moi supérieur ?

Sur le plan causal :

- ☐ Est-ce que nous avons évacué toutes les pensées négatives que nous avions pour habitude d'émettre par le passé ?
- ☐ Sommes-nous capables de ne pas nous laisser influencer psychologiquement par nos expériences passées ?

Sur le plan mental :

- ☐ Écoutons-nous suffisamment notre coeur ?
- ☐ Sommes-nous centrés dans le coeur ?
- ☐ Ressentons-nous souvent de la gratitude ?
- ☐ Est-ce que nos pensées envers les autres sont bienveillantes ?

Sur le plan émotionnel :

- ☐ Est-ce que le fait de ressentir des émotions positives au quotidien calme notre mental ? (car certaines personnes ont un mental qui s'active lorsque des émotions positives émergent).

Sur les plans physique et vital :

- ☐ Est-ce que le métier que nous avons apaise notre mental ?
- ☐ Est-ce que nous avons des pensées positives vis-à vis de notre incarnation, ou de notre corps physique ?
- ☐ Est-ce que nous émettons des pensées positives et bienveillantes envers les autres ?
- ☐ Est-ce que nous pratiquons des activités qui nous permettent de faire le vide mental ?

CONCERNANT LE CHAKRA DE LA GORGE

Sur les plans spirituel et divin :

- ☐ Laissons-nous notre sagesse s'exprimer ?
- ☐ Avons-nous pardonné tous ceux qui nous ont heurté ?
- ☐ Connaissons-nous notre mission de vie ?

Sur le plan causal :

- ☐ Exprimons-nous suffisamment nos dons, nos talents ?
- ☐ Parlons-nous suffisamment fort ?
- ☐ Sommes-nous capables de chanter en public ?
- ☐ Est-ce que ce que nous exprimons est bienveillant ?

Sur le plan émotionnel :

- ☐ Exprimons-nous suffisamment nos sentiments ?
- ☐ Est-ce que nos blessures de l'égo ont-été majoritairement traitées et soignées ?

Sur le plan mental :

- ☐ Est-ce que nos pensées nous aident à exprimer notre être véritable ? C'est-à-dire qui nous sommes vraiment tout au fond de nous, sans les masques que nous pouvons porter.
- ☐ Exprimons-nous notre gratitude ?

Sur les plans physique et vital :

- ☐ Est-ce que notre corps physique s'exprime suffisamment par la création ou par le biais d'une activité sportive par exemple ?
- ☐ Savons-nous nous maîtriser, c'est-à-dire ne pas être dans la réaction ?
- ☐ Sommes-nous dynamiques, persévérants, et le montrons-nous ?
- ☐ Savons-nous maîtriser nos pulsions ?

CONCERNANT LE CHAKRA DU TROISIÈME ŒIL

Sur les plans spirituel et divin :

- ☐ Avons-nous souvent des illuminations de l'esprit ? autrement dit des fulgurances.
- ☐ Est-ce que nous sommes capables de voir les situations avec hauteur et recul ?
- ☐ Avons-nous parfois des flashs de clairvoyance ?

Sur le plan mental :

- ☐ Est-ce que nous avons une vision claire des choses, des situations ?

Sur le plan causal :

- ☐ Sommes-nous capables de dépasser nos croyances, nos visions établies des choses ?

Sur le plan émotionnel :

- ☐ Sommes-nous capables de prendre émotionnellement du recul afin de faire preuve de discernement ?

Sur les plans physique et vital :

- ☐ Est-ce que nous voyons les choses telles qu'elles sont vraiment ?

CONCERNANT LE CHAKRA CORONAL

Sur les plans spirituel et divin :

- ☐ Avons-nous régulièrement des prises de conscience ?
- ☐ Est-ce que nous nous sentons connectés à notre âme ?

Sur le plan mental :

- ☐ Sommes-nous suffisamment dans l'amour inconditionnel ?
- ☐ Sommes-nous dans le non-jugement ?
- ☐ Est-ce que nous sommes orientés par notre intuition ?
- ☐ Est-ce que nous sommes centrés dans le coeur ?

Sur le plan causal :

- ☐ Est-ce que nous exprimons notre moi supérieur la plupart du temps ?

Sur le plan émotionnel :

- ☐ Avons-nous confiance en l'être divin que nous sommes ?
- ☐ Aimons-nous les autres inconditionnellement ?

Sur le plan physique et vital :

- ☐ Pouvons-nous dire que notre âme s'exprime à travers nos actions ?
- ☐ Est-ce que nous matérialisons du beau et de l'harmonie sur Terre ?
- ☐ Est-ce que nous avons le sentiment d'être reliés à tout ce qui nous entoure (à tous les règnes) ?

Rituels

Avant toute chose, prenons vraiment le temps de ressentir nos chakras un à un. Si nous ressentons un poids en nous, c'est qu'un chakra (ou plus) est chargé.

POUR RESSENTIR NOS CHAKRAS :

1. Fermons les yeux, détendons-nous.

2. Posons ensuite notre attention sur nos chakras, un à un. Pour cela, ressentons une corde qui nous traverse à la verticale. **Nous représentons chaque chakra avec une forme mentale, c'est à dire par une ampoule de couleur.** Nous imaginons cette dernière, puis nous rentrons à l'intérieur. La couleur qui est à l'intérieur est diffuse, nous focalisons notre intention sur cette dernière jusqu'à ressentir que nous devenons cette lumière. Nous restons alors concentrés, centrés dans cet espace.

3. Nous le ressentons pleinement, nous observons nos ressentis, nos sensations, nos impressions (lourdeur ou de légèreté ? dérèglements ou harmonie ? etc).

Protocole

Étape 1 NETTOYER NOS CHAKRAS

Version 1 : Visualisons que nous passons l'aspirateur à l'intérieur de notre chakra. Lorsque nous avons terminé, prenons le sac de l'aspirateur et transformons-le en particules de lumière.

Version 2 : Sinon, imaginons que nous avons un gant de baseball (incurvé), nous le plongeons délicatement dans chacun de nos chakras afin d'y récupérer les dépôts, les charges qui s'y trouvent. Nous jetons ces déchets dans un océan lumineux. Ils fondent une fois jetés à l'intérieur.

Étape 2 PURIFIER NOS CHAKRAS

Version 1 : Une pompe à eau vient se placer au niveau de notre chakra. Sous la sortie d'eau se trouve un seau. Pompons à l'aide d'une manivelle. La « saleté » qui se trouve dans notre chakra s'écoule dans le seau. Une fois l'opération effectuée, versons le seau dans un entonnoir géant qui se trouve au-dessus d'un volcan. La saleté s'écoule et fond dans le volcan.

Variante : par visualisation, nous pouvons créer une coque autour du chakra que nous souhaitons nettoyer. Cette coque a pour but d'entourer les charges qui se trouvent dans notre chakra. Ainsi, nous pouvons simplement extraire la coque afin de nettoyer notre chakra. Jetons ensuite la coque dans le feu.

Version 2 : Ou, un tube vient entourer nos chakras. Il traverse notre corps, en partant du haut de notre crâne jusqu'à notre périnée. Ce tube s'ouvre en forme d'entonnoir vers le Ciel et, de l'autre côté, vers la Terre. De la Lumière blanche tombe du ciel et s'écoule tout le long du tube. Lorsque la Lumière ressort du tube, elle ressemble à un liquide gris qui s'écoule jusqu'au centre de la Terre.

Étape 3

ÉQUILIBRER NOS CHAKRAS

Prenons le temps de ressentir et observer nos chakras

(nous pouvons leur donner une forme mentale si cela nous aide à les concevoir au niveau mental). Puis, imaginons qu'une bulle d'un niveau à bulle remplace un de nos chakra. Prenons ensuite le temps d'équilibrer notre chakra en posant notre intention sur lui, en prenant le temps de visualiser et sentir si la bulle de notre niveau à bulle est centrée, bien équilibrée. Lorsque l'opération est réussie, passons au chakra suivant.

FAIRE

Rayonner l'aura

L'aura est une enveloppe énergétique qui entoure nos corps physiques et subtils. Elle est la résultante des énergies émises par chacun de nos corps et de nos chakras.

Nous possédons plusieurs auras (une pour chaque corps subtil), mais celle qui nous intéresse ici est l'aura «globale », c'est-à-dire la somme de toutes celles dégagées par nos différents corps et chakras.

L'aura est un champ magnétique dégagé par nos différents plans vibratoires : tous les corps subtils (physique, vital, émotionnel, mental, causal, spirituel et divin) émettent un champ énergétique autour de nous comme le font le coeur ou le cerveau. Il s'agit d'une sorte de champ électro-magnétique.

La puissance des énergies émises par ce champ constitue notre taux vibratoire. Plus celui-ci est élevé, grâce à sa polarité positive, plus notre influence sur l'extérieur est importante, et moins nous sommes «parasitables».

Utilité

L'aura peut se concevoir comme une enveloppe, une bulle, qui a pour rôle principal de nous protéger des agressions et des pollutions énergétiques extérieures. Elle nous protège, entre autres, des formes-pensées, des défunts, des charges énergétiques, etc. Dit autrement, Elle est dotée d'une force magnétique qui repousse les éléments extérieurs qui tendent à nous agresser.

De quelle couleur est-elle ?

« L'aura est composée de plusieurs couleurs. Elle a cependant une couleur dominante, correspondant, la plupart du temps, au chakra le plus ouvert et le plus harmonieux. Cette couleur révèle donc souvent la sensibilité de la personne (par exemple, une aura verte pourra refléter le fait que la personne ait des qualités de guérisseur ; une aura jaune pourra refléter une personne solaire et altruiste).

N.B. : Il faut savoir que cette dominance évolue au gré des âges, des périodes de notre vie et de notre stabilité émotionnelle et mentale. Évitons donc de nous demander de quelle couleur est notre aura, étant donné que l'aura a, non pas une, mais des couleurs, et que celles-ci fluctuent. Les couleurs ne sont que des fréquences captées par notre esprit, puis interprétées par notre mental afin d'être décodées. »

LA BOITE À

Questions

De quelle taille et de quelle forme est l'aura ? Par quoi est-elle influencée ?

« L'aura est de forme ovoïde (forme d'un oeuf) et sa taille varie selon l'état de santé physique et mentale de la personne. Elle nous englobe entièrement.

PLUS NOS DIFFÉRENTS CORPS SONT ÉQUILIBRÉS ET ONT DE HAUTES VIBRATIONS, PLUS NOTRE AURA EST DENSE. PLUS ELLE EST DENSE ET PLUS ELLE NOUS PROTÈGE, INFLUENCE ET IMPACTE CE QUI NOUS ENTOURE.

Dit autrement : notre vibration énergétique influe sur notre aura. Cette vibration dépend elle-même de la polarité des éléments énergétiques que nous recevons et émettons au quotidien.

Plus nous vibrons « haut » (plus ce que nous absorbons et émettons est à polarité positive), plus notre aura sera dense et lumineuse.

En fait, nos actions, nos émotions et nos pensées influent principalement sur l'aura. Les actions les émotions et les pensées positives tendent à agrandir et à densifier l'aura. Les actions, les émotions et les pensées négatives tendent à la diminuer et à l'affaiblir.

Une personne en bonne santé physique, avec un état émotionnel stable, possédera en général une aura dense et résistante.

Une personne en mauvaise santé ou faisant l'objet de cohabitation par un ou des défunts, ou polluée énergétiquement, possédera une aura affaiblie. Cela se matérialisera par la présence de creux ou de vagues. Son aura sera donc plus perméable aux attaques énergétiques. »

Comment harmoniser notre aura ?

« En prenant soin d'entretenir chaque plan vibratoire et chaque chakra, l'aura se verra puissante, dense, rayonnante et protectrice. »

EXERCICES

Rituels

POUR COLMATER NOTRE AURA :

pour colmater notre aura, il suffit de la visualiser comme étant un ballon de baudruche.

Lorsque nous soufflons dedans, il se remplit de matière aurique. Nous le remplissons de sorte à combler les trous, qui représentent les faiblesses de notre aura.

Nous nous arrêtons lorsque notre aura nous paraît belle et proportionnée.

Protocole

POUR VOIR L'AURA GLOBALE D'UNE PERSONNE :

Étape 1 **Demandons à quelqu'un de mon entourage de se placer devant un fond lisse de couleur blanche, jaune ou marron.** La personne se trouve environ à trois mètres devant nous. La pièce est normalement éclairée (ni trop, ni pas assez).

Étape 2 Nous ouvrons et fermons les yeux rapidement une quinzaine de fois.

Étape 3 Nous fermons les yeux avec force et insistance pendant une à dix minutes (yeux plissés). Pendant ce temps, nous affirmons intérieurement : « lorsque j'ouvrirai les yeux, je vais voir ».

Étape 4 Puis ouvrons lentement les yeux et fixons un point sur la personne (sa bouche, son nez, etc.). Dans un premier temps, observons les contrastes de luminosité : « est-ce plus ou moins lumineux ? ». Après plusieurs expériences, nous tentons de repérer les creux et les bosses qui peuvent se trouver dans l'aura de la personne. Enfin, lorsque notre vision sera développée, nous pourrons distinguer les couleurs qui se trouvent dans l'aura.

N.B. Lorsque nous réalisons l'expérience, nous pouvons demander à la personne de prier afin d'observer d'éventuelles variations. Nous pouvons aussi effectuer cette expérience avec un objet.

UTILISER LA Protection énergetique

“

Comme nous l'avons vu, tous nos corps s'influencent mutuellement, ils sont comme « emboîtés » les uns dans les autres. Si l'un d'eux est victime d'une agression énergétique, celle-ci s'imprègne progressivement sur les autres corps, et dérègle tout l'équilibre de notre être, puisqu'en effet, les chakras vont s'en trouver déréglés et nos glandes endocrines avec.

C'est alors que notre aura va aussi se retrouver affaiblie. Nous risquons alors d'être plus poreux face aux attaques extérieures. Et plus nous sommes faibles, plus nous sommes perméables ; et plus nous sommes perméables, plus nous sommes parasités ; cela génère donc un cercle vicieux incroyable !

”

AU CONTRAIRE, SI NOUS ÉMETTONS ET RECEVONS DU POSITIF AU NIVEAU DE TOUS NOS CORPS SUBTILS, NOUS SERONS PLUS FACILEMENT PROTÉGÉS CAR NOTRE AURA GLOBALE SAURA REPOUSSER LES CHARGES OU ATTAQUES MENAÇANTES.

EN FAIT, LORSQUE NOS CORPS SUBTILS VIBRENT POSITIVEMENT, NOS CHAKRAS SONT HARMONISÉS ET NOTRE AURA EST SUFFISAMMENT RAYONNANTE POUR NOUS PROTÉGER. MÊME SI UN TEL ENTRETIEN N'EST PAS FACILE À ASSURER AU QUOTIDIEN, LA RESPONSABILITÉ DE NOUS PROTÉGER ÉNERGÉTIQUEMENT NOUS REVIENT.

Utilité

UNE BONNE PROTECTION ÉNERGÉTIQUE NOUS PERMET :

SUR LE PLAN CAUSAL :

d'éviter la réactivation de nos blessures psycho-émotionnelles. D'éviter de réveiller notre égo (car n'étant pas blessé il peut continuer à somnoler).

SUR LE PLAN MENTAL :

de nous préserver des formes-pensées négatives (médisances, calomnies, fantasmes, etc.) ; de nous préserver de la magie noire et des envoûtements psychiques.

SUR LE PLAN ÉMOTIONNEL :

de nous préserver des projections astrales négatives (jalousies, méchancetés, etc.)

SUR LE PLAN VITAL :

de nous protéger du vampirisme énergétique et donc d'éviter une perte de vitalité et d'ancrage ; d'éviter le parasitage de notre aura ; d'être protégé des ondes nocives (telluriques, wifi, téléphoniques, etc.)

SUR LE PLAN PHYSIQUE :

d'éviter d'être fatigué ; touché par la pollution qui nous entoure.

Mode d'emploi

PLANS SPIRITUEL ET DIVIN

- Exprimons notre sagesse et notre grandeur (agissons avec bienveillance, apprenons de chaque situation au lieu de la subir, etc.)
- Utilisons la visualisation créatrice pour nous protéger. Il nous suffit d'imaginer une protection autour de nous puis de la nourrir d'intentions, pensées et émotions positives.

PLAN CAUSAL

- Exprimons notre être véritable, soyons authentique (soyons vrai en toute circonstance, affirmons nos valeurs, apprenons à dire « non » et osons dire « oui » [1].
- Travaillons sur nos blessures de l'égo afin que celles-ci ne soient plus source de difficultés [2].

PLAN MENTAL

- Optons pour une structure mentale ferme (décidons et affirmons intérieurement ce que nous voulons, et mettons un trait sur ce que nous souhaitons bannir).
- Blindons-nous sur le plan mental (par exemple, préservons notre mental en évitant de regarder ou d'écouter les médias, sentons-nous intouchables).
- Optons pour une psychologie positive [3].
- Émettons des paroles et des pensées bienveillantes envers autrui.
- Utilisons la protection psychique [4].

PLAN ÉMOTIONNEL

- Ressentons des émotions positives.
- Accueillons, puis transmutons en lumière les émotions négatives.
- Blindons-nous sur le plan émotionnel (par exemple, évitons l'empathie et optons pour la compassion, ne prenons pas les choses de manière personnelle).
- Faisons-nous plaisir.

PLAN VITAL

- Vivons dans un habitat énergétiquement sain [5].
- Ayons des relations et des rapports épanouissants [6].
- Ayons un bon ancrage [7].
- Ayons des projets qui nous animent.

PLAN PHYSIQUE

- Réalisons des actions et des activités positives.
- Ayons un sommeil régénérant [8].
- Optons pour une alimentation saine [9].
- Ayons des rapports sexuels sains [10].
- Pratiquons une activité physique épanouissante.
- Chouchoutons-nous, prenons soin de nous physiquement.

(1) Fiche page 183 . (2) Fiches pages 156 à 187 . (3) Fiche page 114 . (4) Zoom page 33 . (5) Fiche page 46 .
(6) Fiche page 61 . (7) Fiche page 53 . (8) Fiche page 41 . (9) Fiche page 36 . (10) Fiche page 50

Zoom sur

LA PROTECTION PSYCHIQUE

Notre capacité psychique nous permet d'émettre certaines réalités sur les plans invisibles. En d'autres termes, nous sommes capables de projeter et de créer certaines formes émotionnelles et mentales sur certains plans subtils, en fonction de nous ce que nous ressentons et voulons réellement.

Si nous souhaitons donc être protégés, que cela est une volonté de notre part, et que nous impliquons à la fois notre émotionnel et notre mental, nous pouvons créer des barrages psychiques qui auront pour vertu de nous préserver.

IMPORTANT :

> **Ce qui compte le plus lorsque nous créons une protection énergétique, c'est la valeur que nous lui attribuons.**

Si nous sommes persuadés qu'elle va nous protéger, alors aucun danger ne nous atteindra !

> **Nous n'avons pas besoin de protection énergétique dans le cas où notre foi en la « Lumière » est tellement importante** qu'il nous paraît inconcevable d'être touché(e) par « l'ombre » et que nos conditions psychiques sont positives et favorables.

> **L'important est l'intention que nous lui portons !**

Pourquoi ? Car il s'agit d'une création psychique, c'est-à-dire une création qui est influencée et matérialisée principalement par nos émotions et notre force mentale. Ainsi, si nous doutons, ce sentiment négatif la fera disparaître.

> **Ne croyons pas que nous sommes en danger.**

Cela ne peut que nous rendre plus perméable. « Je ne me protège pas parce que j'ai peur. Je suis naturellement protégé(e) par l'énergie positive que je dégage et qui agit tel un bouclier. »

EXERCICES

Rituels

POUR NOUS PROTÉGER ÉNERGÉTIQUEMENT :

imaginons un bouclier qui nous entoure. Celui-ci, grâce à notre volonté, repousse toutes les attaques négatives. Elles rebondissent sur lui avant d'être transmutées en lumière.

POUR PROTÉGER ÉNERGÉTIQUEMENT NOTRE MAISON :

doublons les murs extérieurs de notre maison, ainsi que notre plafond et la chape du sol, avec des grilles qui empêchent les défunts de passer. Lorsque nous installons les grilles, affirmons nos volontés avec conviction et foi. Nourrissons cette protection de temps à autre en l'alimentant par des pensées, des émotions ou des affirmations positives.

POUR NOUS PROTÉGER DES ATTAQUES VERBALES, MENTALES ET ÉMOTIONNELLES EN PROVENANCE DES AUTRES :

matérialisons les attaques extérieures sous la forme d'abeilles agressives qui essaient de nous piquer. Nous sommes emmitouflés dans une combinaison d'apiculteur sur laquelle les abeilles rebondissent. Nous nous sentons protégés, en sécurité.

Puis, optons pour une structure mentale ferme en décidant de tout notre être, du plus profond de nos tripes : « non, c'est non ! Aucune attaque ne peut avoir un impact sur moi ! Je suis intouchable ! Je dis non, non, non à ces attaques ! Je les rejette et les transforme en positif ! »

Protocole

CRÉER UNE COQUE ÉNERGÉTIQUE POUR TÉLÉPHONE PORTABLE AFIN DE NOUS PROTÉGER DES ONDES :

Étape 1 **Visualisons notre téléphone flottant dans une bulle d'énergie lumineuse.** Sentons que l'énergie contenue dans cette bulle est puissante et positive. Sentons que celle-ci retient et neutralise les ondes négatives émises par notre téléphone.

Étape 2 Ensuite, ajoutons un cordon qui sort de la bulle et qui se relie à la terre avec l'intention suivante : « la terre se nourrit des ondes émises par le téléphone, cette énergie négative est transformée en engrais pour elle ». Remercions la terre.

Étape 3 Puis, visualisons un cône reliant la bulle au soleil et voyons les rayons du soleil qui entrent dans le cône pour nourrir les parois de la bulle lumineuse. Ayons l'intention suivante : « le soleil densifie la coque de la bulle ».

Si nous le souhaitons, nous pouvons mettre une autre coque (bulle) autour de celle qui a été créée.

Affirmons : « je suis protégé des ondes négatives, je n'attire que les ondes positives », afin de créer un filtre énergétique autour de notre personne.

Nourrissons cette protection de temps à autre en l'alimentant par des pensées, des émotions positives ou des affirmations positives.

Partie 2

LES PLANS PHYSIQUE ET VITAL

S'alimenter positivement
ET SAINEMENT

“

S'alimenter est devenu, pour beaucoup d'entre nous, un automatisme anodin, banal, une habitude à laquelle nous ne prêtons pas vraiment attention.
Or, s'alimenter n'est pas une fonction purement physiologique. L'alimentation joue en effet sur tous nos corps subtils. Nous devons veiller à ce que nous ingérons, afin d'alimenter tous nos corps en hautes vibrations (en vibrations positives). En fait, Si nos cellules accumulent trop de basses vibrations, et ce, de manière régulière, elles peuvent dégénérer. Cela peut mettre en péril le bon fonctionnement de tout notre organisme.

”

Influence
D'UNE ALIMENTATION NÉGATIVE SUR NOS CORPS SUBTILS

Lorsque nous nous alimentons « négativement » (autrement dit, lorsque nous ingérons des produits portant en eux des mémoires négatives selon le traitement qu'ils ont reçu, les conditions avec lesquelles ils ont été manipulés ou traités, ou bien dans lesquelles ils ont été créées, abattus ou cueillis, etc) :

Physiquement, nous sommes affaiblis car notre vitalité baisse, notre émotionnel flanche et notre mental avec.

De plus, si nos cellules dégénèrent, nos chakras en sont directement et négativement affectés, puisque le plan physique influence le plan vital.

Étant donné que nos chakras influencent nos glandes endocrines, ces dernières vont aussi se dérégler et « déboussoler » tout l'équilibre hormonal de notre organisme. Cela aura des répercutions désastreuses sur nos organes et leur fonctionnement.

Notons aussi qu'en étant affaiblis par ce que nous ingérons, nous sommes plus perméables et vulnérables aux vibrations négatives qui nous entourent (pollution électromagnétique, pollution atmosphérique, énergies négatives des personnes qui nous entourent, égrégores négatifs, etc.). C'est ainsi que nos défenses immunitaires, énergétiques (au niveau de l'aura), émotionnelles et mentales s'affaiblissent et que nous entrons dans un véritable cercle vicieux.

Utilité

D'UNE ALIMENTATION SAINE
ET POSITIVE SUR NOS CORPS SUBTILS

S'alimenter sainement et positivement (voir le mode d'emploi ci-dessous) permet notamment de :

SUR LE PLAN DIVIN :

prendre conscience que nous sommes reliés à tout ce que nous mangeons. Comprendre et assimiler la notion d'interdépendance.

SUR LE PLAN SPIRITUEL :

prendre conscience de la dimension divine et merveilleuse de notre corps.

SUR LE PLAN CAUSAL :

nous autoriser à recevoir le meilleur et donc de dépasser certaines croyances négatives quant à nous-même (par exemple : je ne mérite pas ce qu'il y a de mieux, je ne vaux rien).

SUR LE PLAN MENTAL :

nous évader. Vivre une expérience s'apparentant à un rite lorsqu'elle est vécue en conscience. Ressentir de la gratitude.

SUR LE PLAN ÉMOTIONNEL :

nous procurer de la joie, du contentement. Sur le plan vital : prendre du plaisir. Nous vitaliser, nous booster.

SUR LE PLAN PHYSIQUE :

donner de l'énergie à notre corps. Réveiller nos différents sens. Prendre soin de cet incroyable véhicule qu'est le corps physique.

Mode d'emploi

PLANS SPIRITUEL ET DIVIN

Bénissons la nourriture.

En bénissant les aliments que nous mangeons, nous libérons le contenu d'ADN cosmique (énergie atmique, autrement dit, l'énergie du Grand-Tout) présent dans les noyaux énergétiques des cellules de ces aliments.

Ainsi, le meilleur de l'aliment se réveille et s'offre à nous. Cela n'est pas anodin que dans les rites religieux, il est coutume de bénir la nourriture avant de la manger. Ce sont des coutumes dont nous avons perdu le sens en occident, mais qui avaient autrefois toute leur place dans nos vies.

PLAN CAUSAL

Veillons aux conditions d'élevage et d'abatage des animaux, ainsi qu'aux méthodes de culture et de récolte des fruits et légumes que nous mangeons. Si cela est impossible, nettoyons les mémoires négatives des aliments que nous absorbons.

CHAQUE ANIMAL OU VÉGÉTAL POSSÈDE ÉGALEMENT DES CORPS SUBTILS PARTICULIERS DONT NOUS ALLONS ABSORBER L'INFORMATION ÉNERGÉTIQUE EN L'AVALANT. CES INFORMATIONS VIBRATOIRES, NOUS ALLONS LES ASSIMILER ET ELLES VONT, À LEUR TOUR, IMPRÉGNER NOS CELLULES.

Autrement dit, nous ingérons les mémoires de l'animal ou du végétal que nous mangeons, qui a été lui-même influencé par : ce qu'il a ingéré pour croître, le lieu et l'atmosphère dans lequel il a été élevé ou cultivé, la façon dont il a été traité puis abattu ou cueilli, le lien que son éleveur ou maraicher a entretenu avec lui...

En d'autres termes, nous avalons et digérons, les énergies des plans physique, vital, émotionnel, mental et causal de nos aliments. Si leurs taux vibratoires sont bas (selon les informations accumulées sur leurs différents plans), cela baisse nos propres fréquences et nos cellules vont en être affectées. Notre propre taux vibratoire s'en verra diminué. Il va sans dire que si notre taux vibratoire diminue, cela va affecter négativement le taux vibratoire de nos autres corps subtils (vital, émotionnel, mental, etc.) C'est alors un cercle vicieux qui s'enclenche pour nous.

Observons-nous, observons notre faim, notre rapport à la nourriture... ne succombons pas à la nourriture instinctivement. Mangeons dans le calme et la maitrise le plus totale. Ne laissons pas de place à notre égo pour s'infiltrer par le biais de pulsions et ainsi fausser notre rapport à la nourriture.

PLAN MENTAL

Dégustons en pleine conscience et dans le silence.

Prenons le temps de mastiquer, de manger, d'avaler, d'apprécier les aliments (leur couleur, leur forme, par exemple), de sentir leur odeur, leur texture, leur saveur, etc.

Dit autrement, gardons notre intention et notre attention sur l'instant présent, restons focalisés sur nos sens et ressentis. De cette manière, nous donnons davantage de valeur nutritionnelle (sur le plan énergétique) à nos aliments puisque nous nous relions pleinement à eux (un transfert énergétique opère alors plus en profondeur et avec fluidité). Prendre un repas en pleine conscience nous permet aussi d'être mieux ancré(e) et nous donne l'occasion de nous recentrer.

Émettons l'intention que notre système digestif fonctionne à merveille.

Par exemple, à la fin du repas, focalisons notre intention sur notre système digestif. Connectons-nous à lui, ressentons-le et remercions-le. Émettons l'intention qu'il assimile parfaitement tous les aliments qu'il contient, que les meilleurs nutriments soient assimilés et que le reste soit rejeté sous forme de déchets.

Ressentons de la gratitude.

Avant d'absorber un aliment, il est également important de remercier la Terre, l'animal ou le végétal en question, mais aussi toutes les personnes qui ont participé à ce que cet aliment puisse alimenter les cellules de notre être. En d'autres termes, ressentons de la gratitude. Cela permet d'élever le taux vibratoire des aliments. Nous pouvons dire « merci » et aller chercher ce merci du fond de notre coeur. Il doit s'agir d'un merci qui fasse vibrer tout notre être. Prenons conscience de la chance que nous avons de pouvoir nous alimenter à notre faim.

PLAN ÉMOTIONNEL

Prenons plaisir à manger, soyons en joie.

Les vibrations de joie venant de notre coeur vont imprégner les aliments et augmenter leur fréquence vibratoire. Ils auront une valeur nutritive encore plus élevée. Ne ressentons surtout aucune culpabilité, cela ne ferait qu'imprégner des énergies de basses vibrations en nous.

Partageons notre repas.

Manger seul en pleine conscience est déjà très bon, mais partager notre repas avec des gens que nous apprécions, ou avec des gens que nous ne connaissons pas mais dans une atmosphère légère, agréable et bienveillante, génère une force qui se décuple.

En fait, il s'agit de se réunir autour d'une même source. Cela crée des liens, une forme d'union bienfaisante et cela réveille notre âme. Les aliments en seront positivement chargés. Notre état d'être en sera également modifié. De plus, manger avec un état d'âme positif facilite l'assimilation des nutriments, augmente leur valeur nutritive, nous nourrit littéralement, au sens propre comme au figuré.

PLANS PHYSIQUE ET ÉTHÉRIQUE

Mangeons moins mais mangeons mieux.

Veillons à consommer des aliments sains. Choisissons en conscience et selon nos moyens notre nourriture, écoutons profondément notre corps et ses besoins, sans intervention de l'égo. Mangeons à satiété et non à volonté.

EXERCICES

Rituels

POUR NETTOYER NOS ALIMENTS :

visualisons que nous les passons sous un robinet de lumière, que des particules noires s'en détachent et se transmutent en lumière. Visualisons et ressentons à quel point chaque cellule contenue dans nos aliments est détentrice d'un élixir divin en elle.

POUR ÉLEVER LE TAUX VIBRATOIRE DE NOS ALIMENTS :

imaginons que nous grandissons vers le ciel. Connectons-nous ensuite à la lumière céleste et saupoudrons les aliments que nous nous apprêtons à consommer de cette lumière purifiante. Visualisons la lumière entrant dans chaque cellule de ces substances nutritives. Insistons sur le fait de visualiser et de ressentir nos aliments gorgés de particules positives et lumineuses.

POUR ÉLEVER LE TAUX VIBRATOIRE DE NOS ALIMENTS EN LES BÉNISSANT :

plaçons nos mains au-dessus de notre boisson ou de notre repas. Centrons-nous sur le coeur avec l'intention suivante : « je souhaite élever l'énergie de mon repas, car c'est bon pour moi. » Émettons l'intention d'augmenter leur énergie et rediffusons les énergies canalisées des plans célestes vers ces derniers. Pendant ce temps, visualisons que notre nourriture se densifie et gagne en vitamines, en minéraux, etc. Si nous le souhaitons, nous pouvons terminer ce rituel par un signe de croix ou tout autre signe servant de convention (il s'agit d'un signe qui a un sens pour nous). Remercions.

NOUS POUVONS AUSSI UTILISER LA PHRASE SUIVANTE :

« Les vibrations les plus élevées des cellules de ces aliments se relient aux vibrations les plus élevées des cellules de mon être. Je reconnais cette nourriture comme étant saine et réellement positive pour moi. »

Experience

PRENONS UN ALIMENT DE PETITE TAILLE ET FAISONS CE QUI SUIT :

Pendant deux minutes, observons l'aliment en question. Durant les deux minutes suivantes, touchons-le. Puis, pendant le même laps de temps, sentons-le. Seulement alors, dégustons-le, durant cinq à dix minutes.

Selon sa taille, prenons le temps de ressentir sa forme, sa texture sur notre langue, mâchons le plus longtemps possible. Enfin, prenons le temps de sentir ce qui se passe dans notre corps : la descente de cet aliment dans l'oesophage, l'estomac, etc. Si possible, prenons le temps de sentir toute la digestion.

Challenges

- RÉALISONS UNE CURE DÉTOX À BASE DE JUS DE FRUITS ET DE LÉGUMES
- ÉVITONS DE CONSOMMER DES PRODUITS RAFFINÉS DURANT QUELQUES TEMPS (SUCRE BLANC, FARINES BLANCHES, ETC)
- CESSONS D'ACHETER DES PRODUITS INDUSTRIELS ET CONCOCTER DES PLATS FAITS MAISON À LA PLACE
- PRATIQUONS UN JEÛNE
- MANGEONS VÉGÉTARIEN VOIRE VÉGANE

Pensons à noter nos ressentis après chaque expérience réalisée. Comment nous sentons- nous :

PHYSIQUEMENT : est-ce que nous nous sentons plus légers, moins ballonnés ?

VITALEMENT : est-ce que nous nous sentons plus en forme, moins fatigués ?

ÉMOTIONNELLEMENT : est-ce que nous nous sentons plus joyeux, moins mornes ?

MENTALEMENT : est-ce que nous nous sentons plus sereins, mois tourmentés ?

SPIRITUELLEMENT : est-ce nous nous sentons plus lucide ?

AVOIR un sommeil réparateur ET RÉGÉNÉRANT

> Nous consacrons un tiers de notre temps à dormir. Cela est nécessaire à notre organisme, mais il faut savoir que le sommeil est tout autant important pour nos autres corps subtils.

Utilité

ET INFLUENCE SUR NOS CORPS SUBTILS

Lorsque nous dormons :

PLANS SPIRITUEL ET DIVIN

Notre conscience individuelle se repose et se connecte à la Source originelle.

L'accès à cette conscience supérieure est facilité pendant le sommeil étant donné que l'aspect terrestre/humain de notre être (en lien avec le mental, les émotions, le corps physique), est en « veille ».

C'est notamment pour cette raison que lorsque nous nous réveillons le matin, nos idées sont plus claires ; c'est aussi pour cela que l'on dit que « la nuit porte conseils ».

Lorsque nous dormons, notre conscience tente de se « brancher » à des informations utiles, nourrissantes et capitales pour nous (il s'agit la plupart du temps de clés de compréhension nécessaires à notre évolution).

PLAN CAUSAL

Nos mémoires sont traitées, triées, élaguées...

Un bon nombre sont notamment stockées dans notre inconscient.

PLAN MENTAL

Le mental se tait

Il traite, trie et fixe les informations de la journée (c'est pour cela qu'il est indispensable de s'octroyer une bonne nuit de sommeil après avoir révisé des examens par exemple).

PLAN ÉMOTIONNEL

Le corps émotionnel se repose, s'apaise et digère les émotions des derniers jours.

C'est un temps de répit et d'accalmi pour nous, nous pouvons nous détendre, nous apaiser.

Nous réalisons parfois des sorties astrales.

Lorsque nous dormons, notre esprit est capable de voyager [1]. Ce voyage influencé par nos émotions se doit cependant d'être positif si nous souhaitons bénéficier de ce qu'il est capable de nous apporter. Dans cet optique, il nous est conseillé de nous endormir dans des vibrations élevées. Autrement dit de méditer, d'être en paix avec nous-même, de nous décharger mentalement, de nous sentir paisible et en harmonie, etc.

PLAN VITAL

Le corps vital recharge ses batteries.

Pendant la nuit, notre corps éthérique se branche sur les énergies cosmo-telluriques (lien Terre-Ciel) et se recharge énergétiquement. En plus, le corps physique est au repos et consomme moins d'énergie vital, ce qui lui permet de se renouveler d'autant plus rapidement.

PLAN PHYSIQUE

Le corps physique se régénère.

Pendant notre sommeil, toutes nos fonctions vitales sont réduites au minimum : la respiration ralentit, la température corporelle chute, les muscles se détendent, le cerveau passe en ondes Delta (nous lâchons prise et intégrons ainsi mieux les informations), les cellules se détoxifient et se régénèrent.

(1) Fiche page 221

Mode d'emploi

PLANS SPIRITUEL ET DIVIN

Demandons la réception d'énergies venant des plans supérieurs.

Prions si cela nous apaise [1].

PLAN CAUSAL

Émettons l'intention de traiter nos mémoires, nos croyances limitantes et notre inconscient durant notre sommeil. Émettons l'intention « d'y voir plus clair ».

Notre inconscient enregistre des données en grand nombre. Il arrive parfois que les rêves les fassent remonter à la surface. Prenons donc l'habitude de noter nos ressentis ou nos visions lucides du petit matin sur un cahier.

PLAN MENTAL

Émettons des souhaits, posons des intentions positives pour la nuit et le lendemain.

Déchargeons-nous de nos soucis, évacuons les pensées qui nous dérangent. Émettons des pensées positives qui nous font du bien et nous aident à nous sentir en paix. En d'autres termes : méditons [2].

Émettons des affirmations positives.

Par exemple : « mon sommeil va être source de paix et m'amener dans des rêves divins et merveilleux ».

PLAN ÉMOTIONNEL

Ressentons des émotions positives telles que la joie ou l'amour.

Bannissons toute source de pollution visuelle et sonore qui pourrait plomber notre émotionnel avant de nous endormir (exemples : films violents ou d'horreur, informations radio ou télévisées, etc.)

PLAN VITAL

Nettoyons les énergies du lieu où nous dormons [3].

Protégeons-nous des ondes négatives. Pensons notamment à couper notre téléphone portable et le WIFI.

Coupons les liens avec les situations qui vampirisent notre énergie.

PLAN PHYSIQUE

Parlons à notre corps pour l'apaiser et le préparer au sommeil.

Par exemple : « je vais bien dormir, je suis en paix, je suis détendu(e), je m'apprête à avoir un sommeil réparateur et régénérant ».

Vérifions la qualité de notre matelas. Étant donné que nous passons en général 1/3 de notre temps à dormir, il est indispensable d'investir dans un matelas qui aidera à notre régénération physique.

JE VAIS BIEN DORMIR.

JE SUIS EN PAIX.

JE SUIS DÉTENDU(E).

JE M'APPRÊTE À AVOIR UN SOMMEIL RÉPARATEUR ET RÉGÉNÉRANT

Optons pour une posture confortable.
Détendons-nous, décontractons-nous.

- Dormons suffisamment (étudions notre cycle de sommeil pour savoir combien d'heures nous avons besoin pour nous régénérer). Endormons-nous à heures fixes.
- Veillons à ce que nos conditions de sommeil soient bonnes (la température ambiante est-elle bonne pour nous, notre chambre est-elle au calme, est-ce que nous nous y sentons bien, est-ce que notre oreiller est frais ? ...).
- Fermons les volets de notre habitation si nous en ressentons le besoin, et ce en toute conscience. Affirmons alors que nous nous relions désormais à notre intériorité (le fait de fermer les volets étant la symbolique du fait de couper avec le monde extérieur).
- Pour aider notre corps à se libérer des toxines, mangeons léger avant de nous coucher.

(1) Fiche page 151 . (2) Fiche page 120 . (3) Fiche page 46

EXERCICES

Rituels

POUR ÉVACUER DES PENSÉES NÉGATIVES OU INVASIVES :

visualisons-les sous la forme de puces qui s'agitent dans notre tête. Calmons-les, enfermons-les dans un sac, ressentons un sentiment de paix intérieure et transformons le sac en particules de lumière que nous déversons sur notre être et sur le monde entier.

POUR NOUS LIBÉRER DE NOS SOUCIS ET TRACAS :
visualisons par exemple, que nous les plaçons dans une montgolfière de lumière qui s'envole vers le ciel.

POUR CHARGER NOTRE MATELAS EN BONNES ÉNERGIES :

visualisons que notre matelas est composé de plumes de lumière aux nombreux bénéfices. (N.B. : par le biais de notre intention, nous pouvons changer les vertus de ces plumes au gré de nos besoins.)

Voyons à quel point les cellules de notre matelas se gorgent de ces énergies. Lorsque nous nous allongeons, ressentons que notre être entre en connexion avec ces plumes afin de profiter de leurs bienfaits.

Challenges

VOICI QUELQUES CONSEILS POUR BIEN DÉMARRER NOS JOURNÉES :

- Étirons-nous.
- Posons des intentions positives pour la journée à venir.
- Visualisons le bon déroulement de notre journée.
- Utilisons des affirmations positives dès que nous posons un pied à terre (ainsi nous démarrons la journée du bon pied). Par exemple :

« CETTE JOURNÉE S'ANNONCE RICHE ET ÉPANOUISSANTE POUR MOI. JE ME SENS MERVEILLEUSEMENT BIEN FACE À CETTE JOURNÉE QUI COMMENCE ET QUI S'OFFRE À MOI. JE SUIS PLEIN(E) DE JOIE ET D'ENTRAIN À L'IDÉE DE LA COMMENCER. »

- Évacuons l'empreinte énergétique de nos cauchemars. Pour cela, visualisons la présence de ce cauchemar sur nous comme des empreintes digitales qui seraient tatouées sur notre peau.
- Effaçons-les une à une. Puis écoulons l'énergie du cauchemar qui se trouve en nous sous la forme d'un liquide noirâtre qui regagne la terre, ce dernier est transmuté en lumière.
- Prenons un petit déjeuner sain et équilibré.
- Écoutons une chanson qui nous met du baume au coeur.

RÉGULER ET *harmoniser* NOTRE LIEU DE VIE

“

Un lieu est pareil à un être humain, il possède un taux vibratoire. Plus un lieu est harmonieux, équilibré, nettoyé de ses mémoires, plus il vibre à des fréquences élevées. Si un lieu est pollué, il vibre à des fréquences basses.

Un lieu garde en lui les traces énergétiques de tous les plans vibratoires, c'est à dire de ce qui s'y est passé physiquement, émotionnellement, mentalement. Toutes ces mémoires sont enregistrées sur le plan akashique. Il est aussi influencé par la nature (énergétique) de son emplacement et par les énergies qui y circulent sur le plan cosmo-tellurique.

”

Test

AFIN DE SAVOIR SI NOTRE HABITATION EST SAINE ET HARMONIEUSE, POSONS-NOUS CES QUESTIONS :

- ☐ Est-ce que nous sommes en bonne santé ?
- ☐ Est-ce que notre sommeil est réparateur ?
- ☐ Est-ce que nous sommes en forme lorsque nous nous réveillons le matin ?
- ☐ Est-ce que nous nous y sentons en sécurité ?
- ☐ Nous y sentons-nous bien ?
- ☐ Est-ce que les personnes qui nous rendent visite se sentent bien chez nous ?
- ☐ L'atmosphère de notre habitat est-il relaxant ?
- ☐ Sommes-nous en paix lorsque nous sommes chez nous ?
- ☐ Notre habitat se veut-il physiquement sain (aucune présence d'humidité, de fuite, etc) ?
- ☐ Est-ce que ce lieu nous ressemble ?
- ☐ Est-ce que le passif de notre lieu de vie est positif ?

Si la réponse à nos questions est « oui », alors notre habitat semble être sain et harmonieux.

Mode d'emploi

SUR LE PLAN SPIRITUEL :

Bénissons notre habitat.

Effectuons une petite cérémonie personnelle en envoyant de l'amour à ce lieu que nous voulons harmoniser. Cela transmutera l'énergie contenue dans ses champs vibratoires. Utilisons, si nous le souhaitons, de l'encens, de la sauge, du Palo Santo (« bois sacré »), etc.

. . . .

SUR LE PLAN CAUSAL :

Harmonisons les mémoires du lieu.

Pour cela, prenons notamment contact avec les mémoires akashiques et cellulaires du lieu. Si nous en sommes incapables, faisons appel à un professionnel.

Harmonisons les mémoires des objets et du mobilier (1).

Nettoyons les mémoires de la présence des anciens habitants du lieu.

À cet effet, transmutons les charges négatives en lumière, en les visualisant comme des particules noires qui se transforment en lumière. Ensuite, saupoudrons le mobilier et les objets avec de la lumière divine et faisons-la pénétrer également dans les murs.

. . . .

SUR LE PLAN MENTAL :

Nettoyons l'empreinte des pensées négatives.

. . . .

SUR LE PLAN ÉMOTIONNEL :

Nettoyons l'empreinte des émotions négatives.

À cet effet, émettons des émotions positives.

. . . .

SUR LE PLAN PHYSIQUE ET PLAN ÉTHÉRIQUE :

Libérons notre maison des entités.

Faisons appel à un professionnel ou visualisons que nous chassons les entités non incarnées à l'extérieur de chez nous. Ensuite, recouvrons les murs d'une couche de lumière avec l'intention qu'elle fasse fonction de bouclier et que les entités n'y entrent plus.

Aérons et rangeons souvent notre lieu de vie. Débarrassons-nous des objets inutiles ou trop encombrants.

Utilisons des énergies positives.

Prononçons des phrases positives en nous adressant au lieu à harmoniser. Parlons-lui :

« JE T'AIME, MERCI D'ÉMETTRE DES VIBRATIONS POSITIVES, QU'ELLES SOIENT EMPREINTES D'AMOUR ET DE LÉGÈRETÉ. »

Nettoyons et protégeons le lieu des ondes négatives : utilisons par exemple la lithothérapie selon les besoins spécifiques.

Équilibrons les énergies cosmo-telluriques : faisons pour cela appel par exemple à un géobiologue.

Utilisons certaines formes de la géométrie sacrée telle que la fleur de vie par exemple.

Agençons, décorons et organisons le lieu de telle sorte qu'il vibre harmonieusement. Inspirons-nous du Feng Shui si nous le souhaitons. Utilisons la chromothérapie afin d'utiliser des couleurs qui sauront nous influencer inconsciemment et positivement au quotidien.

EXERCICES

Rituels énergetiques

Pour nettoyer énergétiquement notre mobilier : visualisons qu'au-dessus du meuble que nous souhaitons nettoyer se trouve un robinet. Ouvrons-le. Une eau verte émeraude, lumineuse et limpide, coule du robinet sur le meuble. Le meuble est recouvert par cette eau, qui s'écoule ensuite dans un siphon en apportant avec elle toutes les charges énergétiques jusqu'au centre de la Terre.

Pour nettoyer énergétiquement de petits objets : (tels que des bijoux, des accessoires, des pierres, etc) : visualisons que nous plaçons l'objet dans une bulle transparente. Le haut de cette bulle est équipé d'un entonnoir. De la Lumière blanche descend du ciel et coule à l'intérieur de la bulle. La bulle se remplit de Lumière. Secouons-la : la bulle explose en poussières de Lumière. Mon objet est désormais nettoyé énergétiquement.

Pour imprégner notre habitat de positif : visualisons que nous écrivons des mots positifs sur les murs de notre habitation. Nous émettons l'intention ferme que ces mots soient greffés en profondeur afin qu'ils influencent notre domicile.

Pour nettoyer notre habitat des émotions négatives qu'il a imprégné : imaginons que nos murs sont doublés par une paroi en éponge. Celle-ci aspire les énergies coincées dans nos murs et présentes chez nous. Enfin, nous essorons ces éponges, l'énergie qui en sort s'écoule en lumière. Nous faisons disparaître les éponges.

Protocole

POUR RÉ-ÉNERGISER NOTRE DOMICILE :

Étape 1 visualisons un pylône énergétique au centre de notre maison (un cône de lumière). Celui-ci a ses fondations bien établies dans la terre, dans laquelle il puise sa force. Voyons la pointe du cône reliée au ciel dans lequel il puise aussi sa force.

Étape 2 voyons alors qu'une énergie se met à irradier du cône en question. Demandons son activation plus fortement, afin que son énergie devienne plus puissante. Celle-ci se met alors à repousser les énergies négatives qui se trouvent dans la maison.

Étape 3 et 4 le cône se transforme en vortex qui aspire les parasites restant dans la maison. Visualisons de la lumière inondant toutes les pièces de la maison. Éteignons le pylône, ressentons de la gratitude.

N.B Rallumons le pylône lorsque nous le souhaitons (une fois par semaine, par exemple).

POUR NOUS CONNECTER AUX MÉMOIRES AKASHIQUES :

Avant de réaliser cet exercice, il nous est recommandé de développer notre clairvoyance [2].

Étape 1 Posons notre attention ou autrement dit notre conscience sur un point en particulier (sur un de murs de notre maison ou sur le sol d'une pièce). Sentons-nous à cet instant protégés.

Étape 2 et 3 Demandons en posant une intention, de recevoir des informations sur ce point en question, notamment sur ses mémoires. Visualisons pour nous aider que nous entrons dans les cellules de ce point ; pour cela nous ouvrons une porte et nous pénétrons à l'intérieur de la cellule afin d'observer ce qui s'y est passé. Récoltons les informations qui viennent à notre esprit. Si nous n'avons aucune image, fions-nous à notre ressenti.

Détachons-nous de la cellule en question, prenons de la distance vis-à-vis d'elle, refermons la porte.

(1) Fiche page 48 . (2) Fiche page 216

EXPÉRIMENTER
la sexualité sacrée

"

Nous faisons l'amour car bien souvent nous sommes stimulés par une pulsion, et animés par un certain désir et une certaine attirance envers un partenaire. Dans ce cas, c'est bel et bien souvent l'égo qui vient animer notre chakra sacré, et donc réveiller notre énergie sexuelle afin que notre corps soit disposé et appelé à vivre cet acte. L'égo génère cela la plupart du temps par instinct, par besoin. Pourtant l'acte sexuel n'est pas uniquement un acte physique qui répond à des besoins physiologiques ; c'est avant tout un acte d'amour, un acte multidimensionnel. Les partenaires vont pouvoir en effet se relier à tous les niveaux lors du rapport sexuel : au niveau de leurs âmes, de leurs esprits, de leurs coeurs, de leurs émotionnels et enfin de leurs corps et énergies.

Dans la plupart des rapports, l'orgasme se veut uniquement physique alors que celui-ci peut être multidimensionnel, si tant est que les partenaires parviennent à faire entrer en communion tous leurs plans vibratoires. En parvenant à cela, en faisant en sorte que ce moment soit propice au partage et à l'échange, les cellules vont se gorger et se nourrir d'ondes positives et donc transcender l'énergie et les vibrations de chaque individu ; autrement dit leurs taux vibratoires.
Pour résumer, l'acte sexuel a en effet un impact sur nos cellules, il les fait vibrer dans une polarité ou dans une autre. Plus l'acte se veut positif à tous les niveaux, plus nos énergies vont s'élever.

"

Influence
SUR NOS CORPS SUBTILS

L'ACTE SEXUEL A POUR VERTUS DE NOUS NOURRIR SUR TOUS LES PLANS VIBRATOIRES :

PLANS SPIRITUEL ET DIVIN
nous atteignons le 7ème ciel. En effet s'il s'agit réellement d'un acte d'échange et de partage, il se produit une vraie communion, les corps s'alignent, les esprits s'ouvrent, les âmes se connectent.

PLAN CAUSAL
nous transmutons les mémoires karmiques négatives qui peuvent nous relier entre partenaires.

PLAN MENTAL
nous faisons le vide mental, nous planons, nous sommes en paix.

PLAN ÉMOTIONNEL
nous sommes en joie, heureux.

PLAN VITAL
l'homme envoie son énergie cosmique, qui est réceptionnée par la femme. Elle lui offre à son tour l'énergie de la terre (de la mère). Un échange cosmo-tellurique a lieu et aide la circulation des flux énergétiques dans notre corps. Nous vibrons. Dit autrement, l'acte sexuel correspond à la métaphore : « le Ciel vient faire l'amour à la Terre » (lorsqu'il pleut, le sol est fécondé par la pluie). Cet acte équilibre le Masculin et le Féminin, et permet de toucher à l'équilibre cosmo-tellurique.

PLAN PHYSIQUE
nous sommes détendus, nous sommes ancrés. Si après un rapport sexuel, nous nous sentons : fatigués, faibles, vidés, tristes, pollués mentalement, honteux, etc, c'est que celui n'a pas été réalisé dans la bonne polarité.

Mode d'emploi

PLANS SPIRITUEL ET DIVIN

VISUALISONS L'OUVERTURE DE NOS CHAKRAS DU TROISIÈME OEIL ET CORONAL PUIS :

Relions notre âme avec celle de l'autre personne.

Pour cela il nous suffit de poser cette intention et de réaliser la visualisation suivante : nous sommes face à face, notre troisième oeil observe le troisième oeil de l'autre personne. Nous acceptons intérieurement que l'autre puisse nous voir tel que nous sommes vraiment et nous le laissons plonger son oeil dans le nôtre et vice-versa.

Prenons conscience qu'il s'agit d'un acte divin.

Atteindre le septième ciel, c'est faire monter les énergies d'un chakra à l'autre, un à un, afin que la puissance énergétique positive de l'acte nous amène à « l'explosion » du septième chakra, c'est-à-dire à la plénitude. Faire l'amour nous permet entre partenaires, de nous retrouver, de communier, de se compléter. Cela amène nos deux polarités (les énergies du féminin et du masculin) à se retrouver et s'unir, et cette communion permet à l'âme d'activer sa fréquence dans nos cellules puisque l'unité est au coeur de ses vibrations.

Connectons-nous à notre grandeur.

En notre for intérieur, nous savons et nous aspirons à ce que le rapport sexuel soit grandiose et noble au niveau vibratoire. Lorsque l'acte n'est pas à la hauteur de notre aspiration, nous en voulons à l'autre inconsciemment de ne pas nous donner ce que nous attendons. Cette tension perturbe les rapports humains au quotidien. Nous devons donc nous connecter à ce que nous portons de plus beau, grand et noble en nous afin de toucher au divin lors de notre rapport.

PLAN CAUSAL

VISUALISONS L'OUVERTURE DE NOTRE CHAKRA DE LA GORGE PUIS :

Dépassons les problématiques ou les discordes que nous avons l'un avec l'autre.

Exprimons ce que nous avons à exprimer au lieu de chercher inconsciemment à régler nos problèmes via l'acte sexuel. Soyons francs et honnêtes l'un envers l'autre.

Travaillons sur nos blessures de l'égo.

(sentiment d'abandon, de rejet, de trahison, d'humiliation, d'injustice) afin d'éviter que celles- ci ne soient amplifiées durant le rapport sexuel.

N'ayons aucune attente inconsciente.

Pensons en amont à nettoyer nos croyances négatives ou inconscientes vis-à-vis de l'acte sexuel.

(par exemple : je suis un mauvais coup, je suis frigide, le sexe c'est quelque chose de sale…). Déconnectons-nous aussi de l'inconscient collectif lié à la sexualité. Pour cela, entretenons des images positives sur celle-ci et ne nous laissons plus polluer par les images fausses et souillées que véhiculent l'industrie pornographique et les clips vidéos.

PLAN MENTAL

VISUALISONS L'OUVERTURE DE NOTRE CHAKRA DU CŒUR PUIS :

Émettons des pensées et paroles positives vis à vis de l'autre personne et de nous-même.

Exprimons par exemple deux phrases positives à notre partenaire.

Partageons une intention consciente d'un commun accord.

Par exemple : « nous faisons l'amour pour : nous relier, nous unir, élever nos âmes », etc.

Sentons notre cœur qui s'ouvre et l'énergie positive qui en sort pour bénir notre union.

Visualisons et sentons une place pour l'autre dans notre coeur. Enveloppons l'autre d'amour. Nous pouvons pour cela visualiser et mimer l'autre que nous enrobons notre partenaire dans un nuage d'amour et de paix.

Soyons dans le moment présent. Lâchons prise.

Faisons taire notre mental (1).
Ressentons de la gratitude (2).
Soyons centrés dans le coeur (3).

PLAN ÉMOTIONNEL

VISUALISONS L'OUVERTURE DE NOTRE CHAKRA SOLAIRE PUIS :

Soyons en joie de faire l'amour.

Ayons l'intention de vibrer ensemble, de nous sentir entourés d'une chaleur bienveillante, réconfortante, rassurante. Soyons en joie de nourrir l'Univers tout entier en unissant nos deux polarités.

Émettons des souhaits positifs pour notre partenaire et vice-versa.

Demandons-nous quel est notre souhait le plus profond par rapport à notre relation.

Celui-ci doit venir du fond de notre être et non de notre égo.

Ressentons du respect envers l'autre personne et envers nous-même.

Soyons dans la joie afin de nous relier à des égrégores positifs.

PLAN VITAL

VISUALISONS L'OUVERTURE DE NOTRE CHAKRA SACRÉ PUIS :

Sentons-nous reliés à notre partenaire énergétiquement.

Pour cela imaginons un cordon qui nous relie à lui.

Nourrissons le souhait de partager nos énergies pour nous apporter le meilleur l'un à l'autre.

Partageons. Échangeons. Soyons dans la réception. Offrons le meilleur de nous-même. Disons non au vampirisme énergétique. Visualisons un cocon doré autour de nous et de l'autre personne. Nous sommes tous deux dans ce cocon, protégés.

Ayons l'intention de vivre une expérience positive et transcendante sur le plan énergétique.

Visualisons un axe vertical qui nous traverse : les énergies Terre-Ciel circulent de haut en bas (et vice versa) et nourrissent nos chakras.

Éprouvons un réel désir envers notre partenaire.

Ce désir doit être pur, dénué de fantasmes influencés par des égrégores négatifs.

Demandons-nous si ce que nous ressentons est-il de l'ordre de la pulsion ou d'un désir pur ?

S'il s'agit d'une pulsion, laissons-la passer pour aller vers plus d'amour. Pour cela, visualisons l'énergie contenue dans le chakra racine et sacré remonter vers le chakra du coeur, puis envoyons de l'amour à notre partenaire.

Ne nous sentons pas contraint à faire l'amour.

PLAN PHYSIQUE

VISUALISONS L'OUVERTURE DE NOTRE CHAKRA RACINE PUIS :

Sentons et visualisons que nous connectons notre chakra racine à la Terre.

Connectons-nous à notre féminin et masculin sacrés.
En tant que femme relions-nous par l'intention à notre féminité, fertilité, sensualité, et douceur. Sentons à quel point nous sommes une déesse.

En tant qu'homme, relions-nous par l'intention à notre masculinité, à notre puissance et sensibilité, à notre force et douceur, à notre instinct de protection. Sentons à quel point nous sommes un dieu.

Convions les 4 éléments.
Pour cela, allumons une bougie (feu), partageons un verre d'eau (eau), synchronisons nos respirations (air), choisissons un cristal (terre) tel que le grenat par exemple, touchons-le et échangeons-le.

La femme se relie par l'intention à sa féminité, à sa fertilité et à sa positivité ; et l'homme se relie au souhait de nourrir la terre, de l'arroser ; cela nous connectera à l'élément terre.

Éveillons nos sens.
Utilisons l'aromathérapie afin de réveiller notre olfaction (huile essentielle d'ylang-ylang par exemple). Embrassons-nous et caressons-nous afin de réveiller notre toucher. Mettons une musique douce, relaxante et haute en vibrations afin de réveiller notre ouïe. Partageons un fruit afin de réveiller notre goût.

Respirons calmement, en conscience.
Synchronisons nos respirations naturellement. Sentons-nous en osmose avec notre partenaire.

Massons-nous réciproquement afin de nous détendre et de nous laisser aller ;
à l'aide d'huile de massage si besoin.

Acceptons pleinement notre corps physique
(l'autre peut bénir nos complexes et embrasser les parties de notre corps qui nous gênent).

Note

Note par rapports aux homosexuels :

En fait, lorsque nous faisons l'amour, nous unissons nos polarités, celles que nous portons déjà en nous ; cela est symbolique de la fusion, et la rencontre du masculin et féminin le symbolise (comme le yin et le yang). Dans les rapports homosexuels, la même chose se produit étant donné que certaines femmes ont plus de yang et des hommes plus de yin, ils choisissent aussi d'unifier leurs pôles.

De manière plus générale, que ce soit dans les rapports hétérosexuels ou homosexuels, nous choisissons l'autre pour nous aider à traiter des problématiques karmiques, selon nos blessures, nos carences, etc..

(1) Fiches pages 114 à 155 . (2) Fiche page 137 . (3) Fiche page 140

S'ancrer

“

L'ancrage est une force, une puissance qui nous confère l'assise et l'énergie nécessaires afin d'assurer la stabilité énergétique de tout notre être.

PRENONS DEUX MÉTAPHORES AFIN D'IMAGER LA NOTION D'ANCRAGE :

1 Imaginons un bateau qui souhaiterait mouiller dans une baie mais qui n'aurait pas d'ancre. Autant dire que celui-ci ne pourrait pas se maintenir en place. Il dériverait et s'écarterait du rivage à la moindre houle. L'ancre, en se figeant avec force et de tout son poids au fond de l'eau, va assurer à elle seule toute la stabilité et le maintien du bateau. Une fois ancré, le bateau est au repos et l'équipage peut se détendre.

Tous les corps énergétiques de notre être sont comme ce bateau. Ils ont besoin d'ancrage, c'est-à-dire d'une force qui les stabilise, afin qu'ils puissent s'appuyer sur elle, le temps de réguler leurs énergies.

2 Imaginons un arbre centenaire dont l'aura charismatique rayonne, dont les branches grandes et majestueuses semblent toucher le ciel. Croyons-nous que cet arbre serait aussi grand et noble si son tronc n'était pas robuste et en bonne santé ? Si ses branches sont si merveilleuses et son tronc si remarquable, c'est que ses racines sont bonnes. Que les conditions climatiques soient favorables ou non à son épanouissement, ses racines, fermement implantées dans la terre, assurent son alimentation et donc sa croissance. Plus celles-ci sont incrustées dans la terre avec force et solidité, moins il est possible que cet arbre puisse rompre lors d'une tempête.

Cet arbre nous représente et illustre notre besoin de grandissement, d'aller toujours vers plus de hauteur, afin d'établir une meilleure connexion avec le ciel (le divin). Les racines représentent notre ancrage, notre puissance, notre connexion à la Terre. Les conditions climatiques ne sont que la métaphore de nos émotions, et la tempête, celle des déboires qui peuvent survenir dans notre vie.

”

Influence

SUR NOS CORPS SUBTILS

L'ANCRAGE NOUS PERMET DE :

PLAN SPIRITUEL

- Nous sentir plus en accord, en joie et en paix avec le fait d'être incarnés.
- Développer avec plus de facilité nos capacités extra-sensorielles car il nous donne l'assise pour cela.
- D'exprimer avec plus de facilité notre sagesse.

En étant ancrés, notre assise énergétique est plus forte, nous sommes donc moins touchés dans l'égo et donc moins déstabilisés mentalement ou émotionnellement. Cela nous laisse donc l'opportunité de nous connecter au SOI avec plus de facilité.

PLAN CAUSAL

- Déprogrammer avec plus de facilité nos mémoires passées.

Lorsque nous sommes ancrés, nous marquons le fait que nos racines soient plantées dans l'instant présent. C'est alors l'énergie de ce moment qui va circuler en nous, afin de ramener dans nos différents corps de nouvelles données. Elles transmutent ainsi les anciennes, celles qui sont obsolètes. En résumé, l'ancrage aide au renouvellement de l'information cellulaire.

PLAN MENTAL

- D'avoir les pieds sur Terre et donc moins « la tête dans les nuages ». Ainsi, nous avons l'impression d'être moins embués, moins étourdis, et donc plus présents à nous-même et dans l'ici et maintenant.
- Densifier notre structure mentale. Cela nous permet de nous prévenir contre les attaques verbales ou psychiques des autres (si quelqu'un se montre désagréable et agressif envers nous par exemple).

PLAN ÉMOTIONNEL

- Nous sentir plus forts, moins emphatiques. Nous sommes alors moins troublés par nos ressentis émotionnels et donc plus stables sur ce plan-ci.

PLAN VITAL

- Capter les énergies telluriques (énergies venant de la terre) qui nourrissent en partie notre plan vital. En étant bien ancrés, nous serons plus en forme physiquement et plus rayonnants.
- D'influencer la matière plus fortement car notre aura est plus dense et donc plus « impactante ».
- Renforcer notre sentiment de sécurité vis-à-vis du monde qui nous entoure ; d'être protégés énergétiquement.
- De réguler notre énergie libidinale.

PLAN PHYSIQUE

- D'être en meilleure santé. D'améliorer notre circulation sanguine. D'influencer nos gonades et donc d'assurer un bon équilibre hormonal.

LA BOITE À

Questions

Quels sont les risques liés au manque d'ancrage ?

« Une personne qui manque d'ancrage va en général ressentir plusieurs « symptômes » : la sensation d'être « à côté de ses pompes », un sentiment d'inutilité, une faible énergie vitale, de la passivité, une vision floue, des vertiges, des maux de tête, de la dépression parfois... »

Quels sont les risques de trop d'ancrage ?

« Une personne trop ancrée risque de devenir matérialiste, agressive, égoïste, obsessionnelle. D'ailleurs, prenons note au passage que les hommes sont plus ancrés par nature alors que la femme sont beaucoup plus « aériennes». »

Est-ce que l'ancrage peut être nuisible à notre développement spirituel ?

« ABSOLUMENT PAS ! BIEN AU CONTRAIRE. PREMIÈREMENT, UN BON ANCRAGE DÉVELOPPE UNE BONNE ASSISE ÉNERGÉTIQUE. CELA NOUS PERMET ALORS DE MIEUX ÉMETTRE ET AUSSI DE MIEUX RÉCEPTIONNER (TELS DES RADARS ET DES ANTENNES).

Grâce à cela, nous allons donc pouvoir développer au mieux nos capacités psychiques. En fait, nous ne pouvons pas négliger notre ancrage, sous prétexte que nous souhaitons développer notre connexion au ciel, car c'est en fait l'ancrage qui assure en grande partie nos fondations énergétiques.

Sans ancrage, sans reliance au sol, nous n'aurions pas les racines nécessaires afin de nous établir correctement et donc de grandir et de nous élever.

Ajoutons qu'un mauvais ancrage entraînerait une baisse de vitalité dans notre corps éthérique et par conséquent, physique. Cela aurait pour répercussion de nous rendre plus perméables et sensibles sur le plan émotionnel. Enfin, cela aurait pour conséquence de nous déstabiliser sur le plan mental. Nos quatre premiers chakras seraient alors déséquilibrés. Ainsi, nous ne pourrions plus être correctement aligné(e)s et notre connexion au divin en pâtirait. »

Test

TEST POUR SAVOIR SI NOUS SOMMES SUFFISAMMENT ANCRÉS :

- ☐ Est-ce que nous sommes capables de ressentir tout ce qu'il se passe en nous ? En d'autres termes, sommes-nous présents à nous-même ?
- ☐ Est-ce que nous nous sentons en connexion avec tout ce qui nous entoure ?
- ☐ Est-ce que nous nous sentons profondément en lien avec la nature ?
- ☐ Pouvons-nous ressentir notre lien avec le sol ? Est-ce que nous pouvons sentir la relation qu'il existe entre nos pieds et la terre ?
- ☐ Est-ce que nous sommes stables ? Est-ce que nous ressentons une certaine assise chez nous ?
- ☐ Est-ce que notre présence se fait sentir ? Est-ce que nous assumons notre présence lorsque nous arrivons dans un endroit public ?
- ☐ Est-ce que nous rayonnons ?
- ☐ Sommes-nous à l'aise avec notre corps physique ?
- ☐ Avons-nous suffisamment de vitalité ?
- ☐ Sommes-nous dans le moment présent ?
- ☐ Sommes-nous suffisamment dans l'action ?
- ☐ Est-ce que nous nous sentons appartenir à cette réalité ?

Si nous avons répondu « non » à la majeure partie de ces questions, nous souffrons certainement d'un manque d'ancrage.

Mode d'emploi

PLANS SPIRITUEL ET DIVIN

Considérons-nous comme étant un être divin vivant une incarnation terrestre.

Prenons conscience qu'avant d'être un humain, nous sommes surtout une parcelle du Grand Tout. Nous sommes un être divin venu vivre une expérience terrestre, et non le contraire. Acceptons que notre corps physique soit un véhicule nous donnant l'opportunité d'expérimenter sur Terre.

Acceptons que l'incarnation soit un choix de l'âme.

Prenons conscience que notre incarnation n'est pas un choix imposé. Au contraire, acceptons avec sagesse que cette décision a bien été la nôtre à un instant donné. Ressentons donc de la paix face au fait d'être incarné(e)s dans l'ici et maintenant. Ressentons toute la légitimité que nous avons quant au fait d'être présent(e)s ici-bas.

PLAN CAUSAL

Nettoyons les mémoires à polarité négative.

Via le pouvoir de l'intention, émettons le souhait d'annuler nos actions, émotions, pensées et paroles qui ont pu exprimer le désir de mourir (par exemple : envie de disparaître, tentative de suicide, démotivation vis-à-vis de notre incarnation, etc.)

....

PLAN MENTAL

Vivons en pleine conscience, ramenons notre esprit dans le moment présent [1].

Émettons des pensées et/ou des paroles positives vis-à-vis de notre incarnation.

Par exemple : « je suis dans l'ici et maintenant, je profite totalement de tout le positif que la vie peut m'apporter. J'accueille chacun de ses cadeaux, cela est merveilleux et me fait du bien ».

....

PLAN ÉMOTIONNEL

Apprécions notre incarnation.

Ressentons des émotions positives quant à notre incarnation. Pour cela, exprimons notre gratitude face aux petits riens de la vie qui nous permettent de nous sentir chanceux(se) et heureux(se) [2].

....

PLAN VITAL

Éprouvons une réelle volonté d'être incarnés.

Ressentons au plus profond de notre être la volonté que nous avons d'être ici, incarné(e)s sur Terre. Portons notre intention sur la réelle motivation que nous avons de nous accomplir et de nous faire plaisir. Soyons intérieurement alimenté(e) par des envies qui nous boostent et nous tiennent à coeur.

Répétons par exemple pour cela un mantra d'affirmation positive tel que celui-ci : « je suis fermement décidé(e) à prendre ma vie en main, à me faire plaisir, à me réaliser. J'ai confiance en ma capacité de mener à bien chacune de mes envies. Je suis pleinement déterminé(e) à profiter de la vie et de ce qu'elle m'offre et va m'offrir ».

....

PLAN PHYSIQUE

Optons pour des activités ou des loisirs favorisant notre ancrage.

Ces activités (ou loisirs) peuvent être celles qui nous permettent :

- d'établir un contact profond avec notre corps physique (par exemple : karaté, tai-chi, course à pied, danse, etc.)
- de nous sentir relié(e)s aux autres, à la nature, à tout ce qui nous entoure (par exemple : faire une balade en forêt, du jardinage, du bricolage, marcher pieds nus dans la terre, faire un câlin à un arbre ou à un animal, contempler la nature, etc.)
- de ressentir du plaisir face au fait d'être incarné(e)s dans un corps physique (par exemple : massage, câlin, etc.)

Sentons-nous enraciné(e), relié(e) au sol [3].

....

(1) Fiche page 125 . (2) Fiche page 137 . (3) Fiche page 53

EXERCICES

Rituels

POUR NOUS ANCRER :

RITUEL 1

Visualisons que nous sommes un arbre majestueux.
Nous ressentons nos racines robustes bien implantées en profondeur dans la terre. Sentons ensuite à quel point l'arbre que nous sommes est noble, majestueux et lumineux.

ou

RITUEL 2

Visualisons que nous enfilons de grosses chaussures qui sont aimantées au sol (type chaussures de ski). Nous sentons qu'elles nous permettent de rester ancrés au sol. Nos pieds se sentent irrémédiablement attirés par le sol. Le sol se sent attiré par nos pieds. Ils s'attirent l'un et l'autre comme des aimants. Nous restons debout, et nous prenons conscience de cette attirance jusqu'à ce que nous ressentions une certaine force en nous.

ou

RITUEL 3

Réalisons l'expérience suivante : les yeux fermés, marchons tranquillement pieds nus sur le sol.
Focalisons notre intention sur nos pieds, sur le sol, sur les sensations et sur les vibrations que la marche crée dans notre corps. Marchons avec assurance, d'un pas décidé. Prenons pleinement conscience de notre corps et de sa densité. Ressentons chaque partie de notre être et le lien que nous avons avec le sol. Sentons à quel point nous sommes reliés à lui.

Experience

OBSERVONS LA COULEUR ROUGE OU ORANGE AFIN DE NOUS ALIMENTER DE LEURS VERTUS, DONT CELLE DE NOUS AIDER À NOUS ANCRER.

Visualisons qu'un manteau de couleur rouge, épais, doux et soyeux sorte du sol et nous emmitoufle. Sentons les bienfaits de l'infusion de sa couleur sur nous puis en nous. Enfin, enlevons ce manteau et retournons-le à la terre.

Utilisons un minéral telle que la tourmaline noire. Tenons- le par exemple quelques minutes dans nos mains au quotidien pendant plusieurs jours d'affilés.

Diffusons une huile essentielle telle que le patchouli ou le vétiver afin d'intensifier les rituels proposés précédemment. Le patchouli a pour vertu de nous connecter à la terre et le vétiver à des arbres ayant des racines solides et profondes.

PRATIQUER UNE ACTIVITÉ

positive et épanouissante

Lorsque nous pratiquons une activité positive et épanouissante, cela nous stimule à tous les niveaux.
Par contre, lorsque nous sommes inactifs, nous endormons en quelque sorte nos corps subtils, car ces derniers manquent de stimulation et d'émulsion. Par exemple, lorsque nous sommes « inertes », nous nous sentons « à plat », tristes, inutiles, non-créatifs ; notre esprit s'endort et notre âme s'éteint.

Mode d'emploi

UNE ACTIVITÉ EST POSITIVE POUR NOUS SI ELLE NOUS PERMET D'ÉMETTRE ET DE RECEVOIR DES ÉNERGIES POSITIVES SUR TOUS LES PLANS. CHOISISSONS ALORS UNE ACTIVITÉ QUI NOUS PERMET DE :

PLANS SPIRITUEL ET DIVIN

- Ressentir de l'amour pour nous-même (sentiment de réalisation, harmonie intérieure, etc.)
- Nous libérer, nous évader, nous élever.
- Réveiller notre esprit, de le rendre alerte.

PLAN CAUSAL

- D'exprimer notre nature véritable, nos dons, nos talents et notre créativité.

PLAN MENTAL

- Faire le vide mental en nous, de nous vider la tête.
- Ressentir de la gratitude.

PLAN ÉMOTIONNEL

- Ressentir du plaisir et des émotions positives.
- Ressentir de la gratitude.
- Prendre confiance en nous. Nous sentir fiers.

PLAN VITAL

- Nous défouler.
- Nous stimuler, nous booster, nous apporter de l'énergie.
- Vibrer.

PLAN PHYSIQUE

- Ressentir des sensations physiques agréables.
- Nous traiter avec soin et amour.
- D'être en meilleure forme et santé.

EXERCICES

Challenges

Trouvons une activité sportive à pratiquer une ou plusieurs fois par semaine. Restons réguliers et volontaires.

Trouvons une activité manuelle à pratiquer ponctuellement afin d'exprimer tout notre talent, notre créativité, notre savoir-faire.

Pratiquons une activité collective qui nous permet d'être en contact avec tous les règnes (animal, humain, végétal et minéral). Lorsque nous nous sentons connectés aux autres, lorsque nous créons du lien avec eux, cela permet à l'âme de se réveiller.

Jouons à des jeux de société qui réveillent notre imagination, qui créent du lien ou qui nous aident à mieux nous connaître. Cela aura pour vertu de nourrir et d'égayer notre enfant intérieur, de nous stimuler et de créer du lien avec d'autres personnes (et donc de nourrir l'âme). Exemples de jeux de société : dixit, imagine, le jeu du tao.

Trouvons une activité artistique que nous pouvons pratiquer de manière hebdomadaire (jouer d'un instrument de musique, peindre, coudre, etc.)

Après chaque activité, notons comment nous nous sentons sur tous nos plans vibratoires.

Rituels

CES RITUELS SONT À RÉALISER PLUS PARTICULIÈREMENT EN CAS D'ACTIVITÉ SPORTIVE :

ÉTAPE 1

Avant de pratiquer une activité, ancrons-nous. Sentons que nous dédions l'énergie de nos différents corps subtils à notre activité.

ÉTAPE 2

Lorsque nous pratiquons une activité : nous pouvons imaginer une bulle qui nous entoure. Dans cette bulle nous plaçons des intentions particulières. Celles-ci vont se traduire en énergies que nous allons sentir s'infuser en nous le temps de notre activité. Par exemple : cette bulle se veut dynamisante, régénérante et apaisante.

ÉTAPE 3

Après avoir pratiqué une activité : remercions notre corps physique pour tout ce qu'il nous a permis de faire et visualisons la circulation fluide des énergies en lui. Si des blocages à ce niveau nous apparaissent, visualisons qu'ils se déverrouillent.

Se libérer des relations

ET SITUATIONS TOXIQUES

“

Les personnes que nous fréquentons, les relations que nous avons avec elles, et les situations que nous vivons, ont un impact considérable sur tous nos corps subtils. En fait, elles peuvent nous nourrir positivement ou négativement à tous les niveaux, selon la polarité de leurs vibrations.

”

Influence

SUR NOS CORPS SUBTILS

Une personne, une relation ou une situation, lorsqu'elle est bonne pour nous :

SPIRITUELLEMENT ET DIVINEMENT : alimente notre âme et notre esprit. Nous permet de grandir, de nous élever, de devenir plus sages.

CAUSALEMENT : nous permet de traiter et de réguler des mémoires karmiques, et ce, dans la paix la plus totale (1).

MENTALEMENT : nous apaise, nous rend plus sereins.

EMOTIONNELLEMENT : nous procure de la joie et nous épanouit.

VITALEMENT : nous stimule. Nous permet de donner et de recevoir et donc d'échanger de manière équilibrée.

PHYSIQUEMENT : contribue à notre bien-être physique, nous fait du bien.

Nous pouvons donc nous demander si une relation ou une situation répond à tous ces critères. Si cela n'est pas le cas, c'est certainement qu'il est temps de nous en défaire par respect pour nous-même.

Au contraire, une personne, une relation ou une situation, lorsqu'elle est malsaine pour nous :

SPIRITUELLEMENT ET DIVINEMENT : nous fige, nous rend prisonniers, nous empêche d'avancer et de nous élever. Nous empoisonne l'esprit.

CAUSALEMENT : nous blesse dans notre égo. Entretient des noeuds karmiques (2).

MENTALEMENT : nous angoisse. Nous démoralise. Nous bouffe mentalement, nous hante.

EMOTIONNELLEMENT : nous rend triste. Nous fait perdre confiance en nous.

VITALEMENT : nous vampirise, nous plombe. Nous rend dépendant.

PHYSIQUEMENT : provoque des maux qui sont le reflet de ce qui se passe sur nos autres corps subtils.

(1) Fiche page 168 . (2) Fiche page 168

Mode d'emploi

PLANS SPIRITUEL ET DIVIN

Connectons-nous à notre moi supérieur. Demandons-lui des conseils, posons-lui la question de savoir pourquoi nous vivons cette situation (3).

PLAN CAUSAL

Grandissons en conscience grâce à cette personne, relation ou situation. Pour cela, demandons-nous ce que nous avons à apprendre d'elle, ce qu'elle nous permet de réguler au niveau de notre personnalité, quelles peurs nous permet-elle de dépasser, quelles qualités nous permet-elle de développer. Cette étape nous permet de libérer le noeud karmique qui nous relie à cette personne (4).

Soyons dans la compréhension et le pardon (5).

PLAN MENTAL

Ne laissons plus la personne ou la situation nous toucher mentalement.

N'émettons plus de pensées (surtout négatives) au sujet de la personne, relation ou situation en question.

Soyons dans la paix la plus totale.

PLAN ÉMOTIONNEL

Ne laissons plus la personne, la relation ou la situation nous toucher émotionnellement. N'impliquons plus d'émotions envers elle.

Libérons-nous de toute forme de culpabilité, remords, ou autres sentiments négatifs.

PLAN VITAL

Coupons le lien qui nous relie à cette personne, relation ou situation.

Ne dépensons aucune énergie à la nourrir sous quelque forme que ce soit.

PLAN PHYSIQUE

Cessons de fréquenter la personne en question. Cessons de nous investir physiquement dans cette relation ou situation.

Ne la laissons plus nous toucher physiquement.

(3) Fiche page 179 . (4) Fiche page 168 . (5) Fiche page 160

EXERCICES

Rituels

POUR COUPER LES LIENS AVEC UNE PERSONNE, METTRE FIN À UNE RELATION :

visualisons que des liens nous relient à la personne en question et détachons-nous-en.

Ensuite, imaginons que nous recevons une douche de lumière venant du Ciel, que tous nos corps se nettoient et se régénèrent. Puis, revenons au moment présent, ouvrons les yeux, frappons des pieds sur le sol pour bien nous ancrer de nouveau à la Terre.

POUR COUPER LES LIENS AVEC NOS PARENTS :

demandons à ressentir nos liens de filiation (nous allons normalement les ressentir au niveau du nombril ou du ventre).

Demandons à ce que ces liens soient unis sous la forme d'un seul et même cordon : il s'agit en fait d'une sorte de gros cordon ombilical. Visualisons-le et coupons ce cordon. Les éventuels restes de cordon qui se trouvent encore dans notre corps tombent au sol. Brûlons le cordon et ses restes.

POUR NOUS PRÉSERVER D'UNE PERSONNE :

visualisons que nous érigeons un mur, grand et solide, entre nous-mêmes et cette personne. Nous savons désormais qu'elle ne pourra plus nous atteindre à tous les niveaux.

Sinon visualisons entre nous et cette personne (ou situation) l'apparition d'une paroi de verre et doublons ou triplons son épaisseur si nécessaire. Profitons-en pour visualiser et ressentir que nous repoussons cette personne (ou situation) au plus loin de nous. Respirons ensuite (physiquement), et sentons à quel point l'air qui entre en nous est frais et lumineux, à quel point il nous libère, nous aère ; nous prenons une vraie bouffée d'oxygène. Enfin, focalisons notre intention sur l'eau qui se trouve en nous, dans notre corps, et clarifions-la. Visualisons-la comme étant claire et lumineuse.

POUR NOUS DÉFAIRE D'UNE SITUATION :

visualisation que nous matérialisons la situation négative dans laquelle nous nous trouvons, sous la forme de filets dans lesquels nous sommes accrochés.

Ne nous débattons pas. À la place de cela, coupons les filets avec fermeté, tout en affirmant : « je me libère ! Je suis libre ! Je me défais de cette situation ! » Puis, repoussons les filets au loin, afin de les envoyer dans une broyeuse lumineuse qui les transforme en une énergie positive. Sentons-nous soulagés et libérés.

POUR NOUS DÉTACHER D'UNE SITUATION :

il est préférable de nous « détacher » dans l'autre sens du terme, c'est-à-dire enlever les taches (traces) que la situation a laissées sur nous.

Pour cela, visualisons que nous matérialisons les impacts que la situation a eu sur nous sous la forme de taches noires. Nettoyons celles-ci à l'aide de lumière. À la fin du nettoyage, visualisons-nous propres et blanchis.

Pour nous préserver émotionnellement et mentalement d'une personne : imaginons et ressentons un bunker énergétique autour de nous. Utilisons la protection psychique [1].

(1) Fiche page 33

Protocole

VOICI UN TEST DE CLAIR RESSENTI AFIN DE VOIR SI UNE PERSONNE, RELATION OU SITUATION EST BONNE POUR NOUS :
Il s'agit de s'imprégner de la personne ou de la situation que nous voulons analyser : il faut la ressentir dans nos plans vibratoire, en notre for intérieur afin de comprendre son influence sur nous.

ÉTAPE 1 Pensons à la personne ou à la situation et relions-nous à elle par l'intention : « je me relie par le chakra sacré et le coeur à cette situation ou à cette personne. J'imagine un grand fil qui me relie à elle. » Lors de ce processus, n'émettons aucune pensée, aucune émotion, aucune croyance. Faisons-en sorte d'être dans la plus grande neutralité.

ÉTAPE 2 Exprimons intérieurement ou verbalement notre souhait : « je souhaite savoir si cette situation ou cette personne est bonne pour moi. »

ÉTAPE 3 Respirons calmement. Faisons le vide et restons centrés sur notre souhait. Prêtons ensuite attention à notre ressenti. Si nous ressentons un bien-être général sur tous les plans (par exemple, de la joie, de la légèreté), la réponse est oui. Si quelque chose nous gêne ou nous bloque (par exemple, une contraction, une sensation d'oppression, une douleur), la réponse est non. Il est utile d'analyser les différents chakras ou portes d'énergie du bas vers le haut, et être à l'écoute des sensations que nous ressentons.

Important

Lorsque nous réalisons cet exercice, notre esprit se projette dans une réalité potentielle. Nos plans vibratoires vont tisser des liens énergétiques avec cette réalité potentielle et activer, dans nos cellules, des vibrations en réaction à cette dernière.

Mais attention, cette projection se fait selon notre niveau de conscience du moment ! L'esprit se projette dans une réalité, certes, mais génère des vibrations selon notre compréhension actuelle des choses. Aussi, si notre égo est impliqué, il risque d'influencer la projection. Par exemple, il peut nous faire ressentir qu'une personne est néfaste pour nous car il en a peur. Il peut par exemple tenter de nous préserver d'avoir à tomber amoureux car dans sa croyance inconsciente « l'amour fait souffrir ». Nous devons donc veiller à être connectés au moi supérieur afin de réaliser cet exercice au mieux [2].

(2) Fiche page 179

Se libérer des dépendances

« Lorsque nous devenons dépendants à quelqu'un ou quelque chose, la présence de ce/cette dernier(e) s'imprègne et se fixe sur chacun de nos plans vibratoires au fur et à mesure du temps. C'est alors que nous avons le sentiment que nous ne pouvons vivre sans cette dernière, car sans elle nous ressentons un manque.**

Il n'est pourtant pas réellement sain de ressentir un manque car ce dernier laisse un vide énergétique en nous. Celui-ci nous sépare alors d'un état d'âme important : la plénitude, et la complétude. En fait, le fait de vibrer avec l'énergie du « manque », nous sépare vibratoirement de notre âme, puisque cette dernière est reliée à la Source, et donc au Tout. »

Influence

SUR NOS CORPS SUBTILS

UNE DÉPENDANCE PEUT NOTAMMENT :

DIVINEMENT : nous couper de notre âme. Nous empêcher de voir la grâce, la beauté et l'harmonie qui vit en nous et qui habite autour de nous.

SPIRITUELLEMENT : nous faire perdre en maitrise de soi. Polluer notre esprit et le troubler. Faire perdre en estime de soi.

CAUSALEMENT : réveiller notre égo, activer notre instinct de survie.

MENTALEMENT : nous « faire perdre la tête » et nous obséder lorsque nous sommes en situation de manque. Générer des pensées négatives. Nous rendre obsessionnels.

ÉMOTIONNELLEMENT : nous faire perdre en confiance en nous. Nous attrister. Troubler notre état de paix intérieur.

VITALEMENT : générer des pulsions non contrôlables. Être vampirisante.

PHYSIQUEMENT : faire naître des réactions surdimensionnées chez nous, ou bien des troubles obsessionnels compulsifs. Entrainer des maladies.

Mode d'emploi

PLANS SPIRITUEL ET DIVIN

- Demandons l'assistance du Divin, des énergies et des êtres des plans subtils. Prions si besoin (1).
- Entrons en communication avec notre Moi Supérieur. Faisons preuve d'observation et de recul (2).
- Ayons foi en la vie. Sentons au combien il est important que nous soyons libres et épanouis afin de pouvoir profiter de tout le positif qui arrive à nous.
- Ressentons de l'amour, de la compréhension et du respect vis-à-vis de nous-même.
- Entrons en connexion avec notre âme et ressentons l'état de plénitude auquel elle nous relie.
- Apprenons à faire la différence entre un désir et un réel besoin. Pour cela, développons l'écoute de soi.

....

PLAN CAUSAL

- Effectuons un travail sur nous-mêmes afin de conscientiser les raisons de notre dépendance.

Nous devons retrouver sa situation « racine », c'est à dire celle qui en a été l'élément déclencheur puis ensuite nettoyer ces mémoires. Pour cela, faisons par exemple appel à un hypnothérapeute afin de travailler sur notre inconscient. Nous pouvons aussi pour nous aider, nous poser les questions suivantes : « pourquoi ai-je cette dépendance ? En ai-je vraiment besoin ? Est-ce que je vaux mieux que cela ? ».

....

PLAN MENTAL

- Méditons, cultivons la pleine conscience de l'instant présent. Occupons-nous l'esprit lorsqu'une pulsion se fait ressentir.
- Ayons un mental positif, utilisons des affirmations positives lorsqu'une pulsion ou une envie fait surface.

Utilisons par exemple ce mantra d'affirmation positif : « aucun manque n'est existant, il est juste illusion. Je suis moi-même en cet instant plein et libéré de tout besoin, car je suis un Être digne, grand et majestueux. Je n'ai aucun besoin ni envie particulière car je suis tout simplement bien en cet instant ».

....

(1) Fiche page 151 . (2) Fiche page 179

PLAN ÉMOTIONNEL

- Comblons nos manques affectifs.
Pour cela, apprenons à nous aimer de manière inconditionnelle [1] et prenons soin de répondre à nos besoins personnellement.

- Soyons en joie de mettre fin à cette dépendance. Sentons un réel plaisir et une réelle fierté lorsque nous passons au-dessus. Récompensons-nous par un acte symbolique.

....

PLAN VITAL

- Coupons les liens énergétiques que nous avons avec cette dépendance. Par visualisation (réitérer l'opération plusieurs fois si nécessaire). Imaginons notre dépendance sous la forme d'une glue qui se colle à nous, sentons-nous plus fort qu'elle, repoussons-la fermement, au loin, et coupons le lien qui nous reliait à elle.

- Sentons-nous plus fort que notre dépendance.

- Visualisons que nous sommes géants afin de nous y aider.

....

PLAN PHYSIQUE

- Désintoxiquons notre corps à l'aide de produits naturels.

- Trouvons un substitut physique à notre dépendance, c'est-à-dire un geste ou une activité qui puisse nous occuper physiquement.

- Dès que notre dépendance fait surface, respirons profondément, le plus lentement et calmement possible. Sentons que nous nous gorgeons de lumière.

....

(1) Fiche page 145

EXERCICES

Rituels

POUR NOUS AIDER À COMPRENDRE CETTE DÉPENDANCE :

Répétons les phrases suivantes en boucle, rapidement, durant 1'30 minute tout en les complétant :

« Je fais cela car... »

« Lorsque je fais cela,
ça me donne le sentiment de... »

« En faisant cela, je me sens... »

Protocole

ÉTAPE 1

Imaginons tout d'abord notre dépendance comme étant un aspirateur qui serait en train de nous aspirer de l'intérieur. Débranchons ce dernier, et retirons son tuyau aspirant de notre corps. Sentons-nous maîtres de nous-mêmes.
Puis, créons un barrage entre nous et notre dépendance (ici représentée par l'aspirateur). Ce barrage peut être une plaque vitrée. Avec fermeté, mentalement, disons « non » à cette dépendance. Nourrissons ensuite l'aspirateur d'autre chose, mettons de la lumière à l'intérieur.

ÉTAPE 2

Imaginons-nous dans une bulle lumineuse de couleur dorée. Sentons à quel point nous portons tout en nous, il n'y a aucun vide, aucun manque, tout est là. D'ailleurs, nous nous sentons comblés et sereins. Conscientisons à quel point notre sensation de « manque » ou plutôt de « vide » est une illusion. Nous sommes plus forts que cela, nous nous connectons à tout ce que nous portons déjà en nous. Posons notre intention sur chacun de nos chakras, un à un. Chacun est alimenté par une lumière divine et dorée. Nous respirons tranquillement tout au long de l'opération.

ÉTAPE 3

Lorsque notre dépendance refait surface, visualisons et ressentons que celle-ci ne nous concerne pas ; elle glisse sur nous telle de la pluie qui ruissellerait sur un imperméable.

PROVOQUER LA CHANCE ET GÉNÉRER un cycle vertueux

"

Parfois, nous nous retrouvons piégés dans des cercles vicieux infernaux, dans l'impasse, et nous ne parvenons pas à nous sortir de cette situation difficile.

Le sentiment d'attirer un trop plein de négatif peut être dû à plusieures raisons : tout d'abord, il est possible que notre état psychique soit négatif et attire à nous (par la loi de la résonnance) ce que nous vibrons ; il est aussi possible que nous soyons bloqués par des liens transgénérationnels ou des croyances limitantes ; enfin, il est possible que nous soyons victimes de magie noire ou d'envoutement. En effet, même si cela paraît étonnant, ces pratiques existent bel et bien, et sont utilisées par des personnes ayant un pouvoir psychique très puissant usé à mauvais escient !

Quoi qu'il en soit, il convient d'enrayer cette situation rapidement, afin qu'elle ne dégénère pas. Pour cela, il nous faut provoquer la « chance » afin de générer un cercle vertueux qui saura nous conduire vers notre épanouissement.

"

Influence SUR NOS CORPS SUBTILS

LORSQUE NOUS PROVOQUONS LA CHANCE ET GÉNÉRONS UN CERCLE VERTUEUX :

- PLAN DIVIN : nous renforçons notre foi. Nous utilisons notre pouvoir de co-création.
- PLAN SPIRITUEL : notre esprit manifeste la réalité dont nous rêvons.
- PLAN CAUSAL : nos croyances limitantes disparaissent.
- PLAN MENTAL : nous sommes positifs. Notre coeur s'ouvre.
- PLAN EMOTIONNEL : nous sommes positifs. Nous reprenons confiance en nous.
- PLAN VITAL : nous sommes boostés. Nous rayonnons.
- PLAN PHYSIQUE : les opportunités se présentent à nous, la magie des synchronicités opère.

Mode d'emploi

PLANS SPIRITUEL ET DIVIN

- Ayons foi en la Vie, soyons convaincus que l'organisation divine oeuvre en notre faveur !
- Ayons l'intention d'attirer le meilleur pour nous et estimons que nous le méritons !
- Repoussons la poisse par une visualisation. Par exemple, visualisons la poisse sous forme d'un monstre qui nous empoisonne, puis repoussons-le et transmutons-le en lumière.

PLAN CAUSAL

- Nettoyons les mémoires liées à la malchance.
- Ressentons à quel point le fait d'avoir la poisse appartient à notre passé.

PLAN MENTAL

- Nettoyons les projections négatives que nous avons faites ou celles dont nous sommes victimes.
- Ayons la ferme intention d'attirer des événements positifs dans notre vie, visualisons-les et émettons des affirmations positives en ce sens. Par exemple : « je suis libéré du négatif », « j'entre dans une période positive et prospère », etc.

PLAN ÉMOTIONNEL

- Cultivons des émotions positives par rapport à la chance que nous allons attirer (focalisons-nous sur la Joie, l'Amour, etc.)

PLAN VITAL

- Coupons les liens négatifs qui nous relient à la poisse. A nouveau, il est possible de visualiser la « poisse » sous une forme physique, un monstre par exemple.
- Soyons motivés afin d'appréhender la suite de manière positive.

PLAN PHYSIQUE

- Réalisons des actions positives qui vont être à l'origine d'un cercle vertueux. Celui-ci va nous donner confiance et nous permettre de ressentir des émotions positives qui vont nous nourrir et nous stimuler pour la suite.

EXERCICES

Rituels

Pour nettoyer les projections négatives (mentales et émotionnelles) que nous avons émises envers les autres et/ou envers nous-mêmes : visualisons toutes les formes-pensées négatives que nous avons émises, rassemblées sous la forme d'un nuage noir. Puis, imaginons toutes les paroles négatives que nous avons émises sous la forme de bobines noires. Le nuage et les bobines s'emmêlent de sorte à former une boule sombre et nuageuse. Nous affirmons que nous « effaçons, annulons et supprimons » tout ce négatif ; nous sommes centrés dans le coeur et faisons preuve d'humilité. La boule noire fond et se dissout dans un sol sableux et spongieux.

Pour attirer des situations positives :

visualisons et ressentons à quel point nous sommes un aimant à positif. Nous attirons la chance irrémédiablement.

Protocole

Pour nous séparer de la malchance et nous relier au positif :

ÉTAPE 1

Pour nous « séparer » de la malchance : visualisons cette dernière sous la forme de vêtements usés, défraichis et ternes que nous portons. Enlevons-les, débarrassons-nous-en. Brûlons-les.

ÉTAPE 2

Visualisons qu'un maximum de cellules de notre corps deviennent dorées. Puis affirmons la phrase suivante : « ma splendeur, mon éclat et ma joie, entrent en résonnance avec le positif, ce qui provoque de la chance ».

ÉTAPE 3

Physiquement, dessinons ou marquons une ligne au sol. Celle-ci symbolise un nouveau départ pour nous. Le côté où nous nous trouvons appartient au passé ; l'autre à l'avenir. Sentons dans notre coeur et dans « nos tripes » à quel point nous sommes fermement décidés à franchir ce pas, celui de passer à une nouvelle étape dans notre vie. Puis, franchissons la ligne et sentons-nous libérés. Ressentons cette nouvelle phase de vie positive qui nous ouvre les bras.

Challenges

Munissons-nous d'un cahier tout neuf qui sera la symbolique de notre renouveau. Décorons joliment sa couverture. Écrivons des mots positifs dans ce cahier ainsi que nos intentions pour ce cycle que nous enclenchons. Puis, écrivons la phrase suivante tout en la complétant : « dès à présent tout est ... ». Marquons ensuite une action positive qui enclenche ce nouveau cycle pour nous.

Choisissons un talisman pour nous porter chance (celui-ci aura les vertus que nous lui conférerons). Le talisman a pour but de stimuler et renforcer notre mental supérieur en l'alimentant de croyances positives. Dès que nous doutons ou désespérons, gardons foi et pensons à ce talisman.

Dessinons plusieurs trèfles à quatre feuilles. Dès que nous doutons, écrivons sur une de ses feuilles « je suis chanceux ». Lorsqu'une note a été inscrite sur les quatre feuilles du trèfle, nous colorions ce dernier en vert tout en ressentant que nous activons sa force. Nous sentons ensuite à quel point sa force et son énergie pénètrent en nous. Réalisons cet exercice dès que nous nous démoralisons, dès que nous baissons les bras.

Manifester l'abondance

Bon nombre d'entre nous n'ont aucun problème avec le fait d'offrir, de donner ou d'être généreux. Par contre, beaucoup ont du mal à recevoir, réceptionner et accueillir. Nous sommes nombreux en effet, à penser que nous ne méritons pas d'être bénéficiaires de tant d'attentions, de beauté, de richesses, etc.

Cela nous renvoie inconsciemment à notre sentiment d'illégitimité, à notre manque d'estime de soi ou bien encore à de la culpabilité (elle-même liée à nos croyances, à notre éducation)… Pourtant, nous méritons tous ce qu'il y a de meilleur, car nous sommes censés recevoir des énergies à la hauteur de celles que nous portons et qui vivent en nous. En acceptant de manifester l'abondance, nous acceptons notre pouvoir créateur et nous reconnaissons aussi la grandeur et la beauté de notre âme.

Accepter l'abondance ne veut pas dire vivre dans l'excès, cela veut dire vivre dans la justesse de ce qui est bon et sain pour nous, de ce qui se veut réellement nourrissant pour notre corps, notre coeur, notre esprit et notre âme. Nous nous offrons ainsi l'occasion de faire sauter les barrages qui sont en nous et autour de nous, nous nous offrons la chance de nous libérer et d'accéder à des « richesses » extérieures qui ne sont que la symbolique de nos richesses intérieures.

Influence

SUR NOS CORPS SUBTILS

MANIFESTER L'ABONDANCE PERMET :

PLAN DIVIN :
de reconnaître l'être divin que nous sommes ; en effet, dire « oui » à l'abondance revient à accepter de recevoir à la hauteur de ce que nous sommes.

PLAN SPIRITUEL :
de manifester une réalité positive.

PLAN CAUSAL :
de faire sauter de fausses croyances nous concernant et de développer l'estime de soi.

PLAN MENTAL :
d'être en paix, positifs.

PLAN EMOTIONNEL :
d'être heureux, joyeux.

PLAN VITAL :
aux flux énergétiques de circuler librement, avec fluidité. Cela empêche l'apparition de blocages. D'être stimulés.

PLAN PHYSIQUE :
d'enclencher un cercle vertueux.

EXERCICES

Test

Afin de savoir si l'abondance se manifeste dans nos vies, posons-nous les questions suivantes :

- ☐ Sommes-nous capables de répondre à nos besoins physiologiques ?
- ☐ Avons-nous un salaire à la hauteur de notre investissement dans notre travail ?
- ☐ Sommes-nous capables de recevoir de la tendresse, des attentions particulières venant des autres ?
- ☐ Sommes-nous nous capables d'ouvrir notre coeur et de recevoir l'amour venant des autres ?
- ☐ Est-ce que des synchronicités se présentent à nous ? Est-ce que tout est fluide dans notre vie ?
- ☐ Est-ce que nous sommes capables d'exprimer nos sentiments verbalement ou en témoigner physiquement ?
- ☐ Avons-nous tout ce dont nous avons vraiment besoin dans notre vie ?
- ☐ Osons-nous dire « oui » à ce qui nous fait du bien ?
- ☐ Pouvons-nous dire que nos bras et notre coeur sont ouverts ?
- ☐ Est-ce que nos échanges avec les autres sont équilibrés ?
- ☐ Sommes-nous ouverts vers l'extérieur ?

Si la majorité des réponses à ces questions est « oui » :
c'est que nous parvenons à accepter l'abondance.

Si la majorité des réponses à ces questions est « non » :
c'est que nous devons travailler sur le fait de parvenir à accepter l'abondance dans notre vie.

Mode d'emploi

PLANS SPIRITUEL ET DIVIN

- Prenons conscience de l'être spirituel que nous sommes et autorisons-nous à recevoir et accueillir le meilleur.

....

PLAN CAUSAL

- Nettoyons les mémoires karmiques et les croyances inconscientes qui nous freinent et nous bloquent. Pour cela, observons nos peurs liées au fait de recevoir.
- Estimons-nous comme étant suffisamment méritant, estimable et aimable pour recevoir le meilleur.

....

PLAN MENTAL

- Émettons des pensées positives vis-à-vis de l'abondance.
- Visualisons la circulation libre des flux venant jusqu'à nous.
- Visualisons par exemple que nous levons des barrages ou des ponts levis.
- Émettons des intentions positives en utilisant par exemple un mantra d'affirmation positive tel que : « je reçois le meilleur car je suis digne de cela, j'accueille avec amour et le coeur ouvert l'abondance qui s'offre et se présente à moi ».

....

PLAN ÉMOTIONNEL

- Soyons dans la gratitude et dans la joie d'accueillir et de recevoir.

....

PLAN VITAL

- Ressentons avec puissance l'envie de recevoir l'abondance.

....

PLAN PHYSIQUE

- Faisons en sorte que nos gestes et comportements reflètent notre ouverture et notre acceptation face à l'abondance.

....

Mode d'emploi

pour manifester l'abondance financière

PLANS SPIRITUEL ET DIVIN

- Prenons conscience que l'argent est une énergie universelle.
- Utilisons l'énergie « argent » à des fins altruistes.

PLAN CAUSAL

- Nettoyons les mémoires karmiques négatives en lien avec l'argent.
- Autorisons-nous à recevoir l'énergie « argent ».
- Nettoyons les pensées et les croyances négatives que nous avons par rapport à l'argent. Conscientisons nos peurs liées à l'argent.

PLAN MENTAL

- Émettons des pensées positives vis-à-vis de l'énergie « argent ».
- Effectuons des visualisations positives par rapport à l'énergie « argent ». Visualisons la circulation libre et abondante des flux.
- Émettons l'intention claire d'en recevoir (ne refusons pas les différentes formes de réception de l'énergie « argent », car elle arrive parfois sous une forme inattendue et de manière inopinée).

PLAN ÉMOTIONNEL

- Soyons dans la gratitude et l'humilité vis-à-vis de l'argent.
- Émettons des émotions positives vis-à-vis de l'argent. N'ayons aucune culpabilité quant au fait d'en recevoir ou d'en dépenser, cela est généralement lié à des croyances.
- Nettoyons les émotions négatives que nous avons vis-à-vis de l'argent.

PLAN VITAL

- Ressentons avec puissance l'envie de recevoir de l'argent.
- Prenons conscience que l'argent est une énergie positive, que ce flux énergétique doit circuler librement et ne pas être entravé. Faisons sauter les barrages par visualisation et par l'intention.

PLAN PHYSIQUE

- Prêtons attention aux formes terrestres qui sont en lien avec l'énergie « argent ». Par exemple, nous pouvons opter pour un grand portefeuille afin d'envoyer une image positive à l'Univers.
- Ayons des projets positifs qui nous stimulent, qui sont en accord avec notre être profond et véritable.

EXERCICES

Protocole

> « j'accepte de recevoir ce qu'il y a de plus beau et de plus precieux, a la hauteur de ma propre beaute et de mes richesses interieures. »

ÉTAPE 1

Affirmons à voix haute ou intérieurement « j'accepte de recevoir ce qu'il y a de plus beau et de plus précieux, à la hauteur de ma propre beauté et de mes richesses intérieures ».

ÉTAPE 2

Visualisons que nous tendons les mains en avant, comme si nous faisons l'aumône. Voyons nos mains se remplir d'un liquide doré et précieux. Déversons-le sur nous, telle une douche de lumière.

Puis, buvons-en. Sentons à quel point ce liquide se veut léger, à quel point nous l'acceptons en nous et à quel point nous le digérons facilement.

ÉTAPE 3

Affirmons : « je m'aime suffisamment pour estimer mériter sincèrement recevoir le meilleur. Je m'aime et me respecte ».

ÉTAPE 4

Posons une main sur notre coeur et visualisons que nous rayonnons.
Puis, sentons et affirmons intérieurement nous sommes dignes de donner et de recevoir, d'émettre et de réceptionner, d'offrir et d'accueillir.

ÉTAPE 5

Sentons que notre rayonnement apporte du bien aux autres ; sentons que nous acceptons de recevoir la lumière qui émanent d'eux en nous, et ce dans les mêmes proportions que ce que nous avons nous-mêmes émis.

Transformer son corps physique

Beaucoup d'entre nous souhaitent voir leur corps physique changer ; et ce car nous sommes souvent influencés par les dictats de la mode, par les images véhiculées par les médias, et cela finit par nous complexer. Nous voulons inconsciemment répondre aux standards actuels afin d'être acceptés, valorisés, remarqués... La question est donc de savoir au fond pourquoi nous désirons transformer notre corps ; l'idéal étant de nous aimer inconditionnellement tels que nous sommes. Souhaitons-nous donc changer pour les autres, ou tout simplement afin de « nous sentir mieux dans nos baskets » ...

Quoi qu'il en soit, notre corps physique n'est pas uniquement la forme physique que prend notre ADN, ou la résultante de notre information génétique. Notre corps physique est aussi le résultat de nos mémoires, émotions, pensées, conscience et âme... C'est en modifiant les vibrations reçues et émises par nos différents corps subtils, que nous serons capables de voir notre corps physique se modifier, se transformer, évoluer. En étant épanouis, puis en nous assainissant sur tous les plans, notre corps physique saura se modeler extérieurement à l'image de ce qui se passe en nous, et de qui nous sommes intérieurement.

Influence sur nos corps subtils

EN AYANT UN CORPS PHYSIQUE QUE NOUS APPRÉCIONS :

PLAN DIVIN :
nous voyons plus facilement la perfection, la beauté et la magie qui vit en nous.

PLAN SPIRITUEL :
en ayant plus d'assurance, cela agit positivement sur notre psychisme et cela augmente notre capacité à co-créer et manifester.

PLAN CAUSAL :
nous pouvons nous exprimer avec plus d'aisance.

PLAN MENTAL :
nous sommes plus positifs. Nous sommes plus sereins.

PLAN EMOTIONNEL :
nous sommes plus heureux. Nous avons beaucoup plus confiance en nous.

PLAN VITAL :
nous rayonnons.

PLAN PHYSIQUE :
nous sommes à l'aise dans nos mouvements. Nous osons plus facilement entreprendre des choses ou avoir de l'audace.

Mode d'emploi

PLANS SPIRITUEL ET DIVIN

- Ressentons de l'amour inconditionnel pour notre corps. Voyons sa magie, le miracle qu'il représente.
- Ayons foi, sentons le champ infini des possibilités quant à la possibilité de nous « transformer ».
- Vérifions que notre choix de transformation est en accord avec notre chemin de vie, notre éthique et notre âme. Évitons par exemple de faire appel à de la chirurgie esthétique ou d'avoir recours à des implants artificiels ou injections non naturelles (par exemple : prothèses mammaires, faux ongles, injection de botox...).
- Ayons des prises de conscience. En effet, si nous voulons induire un changement physique en nous, une prise de conscience est souvent nécessaire. En effet, une prise de conscience va influencer l'énergie reçue par nos cellules. Lorsque nos actions découlent d'une vraie prise de conscience, l'énergie qu'elles nous apportent se greffe énergétiquement sur notre génome, ce qui va impacter notre corps physique.
- Visualisons notre corps tel que nous aimerions qu'il soit. Visualisons son modelage, son évolution.

PLAN CAUSAL

- Travaillons sur les blessures de l'égo et nettoyons les mémoires cellulaires si besoin. Tant que nous avons des blessures actives, il est difficile d'agir sur notre morphologie car celle-ci y répond inconsciemment.
- Effaçons les pensées et émotions négatives anciennement émises (par nous-mêmes ou les autres) et qui vont à l'encontre de ce changement ou renouveau. Pour cela, imaginons par exemple des particules noires qui se détachent de nous et qui s'évacuent dans le siphon de notre douche.

PLAN MENTAL

- Émettons des intentions claires. Évitons d'émettre des envies contradictoires, par exemple : « j'aimerais mincir, mais je souhaiterais aussi tomber enceinte ».
- Soyons centrés dans le coeur. Aimons-nous inconditionnellement.
- Émettons des pensées positives envers nous-même et envers notre corps (influence psychique). Soyons dans la gratitude vis-à-vis de ce dernier.

PLAN ÉMOTIONNEL

- Nourrissons notre corps émotionnel avec des émotions positives.
- Comblons nos carences affectives.
- Apprenons à nous accepter tel que nous sommes.

PLAN VITAL

- Protégeons-nous des ondes toxiques (wifi par exemple).
- Libérons-nous de nos dépendances. Libérons-nous des situations et relations toxiques. Celles-ci nous vampirisent, nous « assèchent » vitalement. Cela impacte donc notre corps physique : nous pouvons avoir l'air « fanés », avoir le teint terne, avoir l'air « flétri ».
- Adoptons une volonté d'acier quant au fait de nous voir évoluer.
- Régulons nos chakras afin de nous assurer d'être en bonne santé.

PLAN PHYSIQUE

- Adoptons une bonne hygiène de vie (une alimentation saine et positive, un sommeil réparateur et régénérant, une sexualité épanouie et sacrée, activité physique) [1].
- Écoutons-nous profondément afin d'offrir à notre corps physique tout ce dont il a réellement besoin.
- Traitons-nous avec soin, amour et respect (cela nous permet d'établir une relation de confiance et d'amour avec notre corps).

Protocole

ÉTAPE 1

Envoyons de l'amour à toutes les cellules de notre corps (celles de notre peau et de nos organes y compris). Sentons et visualisons que celles-ci se déverrouillent (s'ouvrent) au fur et à mesure.

ÉTAPE 2

Visualisons que nos cellules sont des étoiles. Sentons-les en liens avec les étoiles présentes dans le ciel. Sentons à quel point notre corps est une bénédiction.

ÉTAPE 3

Affirmons en toute conscience : « je m'aime, m'apprécie et me respecte ». Répétons cela de sorte à ce que ce message s'enregistre, s'imprègne dans chacune de nos cellules. Si nous sentons des résistances, continuons avec douceur.

ÉTAPE 4

Sentons que notre corps nous fait confiance, continuons à lui envoyer de l'amour. Puis, lorsqu'il est détendu, déposons un film transparent, positif, chargé d'amour et d'intentions positives, sur lui. Laissons ce filtre agir, détendons-nous, respirons, bâillons...

ÉTAPE 5

Connectons-nous à qui nous sommes réellement au plus profond de nous. Pour cela, sentons à quel point notre attention se dépose au fond de nous, dans nos abîmes intérieurs.

Puis, complétons intérieurement cette phrase à l'aide d'adjectifs positifs : « je suis... ». Sentons à quel point nous sommes cette personne. Nous ne sommes pas ce que nous croyons de nous, nous ne sommes pas cette personne dont les autres se font une idée fausse, nous sommes NOUS-mêmes.

Enfin, sentons alors que nos cellules se connectent à cette véritable identité qui demeure, vit et vibre au fond de nous.

(1) Fiches pages 36 à 85

PREVENIR ET guérir la maladie

"

La maladie est l'expression et donc la somatisation des énergies présentes sur nos différents corps subtils.

En effet, comme nous l'avons vu, nos différents plans vibratoires s'interpénètrent. Ils s'influencent donc les uns et les autres. Lorsqu'un plan porte une charge (une pollution énergétique), celle-ci va finir par se transférer sur les autres plans. Quand le mal s'exprime physiquement, c'est qu'il est déjà souvent présent en amont sous la forme de charges émotionnelles et/ou mentales, de mémoires et/ou de croyances, ou bien encore sous la forme de pollutions énergétiques néfastes à notre vitalité. Il est aussi possible que la maladie soit l'expression d'un problème génétique. Même si c'est le cas, la génétique reste liée à la présence de certaines mémoires à régler et à traiter sur le plan causal de l'individu.

Pour résumer : si la maladie s'exprime physiquement, c'est que nous n'avons pas traité les autres corps subtils à temps. Un déséquilibre apparaît d'abord dans les corps subtils supérieurs. Puis, si le déséquilibre persiste, il atteint le corps subtil inférieur et, de fil en aiguille, atteint le corps physique.

"

Conseils POUR PRÉVENIR LA MALADIE

« IL EST INDISPENSABLE DE MAINTENIR UNE HYGIÈNE ÉNERGÉTIQUE SI NOUS SOUHAITONS ÉRADIQUER UNE DES SOURCES PRINCIPALES DE LA MALADIE. »

Pour cela, il est important d'alimenter nos corps subtils positivement et de nettoyer, à la fois, nos chakras, notre aura et nos corps subtils (car ces derniers sont reliés les uns aux autres) et de nous protéger énergétiquement.

Mode d'emploi

Rappel :
chaque chakra est relié à un corps énergétique auquel il redistribue de l'énergie. Les chakras approvisionnent aussi notre corps physique et ses organes. Les chakras se nettoient donc, se rééquilibrent et s'alignent. L'aura est émise par nos corps énergétiques et nos chakras. C'est une protection naturelle qui entoure nos différents corps.

Plus elle est « grignotée », plus nous sommes susceptibles d'être touchés énergétiquement sur un de nos autres corps (n'oublions pas qu'il existe autant d'auras qu'il existe de corps subtils). L'aura se nettoie donc, se colmate et se rééquilibre.

N.B : **plus nous montons en conscience, moins nous risquons de développer des maladies, car notre être monte en vibrations.**

« À UN CERTAIN STADE D'ÉVOLUTION, NOUS RESSENTONS DES MALAISES. NOTRE CORPS PHYSIQUE EXPRIME DES MAUX CE SONT SES « MOTS » À LUI. »

Mais, plus nous baignons dans des vibrations élevées, plus nos différents corps s'harmonisent et se stabilisent. Cette évolution de conscience est aussi liée au fait que nous apprenons, au fil du temps, à mieux gérer nos pensées et nos émotions. Nous apprenons aussi à nettoyer nos mémoires cellulaires, à faire peau neuve, à nous déconditionner de tout ce que nous avons appris comme croyances, à nous libérer sur tous les plans. Nos corps subtils deviennent donc plus légers, moins chargés, vibrent à des fréquences plus élevées. Nous sommes, dès lors, moins vulnérables à la maladie.

PLANS SPIRITUEL ET DIVIN

Voyons si notre maladie peut avoir une origine spirituelle. Posons-nous par exemple les questions suivantes :

- ☐ Avons-nous utilisé nos facultés à mauvais escient ?
- ☐ Ne retenons-nous pas l'exploitation de nos facultés ?
- ☐ Sommes-nous coupés des énergies de notre âme ?
- ☐ Laissons-nous suffisamment cette dernière s'exprimer ?
- ☐ Écoutons-nous suffisamment notre moi supérieur ?

Prenons conscience de la symbolique de notre maladie, du message qu'elle est venue nous apporter.

La maladie a en effet une fonction précise. Elle apparaît sur un plan vibratoire (ou corps subtil) comme un système d'alarme afin de nous signaler que quelque chose « cloche ». La maladie est un message qu'il nous est demandé de décoder et de recevoir en conscience afin d'évoluer et de grandir. Lorsque c'est fait, elle peut généralement s'en aller. Sachons en effet que nos maux ou maladies s'expriment de façon particulière, puisqu'ils touchent en général certaines parties du corps en fonction de ce qu'ils souhaitent exprimer. (Je vous conseille le très bon livre de Michel Odoul, *Dis-moi où tu as mal, je te dirai pourquoi* ; ou celui de Jacques Martel, *Le grand dictionnaire des malaises et des maladies*)

PLAN CAUSAL

Retrouvons l'origine karmique de notre maladie. Retrouvons la situation-racine qui a pu faire « naître » notre maladie. Traitons notre inconscient.

Si la maladie a une origine karmique, inconsciente ou transgénérationnelle, nous devons effectuer un travail au niveau du corps causal. Il est nécessaire, si possible, de nettoyer les mémoires du passé (mémoires personnelles, mémoires cellulaires, origines psycho-généalogiques, dette(s) karmique(s), etc.) qui ont eu un impact psychique sur notre être. En effet, qu'il s'agisse de chocs traumatiques, de blessures émotionnelles, etc, toutes les mémoires négatives sont enregistrées et imprégnées dans notre for intérieur. Elles sont notamment greffées sur notre inconscient sous la forme de racines psycho-émotionnelles, qui sont elles-mêmes accompagnées de leurs propres systèmes de peurs et de croyances. Ces dernières se somatisent alors souvent sous la forme de blocages ou maladies dans notre vie.

PLAN MENTAL

Traitons les origines psycho-émotionnelles de la maladie.
Les mémoires enregistrées sur notre plan causal ont une influence psycho-émotionnelle sur nous. En les traitant, notre plan mental se libère. Pour nous aider nous pouvons aussi consulter un psycho-énergéticien ou tout autre thérapeute apte à cela.

Prenons l'habitude d'assainir notre corps mental [1].
Pour cela, nettoyons nos formes-pensées ; débarrassons-nous des égrégores négatifs qui nous parasitent peut-être ; émettons des pensées positives ; etc. En effet, par la Loi de l'attraction, nous attirons ce que nous vibrons. Une personne négative aura donc plus de « chances » d'attirer vers elle la maladie, puisque le négatif qu'elle émettra par ses pensées ou ses paroles viendra nourrir la maladie. La meilleure attitude à adopter pour prévenir la maladie ou y faire face est la « positive attitude » !

PLAN ÉMOTIONNEL

Prenons l'habitude d'assainir notre corps émotionnel [2].
Si l'une des sources de la maladie est liée au plan astral (ou corps émotionnel), il est important d'effectuer un nettoyage émotionnel. Il est indispensable de nous libérer des émotions à vibrations basses et de cultiver des émotions à vibrations élevées (la gratitude, la joie, l'amour). Nous pouvons aussi pour nous aider, aller voir un(e) sophrologue, méditer, etc., afin d'acquérir une hygiène de vie qui nous aide à cultiver et nous maintenir dans des vibrations élevées. Il est fortement conseillé de traiter nos émotions et nos blessures émotionnelles dès qu'elles naissent en nous, afin d'éviter ce « stockage » négatif trop important dans notre corps. En effet, plus celles-ci s'accumulent, plus la maladie risque d'être virulente !

PLAN VITAL

Traitons notre maladie d'un point de vue vital.
Il est recommandé pour cela de :

- colmater les cicatrices éthériques par visualisation et par l'intention (ces cicatrices sont en fait les jumelles des cicatrices physiques) ;
- couper les liens énergétiques négatifs qui nous unissent à certaines personnes ;
- prendre soin de nos chakras de manière générale ;
- nous préserver des ondes et des pollutions électromagnétiques (à l'aide de la géométrie sacrée ou de la lithothérapie par exemple) ;
- fréquenter des lieux énergétiquement sains ;

Pour nous aider à traiter la maladie à ce niveau-là, nous pouvons nous rendre chez un magnétiseur, un énergéticien, un réflexologue, etc. Être pris en charge par un magnétiseur n'est souvent pas suffisant pour traiter la maladie (même si cela est d'une aide précieuse) car nous devons en traiter la source de la maladie, sa racine.

« Qu'est-ce que cette maladie m'enseigne ? Quelles valeurs et qualités ai-je pu développer grace à elle ? »

(1) Fiches pages 114 à 155 . (2) Fiches pages 86 à 113

PLAN PHYSIQUE

Traitons notre maladie physiquement et le plus naturellement possible.
Lorsque la maladie s'exprime physiquement il est d'abord recommandé de la traiter par des moyens physiques (terrestres) naturels, en utilisant par exemple, la phytothérapie ou l'homéopathie. Nombre de personnes utilisent des remèdes chimiques alors que la nature regorge de tous les remèdes naturels dont nous avons besoin.
D'ailleurs, les remèdes chimiques sont fabriqués après avoir étudié les propriétés des éléments présents dans la nature.
Nous pouvons aussi utiliser des techniques de médecine parallèle comme l'acupuncture, la sonothérapie ou bien encore la naturopathie, par exemple.
Si notre maladie est d'origine génétique, il s'agit une fois de plus d'une expérience que notre âme a choisi de vivre, même si cela est parfois difficile à concevoir. Il est recommandé de tirer une leçon positive et des enseignements de cette expérience : « qu'est-ce que cette maladie m'enseigne ? Quelles valeurs et qualités ai-je pu développer grâce à elle ? Pourquoi ai-je choisi cette famille particulière avec ce patrimoine génétique singulier ? »

Exemple

PRENONS LE CAS D'UNE PERSONNE QUI A MAL AU DOS. QUE PEUT-ELLE FAIRE POUR ALLER MIEUX, SUR TOUS LES PLANS ?

SUR LES PLANS SPIRITUEL ET DIVIN :

Se poser la question : « qu'ai-je appris de ce mal de dos ? Qu'ai-je compris sur moi ? Quel message est-il venu m'apporter ? »

SUR LE PLAN CAUSAL :

Revisiter ses mémoires et les nettoyer. Se poser la question : « à qui ai-je tourné le dos ? »

SUR LE PLAN MENTAL :

Se poser les questions suivantes : « quel est mon état mental en ce moment ? », « quelles pensées est-ce que je nourris ? », « n'ai-je pas l'impression de porter trop de choses sur mon dos ? », « lorsque j'ai commencé à avoir mal au dos, quel était mon état d'esprit ? »

SUR LE PLAN EMOTIONNEL :

Se poser la question : « de quoi en ai-je marre ? », car c'est connu : avoir mal au dos signifie littéralement « en avoir plein le dos ! »

SUR LE PLAN VITAL :

Panser ses anciennes cicatrices, assainir son lieu de vie, assainir son lieu de travail, retrouver de la vitalité par différentes techniques, se reconnecter à ses envies, etc.

SUR LE PLAN PHYSIQUE :

Acquérir une bonne literie, adopter une bonne posture, faire une activité physique régulière, s'ancrer au quotidien, etc.

Partie 3

LE PLAN ÉMOTIONNEL

Gérer ses émotions

"
Nos émotions et nos sentiments jouent un rôle primordial dans notre épanouissement.
S'ils sont négatifs, ils viennent perturber notre humeur, notre bien-être, notre sérénité.
Au contraire, s'ils sont positifs, ils ont un rôle stimulant.
"

Utilité

LORSQUE NOUS GÉRONS NOS ÉMOTIONS, CELA NOUS PERMET :

PLANS SPIRITUEL ET DIVIN :

d'entrer plus facilement en connexion avec le SOI.
D'être connecté aux fréquences de notre âme.

PLAN CAUSAL :

d'exprimer notre nature aimante et véritable.
De mettre l'égo en sourdine.

PLAN MENTAL :

d'être plus serein, de calmer le mental.

PLAN EMOTIONNEL :

d'être émotionnellement stable. D'être apaisé, moins stressé. D'entrer en connexion avec les plans astraux supérieurs. Nous évite de créer des charges astrales négatives.

PLANS PHYSIQUE ET VITAL :

d'être plus détendu. De rester posé, ne pas nous emballer.

Mode d'emploi

PLANS SPIRITUEL ET DIVIN

Connectons-nous à notre Moi supérieur et observons notre émotion.

Lorsqu'une émotion ou un sentiment négatif naît en nous, il faut avoir le réflexe de les traiter immédiatement, afin que les mémoires de ces derniers n'aient pas le temps de s'imprégner en nous. Pour cela, il faut se poser les questions suivantes avec sagesse : « Pourquoi cette émotion ou ce sentiment m'envahit-il ? », « Qu'est-ce que cela éveille en moi ? », « Sur une échelle de un à dix, dans quelle mesure ce sentiment me trouble-t-il ? », etc. Puis, il convient d'évacuer notre émotion.

....

PLAN CAUSAL

Dépassons l'égo.

Il est généralement celui qui est touché, qui se sent concerné par la situation.

....

PLAN MENTAL

Émettons des pensées positives du type « je suis en paix ».

Faisons en sorte de synchroniser notre respiration avec cette phrase. Pour cela, expirons durant 5 secondes sur « je suis » et inspirons durant 5 secondes sur « en paix ».

....

PLAN ÉMOTIONNEL

Centrons-nous sur la joie, rions ou sourions par exemple,

même si nous n'en avons pas envie. Cela enverra en effet un signal positif à notre cerveau.

Sentons visualisons notre chakra du plexus solaire tel un soleil qui rayonne. Celui-ci se veut chaleureux et dissipe l'émotion négative présente en nous. Celle-ci peut être visualisée comme un venin qui s'écoule de nous et qui tombe au sol sous la forme de pluie lumineuse.

....

PLAN VITAL

Défoulons-nous, courrons, sautons, dansons etc.

Coupons par visualisation le lien qui nous relie à la situation qui éveille chez nous ces émotions.

....

PLAN PHYSIQUE

Respirons profondément, étirons-nous, détendons-nous.

....

Zoom sur

LE MONDE ASTRAL

Nos émotions nous permettent d'entrer en résonnance avec le monde astral. Nous distinguons deux plans principaux, dans le monde astral : l'astral supérieur et le bas astral.

Pour faire simple, dans l'astral supérieur se trouvent des êtres lumineux, et dans le bas astral nous pouvons retrouver des êtres aux vibrations basses, ainsi que des charges et des parasites négatifs (démons, scories, etc.). En général, ces « démons » ou « charges » existent, car nous les avons créés. Si nous ne les nourrissons pas, ils disparaissent la plupart du temps. Si cela n'est pas suffisant, le fait d'être centré dans le coeur et de se tourner vers la Lumière permet de les supprimer.

LES CHARGES ASTRALES

IL FAUT SAVOIR QUE TOUT CE QUE NOUS RESSENTONS SE MATÉRIALISE SUR LES PLANS ASTRAUX ET PREND UNE FORME ASTRALE APPELÉE « CHARGE ASTRALE ».

Par exemple, si nous ressentons de la colère envers quelqu'un, nous pouvons matérialiser une forme astrale comme une bogue de châtaigne (la bogue étant la forme que le mental donne à cette projection intangible), qui va être projetée sur la personne en question. Au contraire, si nous ressentons de l'amour envers quelqu'un, cette manifestation astrale va être positive et aller alimenter ce dernier en le baignant d'une pluie de lumière, par exemple.

Pensons donc à éliminer ou du moins transmuter les charges astrales (les charges et kystes émotionnels) qui se seraient greffées sur nous ou notre aura. Nous pouvons les comparer à des tiques qui s'accrochent à nous et qui grandissent en profitant de notre organisme. Ils nous fatiguent et nous fragilisent. Il est donc important de les éliminer par visualisation. Pour cela, il convient d'abord de les ressentir ou de les percevoir. Avec un peu d'attention et de ressenti, cela est tout à fait réalisable.

EXERCICES

Rituels

POUR ACCENTUER LES BÉNÉFICES D'UNE ÉMOTION POSITIVE : lorsque nos émotions sont positives et qu'elles débordent, visualisons qu'elles se déversent partout sous la forme d'une magnifique lumière.

POUR CANALISER UNE ÉMOTION : quand nos émotions sont négatives, canalisons-les : pour cela, il nous suffit de créer un canal qui mène nos émotions depuis notre intérieur vers une cascade où elles deviennent de l'eau de lumière.

POUR ÉVACUER ET TRANSMUTER LA COLÈRE : pour nous aider, nous respirons calmement ou visualisons que nous évacuons cette colère. Par exemple, nous visualisons un punching-ball devant nous, sur lequel nous nous défoulons. Nous évacuons sur lui toute notre colère jusqu'à temps de nous sentir apaisés.

POUR ÉVACUER UNE SITUATION « QUI NOUS GONFLE » : visualisons que nous gonflons (car, oui, ça nous gonfle !) Expirons alors calmement, tout en visualisant que nous nous dégonflons. Durant l'expiration, nous ressentons que tout le négatif qui est accumulé en nous s'écoule.

POUR ÉVACUER LE STRESS : visualisons et mimons physiquement le fait que nous soufflons dans un ballon de baudruche. Visualisons et ressentons que ce stress (matérialisé sous la forme d'une fumée noire) sort de notre corps et entre dans le ballon. Nous nous sentons de plus en plus sereins, de plus en plus apaisés. Une fois notre ballon rempli, laissons-le regagner paisiblement le ciel. Renouvelons l'opération jusqu'à nous sentir soulagés.

Protocole

N°1 . POUR ÉVACUER UNE ÉMOTION :

Étape 1 Visualisons notre émotion ou notre sentiment sous la forme la plus parlante pour nous, puis ajustons la grosseur de cette matérialisation selon l'importance et la place que le sentiment a pris en nous. Par exemple : un gros nuage noir (pour un sentiment important), une petite bille grise (pour une futilité), etc.

Étape 2 Ensuite, toujours par visualisation, il convient « d'attraper » cette matérialisation, de la sortir hors de nous et de la dissoudre en Lumière.

N.B Il faut répéter l'opération jusqu'à ressentir un profond apaisement.
En faisant cet exercice, les sentiments et les émotions ne pourront pas se greffer en nous, et cela nous évitera l'irruption d'une maladie psychosomatique dans l'avenir. Ensuite, n'hésitons pas à être au clair vis-à-vis de l'évènement ou de la situation qui a fait naître en nous l'émotion ou le sentiment en question.

N°2 . POUR CALMER L'ÉGO AVANT QU'IL N'AMPLIFIE UNE ÉMOTION :

Étape 1 Par visualisation, grandissons-nous et imaginons un double lumineux qui investit notre intérieur.

Étape 2 Puis, ce double lumineux parle à nos mini-MOI (ces petits personnages intérieurs qui s'expriment et réagissent car ils sont les principaux blessés) afin de les calmer, de les apaiser. Par exemple en complétant cette phrase : « je sais que vous ressentez cela car ..., et je comprends ; mais sachez que ... » (« je sais que vous ressentez de l'injustice car Pierre a eu sa promotion et moi non, et je comprends votre déception ; mais sachez que grâce à ça nous allons pouvoir nous surpasser et gagner en confiance d'ici la prochaine opportunité. »).

Étape 3 Ce double lumineux remercie les mini-MOI qui sont désormais calmes et silencieux.

N°3 . POUR ÉVACUER LA NÉGATIVITÉ :

N.B NOS IDÉES NOIRES, NOS PENSÉES NÉGATIVES ET NOTRE PESSIMISME S'ACCUMULENT EN NOUS AU QUOTIDIEN ET PEUVENT DEVENIR REDOUTABLES POUR NOTRE CORPS ET NOTRE ESPRIT.

C'est ce que nous nommons l'auto-empoisonnement. Il est recommandé de nettoyer cette concentration de négativité assez régulièrement, si nous souhaitons tendre vers un certain bien-être.

Étape 1 Allongeons-nous dans un endroit confortable et respirons calmement.

Étape 2 Visualisons ensuite que nous sommes une éponge. Nous nous sentons lourds, car toutes les alvéoles sont imbibées par les négativités que nous avons accumulées en nous. Pressons l'éponge que nous sommes. Un liquide noir sort de nous et s'écoule dans un bac situé en dessous de nous. Continuons l'opération jusqu'à nous sentir soulagés, vidés, nettoyés.

Étape 3 Une fois l'exercice terminé, vidons le bac rempli des négativités dans le magma d'un volcan. Sentons-nous fières de l'opération réalisée.

N° 4 POUR TRANSMUTER LA JALOUSIE

Étape 1 ***Si nous désirons quelque chose que quelqu'un d'autre possède déjà, nous nous posons plusieurs questions :***

- ☐ « Qui ou qu'est-ce qui nous empêche de l'obtenir également ? »
- ☐ « En avons-nous réellement besoin maintenant ? Ou plus tard ? »
- ☐ « En avons-nous vraiment envie ? S'agit-il d'un caprice ? »
- ☐ « Si nous possédons cette chose, que ressentirons-nous ? »
- ☐ « Et si nous ne l'obtenions jamais, est-ce que cela représenterait un énorme manque pour nous ? »

Nous allons rapidement nous rendre compte que cela ne changerait rien à notre vie, que nous n'en avions pas réellement l'utilité, et que cela ne nous rendrait pas plus heureux. Si nous considérons qu'il est important que nous obtenions cette « chose », utilisons simplement notre pouvoir de manifestation [1].

Étape 2 ***Ensuite, dès que nous nous en sentons capables :***

- nous essayons d'être heureux pour la personne, nous ressentons de la joie et du bonheur pour elle ;
- nous envoyons de l'amour à cette personne ;
- nous émettons le souhait que cette personne reçoive l'abondance dans sa vie et le demandons avec sincérité ;
- nous détruisons nos projections négatives.

Challenges

- La prochaine fois qu'une émotion négative nous envahira, prenons le temps de prendre 3 grandes inspirations, puis réalisons un des rituels ou protocoles proposés.

- La prochaine fois que nous nous sentirons agressés, titillés, touchés par quelqu'un, ne réagissons pas. Plaçons-nous par visualisation dans une bulle de lumière et méditons.

- La prochaine fois qu'une personne nous partagera ses émotions négatives, plaçons-nous en retrait. Pour cela il nous suffit de visualiser que nous prenons du recul par rapport à cette personne et que nous plaçons une paroi entre elle et nous ; sentons que nous ne sommes pas touchés.

(1) Fiche page 228

DÉVELOPPER
la confiance en soi

“

Si tous nos plans de vibration portent et émettent l'information énergétique que nous avons confiance en nous, nous allons non seulement dégager cette énergie, mais les autres vont aussi nous renvoyer cette énergie. Nos cellules vont s'en nourrir et envoyer cette information autour de nous, ce qui va créer un cycle vertueux.

Si nous nous en remettons à la Loi de la Manifestation, tout ce que nous émettons va attirer ce que nous recevrons. Avoir confiance en soi permet donc de recevoir le meilleur.

”

Mode d'emploi

PLAN DE CONSCIENCE

Prenons conscience que nous sommes entourés et demandons l'aide des dimensions subtiles et supérieures.

Nous recevons toujours du soutien lorsque nous le demandons. Les énergies présentes sur les plans supérieurs peuvent nous aider à retrouver la paix, nous encourager, nous inspirer, influencer notre situation, etc. Nous pouvons faire appel à elles avec l'intention du coeur, au quotidien, ou lorsque nous nous trouvons dans une situation particulière.

Considérons-nous comme un être divin, mettons notre égo de côté et centrons-nous sur le sentiment d'Unité, d'Union avec l'Univers.

PLAN CAUSAL

Communiquons avec nos «minis-moi».

Nos «minis-moi» sont les parties inconscientes de nous-mêmes qui sont parfois à l'origine du manque de confiance en nous, de nos doutes, etc. Elles renferment des mémoires passées et ont parfois juste besoin d'être rassurées. Ces parties ne sont pas nous, elles ne sont pas attachées à notre être mais à notre égo, et à notre mental. Elles ont été blessées et expriment leurs blessures à travers ces doutes et ce manque de confiance. Nous pouvons les calmer en leur parlant en conscience, en leur envoyant des pensées positives, en les rassurant, comme une mère le ferait avec son enfant.

Tirons des leçons positives de nos expériences douloureuses passées.

Toute expérience a la capacité de nous faire grandir en conscience. Nous pouvons faire une liste des événements que nous considérons comme des échecs. Ensuite, méditons sur ces événements afin de voir ce qu'ils nous ont permis d'apprendre à nous et à notre entourage. Ainsi, nos soi-disant « échecs » se transformeront en « réussites ». Chaque expérience de vie nous apprend quelque chose de précieux.

> « NOURRISSONS-NOUS DES EXPÉRIENCES PASSÉES QUE NOUS CONSIDÉRONS COMME DES «RÉUSSITES», AFIN DE RETROUVER UNE ÉNERGIE POSITIVE. »

> **Faisons pour cela une liste de ce que nous avons réalisé, même des petites choses.** Repensons à toutes ces réalisations, l'une après l'autre. Souvenons-nous de ce qu'elles ont éveillé en nous, comme émotions, ressentis, sentiments. Puis, validons toutes ces réalisations, considérons-les comme incroyables. Soyons dans la gratitude vis-à-vis de nous-même. Puis, nourrissons toutes les cellules de notre corps de ces sensations, sentiments, ressentis. Imprégnons-nous-en, comme si toutes les cellules de notre corps aspiraient tout ce ressenti positif intérieur.

> **Dépassons nos craintes et réalisons une action que nous nous sentions incapable de réaliser.**

> **Prenons le soin pour cela de mettre le doigt sur les croyances limitantes qui nous empêchaient de croire en nous, visualisons que nous les gommons et passons à l'action.**

PLAN MENTAL

Émettons des affirmations positives au quotidien ou lors d'un événement particulier.

Créons un mantra d'affirmation positive : « je suis capable », « je suis incroyable », « je suis extraordinaire », etc. Cela va permettre à nos cellules de se nourrir d'énergies positives et donc d'en émettre à leur tour. Émettons des paroles positives afin de nous valoriser et de nous encourager !

PLAN ÉMOTIONNEL

Générons des émotions positives vis-à-vis de nous-même (fierté, joie, etc.)

Si cela est difficile pour nous, visualisons une situation qui nous pose problème, encourageons-nous, et voyons comment nous en sortons vainqueur ! Puis, ressentons toutes les émotions positives générées en nous par cette victoire. Sentons les émotions qui se diffusent dans notre corps, qui nous nourrissent et remontent jusqu'à la gorge, pour exprimer l'être incroyable que nous sommes.

Demandons à nos proches quelles sont nos qualités. Accueillons-les avec le coeur afin de ne pas réveiller notre égo.

PLAN ÉTHÉRIQUE

Sentons le soutien de la terre.

Visualisons et ressentons que nous laissons les énergies de la terre remonter jusqu'à notre nombril par la plante de nos pieds. Des racines poussent sous nos pieds, elles sont profondément implantées dans la terre. Sentons-nous reliés à ces énergies comme à une mère qui nous envoie toute sa puissance et son soutien. Sentons cette énergie se diffuser dans chaque cellule du corps. Puis, sentons que l'énergie que nous émettons est plus dense, puissante, qu'elle envoie l'information « je suis présent », « j'existe », « j'ose », etc.

PLAN PHYSIQUE

Réalisons des actions pour lesquelles nous sommes doués.
Ressentons ensuite de la fierté et lançons-nous des éloges personnels.

Adoptons une posture positive et ouverte, une allure confiante, tenons-nous droit, relevons la tête !

Choisissons et portons des vêtements dans lesquels nous nous sentons à l'aise, qui nous vont bien, qui nous mettent en valeur.

EXERCICES

Rituels

POUR PRENDRE CONSCIENCE DE NOTRE RICHESSE : **de temps à autres, imaginons que nos chakras sont des pierres précieuses** (notre chakra racine est un rubis, notre chakra sacré un grenat, notre chakra du plexus solaire une citrine, notre chakra du coeur une émeraude, notre chakra de la gorge un saphir, notre chakra du troisième oeil une améthyste, notre chakra coronal un diamant). Nous savons que nous sommes les gardiens heureux d'un tel trésor. Sentons combien nous sommes chanceux de veiller sur lui et d'en être porteurs. Répétons-nous « je suis le gardien d'un trésor insoupçonné ». Gardons cela en nous comme un secret.

POUR DÉVELOPPER NOTRE ASSURANCE : **imaginons-nous plus grands, plus larges, plus rayonnants ; sentons-nous plus incarnés, plus présents, plus denses...** Sentons que notre présence est acceptée, mais surtout qu'elle est désirée et qu'elle propage de nombreuses ondes positives. Affirmons avec assurance : « ma présence inonde le monde de bonheur et de joie, je suis accepté(e), je suis désiré(e) car ma place et bel et bien ici, je suis né pour vivre et aimer ; je suis une personne absolument aimable et remarquable. Je reconnais toute ma splendeur, je suis un être merveilleux, original et spécialement divin ».

POUR DÉVELOPPER NOTRE APLOMB : connectons-nous au Moi supérieur [1] puis dessinons sur un papier un costume de super héros (ou plutôt de Super Self !) correspond aux énergies de ce dernier. Créons ou achetons un accessoire symbolique de ce costume, de ce Moi supérieur. Portons-le dès que possible ou dès que nous en ressentons le besoin. Nous pouvons aussi nous imaginer porter ce costume que nous avons dessiné dès que nous le souhaitons afin d'assumer l'aspect divin de notre être.

Protocole

POUR « FAIRE PEAU NEUVE » :

Étape 1 — Imaginons que nous muons. Nous perdons alors toute cette peau morte symbolique de ce « moi » peu confiant.

Étape 2 — Une peau neuve, lumineuse et chargée d'onde positive (tel un nouveau costume) descend du ciel jusqu'à nous. Il s'agit de notre habit de lumière, de l'énergie de notre Moi supérieur.

Étape 3 — Cette peau neuve se colle à nous ; elle fusionne avec nous.

Étape 4 — Nous sentons que l'énergie dégagée par cette seconde peau pénètre en nous et nous influence à tous les niveaux. Nous conscientisons et nous nous répétons que nous sommes un être divin !

Challenges

- Réalisons une action que nous n'aurions jamais osé réaliser.
- Portons un vêtement que n'aurions jamais osé porter.
- Exprimons ce que nous n'aurions jamais osé exprimer.
- Créons quelque chose que nous nous croyions incapables de créer.

Et observons comment nous nous sentons après avoir réalisé un challenge sur tous les plans.

(1) Fiche page 179

S'ACCEPTER ET s'aimer pleinement

L'amour de soi est un passeport pour l'épanouissement personnel total. En effet, en nous aimant, nous allons pouvoir exploiter pleinement notre potentiel et aussi apprendre à aimer les autres.

Car les autres, nous renvoient l'image que nous nous faisons de nous-même et sont le reflet de notre existence. Développer l'estime et l'amour de soi passe par une réconciliation, une acceptation et une fusion entre notre corps et notre esprit. Ces étapes sont primordiales dans le sens où, en nous acceptant pleinement, nous allons rayonner au maximum.

Utilité

L'AMOUR DE SOI PERMET :

PLANS SPIRITUEL ET DIVIN : de considérer l'être lumineux et donc divin que nous sommes. De nous élever, nous libérer.

PLAN CAUSAL : d'accepter qui nous sommes. D'accepter notre passé. D'oser nous exprimer. De dépasser nos peurs.

PLAN MENTAL : d'émettre des pensées positives à notre égard et donc de nous envoyer du positif.

PLAN EMOTIONNEL : de développer la confiance en soi. D'émettre des émotions positives à notre égard et donc de nous envoyer du positif.

PLAN VITAL : de faire circuler les énergies de manière plus juste et fluide en nous (puisque nous levons les barrages inconscients). De rayonner au niveau de notre aura. De nous relier aux autres avec plus de facilité (étant donné qu'avant d'aimer les autres il vaut mieux apprendre à s'aimer soi).

LE PLAN PHYSIQUE : de nous traiter avec plus de soin et de tendresse. D'oser exister et ainsi prendre notre place.

Mode d'emploi

PLANS SPIRITUEL ET DIVIN

- Considérons l'être lumineux, brillant et divin que nous sommes. Exprimons notre âme dans la matière [1].
- Sentons à quel point nous sommes estimables, à quel point nous avons de la valeur.

PLAN CAUSAL

- Acceptons notre passé, celui ou celle que l'on a été [2].
- Dépassons l'égo [3].

PLAN MENTAL

- Émettons des pensées positives à notre égard et à celui des autres.
- Nourrissons une image positive de nous.

PLAN ÉMOTIONNEL

- Émettons des émotions positives à notre égard et à celui des autres.
- Reconnaissons nos forces et nos richesses intérieures. Soyons fiers de nos qualités, valorisons-les, accordons-leur l'importance qu'elles méritent ! Il ne s'agit pas là de perdre notre humilité, mais de gagner en confiance.
- Développons la confiance en soi [4].
- Sentons ô combien nous sommes aimables et acceptables.

PLAN VITAL

- Rayonnons. Pour cela, visualisons tout simplement que nous sommes un soleil radieux et acceptons d'être remarqué(e) par les autres pour le meilleur.

  Nous pouvons, afin de nous convaincre de cela, nous répéter « je suis brillant(e), je rayonne de tout mon être et cela est merveilleusement accueilli et accepté par les autres à qui cela fait du bien ».

PLAN PHYSIQUE

- Réalisons des actions altruistes et positives.
- Acceptons-nous physiquement.
- Traitons nous bien, prenons soin de nous.
- Témoignons à notre corps tout l'amour que nous avons pour lui.

(1) Fiche page 231 . (2) Fiche page 156 . (3) Fiche page 175 . (4) Fiche page 92

EXERCICES

Protocole

N°1 . SE RÉCONCILIER AVEC SON IMAGE :

Étape 1 **Observons-nous dans un miroir** (commençons par nos cheveux, puis allons jusqu'à nos orteils). Pour chaque partie de notre corps, affirmons : « j'aime » ou « je n'aime pas ».

Étape 2 **Focalisons ensuite notre attention sur chaque partie que nous n'aimons pas, et complimentons-les tour à tour.** Nous devons nous efforcer de trouver un qualificatif positif pour les décrire. Si nous n'y parvenons pas, nous pouvons relativiser. Par exemple : « j'aime ma bouche, elle me permet de me nourrir et de m'exprimer », « je trouve mes jambes fantastiques, elles sont toujours là pour me porter et me déplacer».

Étape 3 **Prenons conscience de la préciosité de notre corps.**
Rappelons-nous par exemple que :
- Notre corps est un véhicule terrestre ; c'est un emprunt, il n'est pas définitif. Nous en avons fait le choix avant de nous incarner dans le but de connaître des situations et des sentiments précis. Il est donc inutile de le regretter maintenant.
- Nous allons devoir oeuvrer avec lui tout au long de notre existence. Il doit être notre allié, et non notre ennemi.
- Nos défauts peuvent être des atouts, ils font de nous une personne unique.
- La personne qui nous est prédestinée aime notre âme, et non notre corps. Elle sera parfaite pour nous, et nous serons également idéal(e) pour elle.

Étape 4 **Envoyons de l'amour à chaque partie de notre corps.** Visualisons que toutes les parties que nous n'apprécions pas explosent en particules de Lumière. Lorsque nous ouvrons les yeux, admirons ce nouveau moi. Contemplons-nous et affirmons : « c'est le nouveau moi, c'est le moi que j'aime. » Nous pouvons aussi nous répéter : « je suis... (notre prénom) et je m'accepte profondément. »

N°2 . SE MARIER AVEC SOI-MÊME :

S'accepter

Étape 1 **Lisons, haut et fort, cette déclaration, tous les jours, jusqu'à ressentir une profonde acceptation de nous-même :** (Date) « À partir d'aujourd'hui, moi, ... (notre prénom), je reconnais pleinement mes qualités comme mes défauts. Je reconnais pleinement mes richesses comme mes faiblesses. J'accepte pleinement mon passé, ce qui le compose et ce qu'il représente à mes yeux et aux yeux des autres. Moi, ... (notre prénom), je reconnais pleinement les bonnes et les mauvaises actions que j'ai accomplies. À partir d'aujourd'hui, je me pardonne profondément et je pardonne à tous ceux qui m'ont heurté dans le passé. Dès à présent, je m'accepte vraiment, tel que je suis, car je suis simplement parfait ainsi. À partir d'aujourd'hui, je me rends à l'évidence : je ne suis ni en retard, ni en avance, je me trouve parfaitement sur mon chemin de vie, exactement là où je suis censé me trouver. Dès à présent, je me respecte, je m'aime et je ressens de la compassion à mon égard. À partir d'aujourd'hui, je prends conscience que toutes les possibilités s'offrent à moi. Je sais que je suis libéré du passé et que je suis maître de ma vie. À partir d'aujourd'hui, je m'accepte définitivement tel que je suis. »
(Signature)

Une fois l'étape 1 validée, nous pouvons passer à l'étape 2 :

S'épouser

Étape 2

Afin de réaliser cette étape, n'hésitons pas à nous mettre en condition. Nous pouvons, par exemple, nous mettre sur notre trente-et-un, nous acheter un cadeau d'engagement comme une bague, décorer un petit autel, etc. Répétons cet engagement dans le plus grand calme :

« Moi, ... (notre prénom et nom), je m'engage solennellement, en ce jour, à m'aimer pleinement jusqu'à ce que la mort me détache de mon corps physique. Je promets d'être fidèle à l'être divin que je suis, à mes principes ainsi qu'à mes convictions. Je me promets respect et tolérance dans les bons, comme dans les mauvais moments. Je m'engage, dès à présent, à aimer et être aimé inconditionnellement, à donner et recevoir abondamment. Je me promets assistance et compassion dans les instants difficiles, et je promets de me pardonner en toutes circonstances. Je m'engage à prendre soin de moi, de mon corps et de mon esprit, et ce, tous les jours de ma vie. À partir de cet instant, je reconnais être ma seule et réelle âme soeur, et je reconnais que l'Amour, le vrai, l'unique, ne se trouve qu'à l'intérieur de moi-même. Je déclare, dès à présent, m'aimer et me prendre tel que je suis, avec mes richesses et mes faiblesses, mes qualités et mes défauts, mon passé et l'avenir qui m'attend, et ce, jusqu'à la fin des temps. »

Rituels

POUR S'AVOUER TOUT L'AMOUR QUE L'ON SE PORTE :

Prenons soin de noter les choses qui nous font dire que nous sommes :

Aimable : ....

Estimable : ....

Exceptionnel : ....

Divin : ....

Écrivons-nous un poème qui nous est destiné, auto déclarons-nous notre amour !

POUR GAGNER EN ESTIME DE SOI :

Écrivons une phrase positive sur un post-it. Par exemple:

« je suis une superbe personne », « je suis incroyable », « j'ai confiance en moi ».

Mettons du coeur à l'ouvrage : soyons franchement convaincu de ce que nous écrivons ! Collons ensuite ce post-it sur notre front par visualisation, et sentons que l'inscription du post-it déteint au fur et à mesure sur nous. Enlevons ce post-it de notre front une fois que ces mots sont imprégnés en nous.

Experience

POUR TÉMOIGNER DE L'AMOUR QUE L'ON SE PORTE :

Choisissons de réaliser un acte qui témoigne du fait que :

- Nous prenons soin de nous physiquement.
- Nous nous ménageons, gardons de l'énergie pour nous.
- Nous nous écoutons profondément et respectons nos appels et besoins.
- Nous nous acceptons physiquement malgré nos petits complexes.
- Nous nous assumons pleinement tel que nous sommes.
- Nous acceptons notre passé et les actions que nous avons réalisées.
- Nous reconnaissons notre divinité.

Notons ensuite comment nous nous sentons physiquement, vitalement, émotionnellement, et mentalement après avoir réalisé chaque acte.

Challenges

POUR DÉVELOPPER L'ESTIME DE SOI :

Premièrement, posons-nous les questions suivantes :

- ☐ Sommes-nous heureux de la place que nous occupons dans l'Univers ?
- ☐ Sommes-nous capables d'affirmer que nous méritons de recevoir ce qu'il y a de mieux pour nous ?
- ☐ Sommes-nous capables de nous admirer, d'affirmer que nous sommes une personne fantastique et incroyable ?
- ☐ Sommes-nous fiers de notre passé, de ce que nous avons réalisé jusqu'à présent ?
- ☐ Est-ce que nous aimons notre façon de nous exprimer, de nous comporter, d'être en société ?
- ☐ Est-ce que nous apprécions notre personnalité, notre état d'esprit ?
- ☐ Est-ce que nous aimons l'énergie que nous dégageons ?
- ☐ Sommes-nous fiers de ce que nous réalisons, de ce que nous apportons aux autres ?
- ☐ Est-ce que nous nous trouvons utile ?
- ☐ Est-ce que nous apprécions notre corps physique, notre voix, nos mimiques ?

***Secondement,* si la réponse à une de ces questions est non, pouvons-nous prendre trois engagements, tous les jours pendant quinze jours, pour nous permettre de changer notre état d'esprit ? Un engagement pour nourrir notre conscience, un engagement pour nourrir notre coeur et un engagement pour nourrir notre corps physique ?**

Exemples :

1 Nous méditons. Nous lisons des livres en développement spirituel qui nous font du bien. Nous cessons de consommer du sucre.

2 Nous utilisons des mantras d'affirmations positives : « je suis un être divin incarné et je mérite de recevoir le meilleur pour moi ». Nous nous offrons un cadeau qui nous tente depuis longtemps. Nous coupons les liens que nous entretenons avec des situations, des personnes ou des choses toxiques.

3 Nous effectuons une méditation pour nous connecter à notre Moi Supérieur. Nous demandons à des proches quelle vision positive ils ont de nous. Nous nous engageons à réaliser des actions bénéfiques pour les autres et pour la planète.

4 Nous réalisons un bilan de vie afin de dresser la liste des actions positives que nous avons réalisées et nous nous en gratifions.

5 Nous affirmons être une personne intéressante et valable qui apporte énormément au monde. Nous décidons de nous investir dans un projet collectif qui nous fait plaisir. Nous décidons de réaliser une action qui nous mettrait habituellement mal à l'aise et nous le faisons avec détermination et confiance.

6 Nous dressons une liste des traits de notre personnalité que nous n'apprécions pas et nous choisissons de travailler sur ces derniers.

7 Nous prenons le temps d'effectuer chaque matin une douche énergétique et d'envoyer de l'amour et des pensées bienveillantes à ceux qui nous entourent.

8 Chaque jour, nous réalisons des actions qui nous permettent d'aider les autres, d'être fiers de nous et de nous sentir en joie.

9 Nous réalisons que nous sommes parfaits tels que nous sommes, que nous avons choisi notre enveloppe charnelle en fonction de ce que nous avons à vivre. Nous changeons la façon de nous nourrir. Nous allons chez le coiffeur.

10 Nous prenons des cours de théâtre ou de chant afin d'être plus à l'aise en public, etc.

Dépasser le regard
OU LE JUGEMENT DES AUTRES

“

Parfois nous sommes motivés à passer à l'action, à réaliser quelque chose qui nous tient à coeur, et nous nous appliquons avec joie à le concrétiser dans la matière. Pourtant, il arrive fréquemment que cet engouement intérieur soit freiné, voire anéanti, par l'avis, le jugement ou l'esprit critique de certaines personnes.

Face à cela, nous réagissons tous différemment. En effet, alors que certains d'entre nous semblent y être indifférents, d'autres au contraire, se sentent touchés par cela.

”

Influence

MALHEUREUSEMENT, LE JUGEMENT ET LA CRITIQUE PEUVENT EN EFFET :

PLAN CAUSAL : nous blesser dans notre égo. Nous faire perdre en estime de soi. Greffer de fausses croyances en nous (lorsque nous considérons l'avis des autres). Nous couper de notre essence divine. Nous donner le sentiment d'être illégitimes.

PLAN MENTAL : nous démoraliser. Nous polluer et nous parasiter mentalement.

PLAN EMOTIONNEL : nous toucher et nous blesser. Nous faire perdre en confiance en soi. Nous attrister.

PLAN VITAL : faire baisser notre énergie, notre motivation, notre désir. Dérégler nos chakras.

LE PLAN PHYSIQUE : nous toucher s'ils s'accompagnent de gestes déplacés ou violents. Nous rendre malades (car nous somatisons la blessure psycho-émotionnelle qui y est liée). Nous paralyser.

Mode d'emploi

PLANS SPIRITUEL ET DIVIN

DÉVELOPPONS L'ESTIME DE SOI, VALORISONS-NOUS, CONSIDÉRONS-NOUS COMME ÉTANT UN ÊTRE DIVIN.
CONNECTONS-NOUS AU SOI. ÉLEVONS-NOUS. VISUALISONS-NOUS COMME ÉTANT AU-DESSUS DE LA SITUATION.

Prenons conscience que les personnes qui sont dans le jugement ou la médisance, sont souvent des personnes mal dans leur peau ou blessées.

Elles s'expriment en effet pour se donner le sentiment d'exister et d'avoir une valeur. Porter une opinion leur donne l'impression d'avoir une certaine légitimité, une certaine importance, et de compter. Si nous ne considérons plus leurs dires, elles cesseront d'elles-mêmes, car elles n'auront pas reçu de notre part l'intérêt convoité par leur égo. En fait, nous ne leur aurons accordé aucune valeur et cela amoindrira l'impact énergétique qu'elles peuvent avoir sur nous et/ou notre projet.

....

Prenons conscience que certaines personnes s'expriment avec malveillance pour se rassurer.

Elles ont en effet bien souvent peur de la nouveauté, de ce qui sort de l'ordinaire. N'oublions pas que ce qui est inhabituel est déroutant pour l'égo, alors que ce qui est conventionnel et habituel se veut tranquillisant. Posons-nous aussi la question de savoir ce qui peut blesser ou faire peur à ces personnes, autant de par ce que nous sommes, que de par ce que nous faisons. Soyons compréhensifs vis-à vis d'elles si elles ne le sont pas. Cela désamorcera énergétiquement la situation.

....

Comprenons que certaines personnes sont dans la médisance car elles sont tout simplement jalouses.

Nous pouvons donc tout simplement nous demander ce qu'elles envient chez nous. Envoyons-leurs ensuite de l'amour afin que leur jalousie ne nous soit pas nuisible.

Ayons la sagesse de nous dire que les autres nous jugent en fonction de leur propre moralité, de leurs croyances, de leurs visions des choses, généralement définis par leur éducation, leur milieu socio-culturel, leur religion, etc.

Soyons donc tolérant vis-à vis d'eux car au fond ils ont été conditionnés ainsi. En étant tolérants nous évitons d'être nous aussi dans le jugement et donc de nourrir l'égrégore négatif qui a été formé à notre égard.

Bannissons le doute en ce qui nous concerne ou en ce qui concerne notre projet. Si nous nous sentons appelés et guidés à le faire alors ayons foi. Continuons d'y croire, car au fond nous, nous savons éperdument que c'est ce qu'il est juste de faire.

Visualisons que tout est fluide pour nous, que les choses se déroulent à merveille, que notre projet a du succès, que ce que nous faisons est parfaitement accepté par l'extérieur.

PLAN CAUSAL

Dépassons les peurs de l'égo et ses blessures.

Pour cela, connectons-nous au SOI (Moi supérieur) et dressons une liste des raisons qui nous poussent à faire ce que nous nous apprêtons à réaliser (ou à être par exemple) ; ceci afin de nous permettre de nous rappeler la raison pour laquelle nous le faisons et donc d'être reboosté, sécurisé et déterminé.

Soyons certains que l'action ou le changement que nous opérons ne soit pas enclenché afin de nous faire remarquer, afin de nous rassurer, ou bien encore de provoquer, etc.

Sinon il est clair que cela cache un besoin pour l'égo de se prouver quelque chose. Demandons-nous donc si nos aspirations sont nobles et justes ; si elles sont inspirées par notre âme. Aussi, assurons-nous qu'aucune partie de nous ne souhaite attirer l'attention des autres ou bien leur faire envie. En effet, il n'est pas rare que les personnes ayant ce besoin inconscient attirent les critiques et les jalousies.

Faisons preuve de discernement et restons centré sur notre propre opinion.

Prenons toutefois en considération les critiques constructives. Autrement dit les critiques qui nous permettent d'évoluer, de nous dépasser, d'améliorer les choses...

Ne laissons pas le jugement des autres et leurs pensées à notre égard se greffer en tant que croyances personnelles et limitantes dans notre esprit.

Rappelons-nous que lorsque les gens parlent ou se font un avis des choses, cela les concerne. Cela parle d'eux et de leurs problématiques, bien plus que de nous.

Voyons en quoi cette situation nous permet de grandir et d'évoluer. Demandons-nous si cette situation nous permet d'avoir une prise de conscience [1].

OSONS NOUS DIFFÉRENCIER, EXPRIMER NOTRE CÔTÉ UNIQUE. EN D'AUTRES TERMES, SOYONS ORIGINAUX.

PLAN MENTAL

Blindons-nous mentalement.

Apprenons à ne pas nous sentir concerné(e) par les dires ou les regards des autres. Ne nourrissons-pas les paroles des autres à notre égard, ne les prenons donc pas en considération.

Émettons des pensées positives à notre égard et vis-à-vis de notre projet, envie, ambition, etc.

Ayons un moral positif.

Utilisons la protection psychique afin d'empêcher les projections des autres de nous atteindre [2].

Évitons de fabuler quant aux pensées et paroles des autres à notre égard. En fait, évitons de faire des suppositions.

(1) Fiche page 156 . (2) Fiche page 30

PLAN ÉMOTIONNEL

Développons la confiance en soi et dégageons beaucoup d'assurance. Valorisons-nous.

Blindons-nous émotionnellement afin de rester maître de nos émotions, afin que celles-ci ne deviennent pas un obstacle à notre déploiement. Concentrons-nous sur des émotions positives telle que la joie.

....

PLAN VITAL

Restons déterminés, redoublons d'envie. En fait, ne nous laissons ni stopper ni abattre.

Ne dépensons aucune énergie à ressasser ce que les autres ont dit ou pensé sur nous. Orientons-nous sur les choses positives et constructives.

....

PLAN PHYSIQUE

Ne prêtons aucune attention aux autres ni à leurs commérages.

Si nous les entendons, ne les prenons alors pas en considération. Partons du principe que cela ne nous concerne en aucun cas. Visualisons par exemple que les médisances ou jugements glissent sur nous.

Gardons la tête haute, agissons comme si de rien n'était, prenons plaisir à cela. Restons dans l'action, seul l'égo est figé face à des situations désagréables.

Ne réalisons aucune action contraire à notre intention de départ. Ne faisons rien qui puisse aller à l'encontre de nos aspirations profondes.

EXERCICES

Rituels

POUR NETTOYER LES PROJECTIONS QUI ONT ÉTÉ FAITES SUR NOUS :

imaginons des sangsues collées sur nous, détachons-les et transmutons-les en une poudre qui se répand puis se dissout sur le sol. Puis, visualisons que nous prenons une douche lumineuse qui décroche de nous tous parasites.

POUR NOUS PROTÉGER DES PROJECTIONS NÉGATIVES ET NE PLUS NOUS LAISSER ATTEINDRE :

ayons la ferme volonté de ne plus nous laisser atteindre négativement, puis projetons (en visualisant) une vitre pare-balle devant nous ou tout autour de nous. Toutes les projections faites sur nous rebondissent sur cette vitre et ne peuvent ainsi nous atteindre. Sentons-nous protégés, en sécurité, hors d'atteinte. Augmentons l'épaisseur de la vitre si nous en ressentons le besoin selon les circonstances.

POUR NE PLUS ÊTRE TOUCHÉS PAR LES PROJECTIONS NÉGATIVES :

l'important tout d'abord reste le fait d'émettre l'intention que rien ne puisse nous toucher ou nous atteindre. Puis imaginons des mains qui tentent de nous toucher afin de nous heurter, de nous salir, de nous pincer... De toute notre volonté, avec fermeté, repoussons-les au loin en sentant une puissance énergétique qui émane de nous et qui a la capacité d'écarter toute source de parasitage.

Protocole

POUR DÉPASSER UN OBSTACLE :

ÉTAPE 1 **Visualisons que nous nous retrouvons face à un mur.**

ÉTAPE 2 Concentrons toute notre détermination dans notre bas ventre (chakra sacré), toute notre volonté dans notre plexus solaire, sentons à quel point ils rayonnent. Recevons la force et les énergies venant des plans célestes. Sentons en soutien l'énergie de la terre...

ÉTAPE 3 Décollons ce mur du sol grâce à ces énergies, voyons-le se fendre, se fissurer, s'émietter, se désagréger.

ÉTAPE 4 Une fois le mur détruit, avançons et dépassons une ligne dessinée au sol, représentative du fait de dépasser un seuil, une étape. Sentons-nous fiers de nous.

POUR DÉPASSER LE REGARD, LE JUGEMENT ET LA CRITIQUE D'AUTRUI :

« je suis pur et lumineux »

Sentons à quel point nous sommes immaculés

ÉTAPE 1

Pour cela, visualisons-nous habillés de blanc, totalement lumineux. Sentons tout l'amour, la beauté, et la splendeur qui sont en nous, qui habitent en nous, dans chacune de nos cellules. N'ayons aucune peur vis-à vis de cela.

ÉTAPE 2

Affirmons : « je suis pur et lumineux ». Sentons les pores de notre peau respirer, ceux-ci inhalent un air doux, frais et léger qui se veut régénérant pour nos cellules. Ils aspirent tout le positif possible, de sorte à nous en approvisionner en abondance. Dorénavant, cet air pur et lumineux est en nous. Nous sentons à quel point nous respirons à nouveau. Nous profitons de cet instant et nous nous sentons respirer de l'intérieur.

ÉTAPE 3

Si nous avons un poids sur le coeur ou une peur à l'intérieur de nous, matérialisons-les grâce à une forme mentale, un boulet par exemple. Voyons que l'air qui est en nous transmute ce boulet ; il est nourri par la puissance de conviction que nous avons à aller de l'avant, à nous dépasser, à surmonter le regard, le jugement ou les critiques d'autrui. Cet air pur et lumineux grignote peu à peu le boulet qui disparaît.

ÉTAPE 4

Nous nous sentons renforcés, déterminés. Rien ne peut nous stopper. Nous écartons tous les obstacles qui se trouvent dans notre champ d'action, nous déblayons-tout. Nous faisons notre passage et nous avançons tranquillement, d'un pas certain et décidé. Nous tenons dorénavant à l'écart tout ce qui nous bloque, nous paralyse, nous empêche d'aller de l'avant.

Dépasser un deuil

OU UNE SÉPARATION

“

Les personnes dont nous sommes proches nous nourrissent sur bien des plans. Les actes qu'elles posent envers nous, les émotions qu'elles font naître en nous, les habitudes que nous entretenons avec elles, les souvenirs que nous partageons, la bienveillance qu'elles témoignent à notre égard créent des échanges énergétiques. Ces personnes nous alimentent, nous font vibrer. Lorsqu'elles décèdent ou nous quittent, leur perte laisse un vide (sur tous les plans de vibration).

Lorsque nous sommes séparés d'une personne, nous allons chercher à nous alimenter de son souvenir alors qu'en fait, le lien énergétique entre elle et nous reste intact. Seule la croyance de la disparition, de la perte physique, rend cette séparation difficile, cette perte insurmontable. Pour notre bien-être il est de notre devoir de parvenir à dépasser un deuil ou une séparation. En parvenant à cela, nous allons pouvoir aller de l'avant et retrouver un certain équilibre dans notre vie.

”

Mode d'emploi

PLANS SPIRITUEL ET DIVIN

Sentons-nous connectés pour toujours à cette personne.

- Nos liens dépassent la proximité charnelle. Nos âmes sont connectées, aucun vide n'existe entre nous.
- Sentons-nous reliés à cette personne par un amour inconditionnel.
- S'il s'agit d'un décès, ayons conscience que la personne demeure auprès de nous sur un plan énergétique. Nous pouvons donc ressentir son amour qui nous entoure, une forme de chaleur bienveillante [1].

PLAN CAUSAL

- Évacuons nos souvenirs s'ils prennent trop de place en nous pour nous libérer [2].
- Acceptons la séparation en ressentant de la gratitude pour les moments forts passés avec cette personne.
- Faisons un bilan pour comprendre comment cette personne a contribué à notre épanouissement.
- Prenons le temps de noter sur un papier tout ce que cette personne nous a permis d'apprendre sur nous-même et sur la vie de manière générale. En quoi cette personne a-t-elle aussi permis notre éveil, notre grandissement ou notre déploiement ?

PLAN MENTAL

- Cultivons des pensées positives pour nous sentir serein.
- Ressentons notre amour pour l'autre au niveau de notre coeur, sentons ce lien infaillible.
- Visualisons notre coeur comme étant un pont qui nous relie à l'autre personne.

PLAN ÉMOTIONNEL

- Digérons la séparation en ressentant de la gratitude pour ce que cette personne nous a apporté sur le plan émotionnel.
- Exprimons à cette personne ce que nous ressentons.
- Par une visualisation, par le coeur et l'intention, et sentons-nous soulagés. Insistons sur cela si nous n'avons pas pu exprimer certaines choses à son égard avant la séparation.
- Ressentons des émotions positives pour nous sentir apaisé. Concentrons-nous sur le positif que cette personne a déposé en nous.

PLANS ÉTHÉRIQUE ET PHYSIQUE

- Coupons les liens avec cette personne, par visualisation, en prenant conscience que c'est pour notre bien réciproque.
- Détachons-nous de cette personne et comblons les carences laissées à la suite de son départ. Prenons conscience que c'est à nous de prendre soin de nous-mêmes. Passons du temps avec nous et occupons-nous de nous. Réalisons des actions qui nous apaisent et nous occupent l'esprit.
- Acceptons le manque physique et trouvons un substitut sain le temps du « sevrage ».
- Choisissons, par exemple pour un temps, un objet associé à cette personne et serrons-le contre nous. Faisons-le chaque fois qu'elle nous manque. Puis, habituons-nous petit à petit à nous en séparer.

(1) Fiche page 225 . (2) Fiche page 156

EXERCICES

Protocole

POUR NOUS DÉTACHER DE QUELQU'UN :

ÉTAPE 1

Visualisons cette personne collée à nous (ou vice-versa) comme si nous étions deux bandes autoagrippantes collées l'une à l'autre.

ÉTAPE 2

De tout notre être (et surtout au niveau du coeur) ressentons au combien il est nécessaire que nous soyons séparés de cette autre personne, à quel point il est important que nous puissions chacune nous retrouver personnellement, dé-fusionner. Affirmons et ressentons « j'accepte dorénavant de me détacher de cette autre personne afin que chacun d'entre nous puisse retrouver sa sérénité, ses énergies propres et sa liberté, merci ».

ÉTAPE 3

Décollons ces bandes l'une de l'autre en sentant qu'il s'agit bien de nous. Sentons à quel point chaque part de nous se libère et se décolle de l'autre personne. Sentons à quel point il n'y a plus aucune prise d'accroche sur nous ou l'autre personne. Seul le lien du coeur reste présent, doux et intact.

POUR NOUS DÉFAIRE DES LIENS ÉNERGÉTIQUES QUI NOUS RELIENT À QUELQU'UN AFIN D'ALLER DE L'AVANT :

ÉTAPE 1

Prenons le temps de ressentir nos chakras un à un, en partant en premier lieu du chakra racine. Puis en remontant progressivement, ressentons à chaque fois (par rapport à chaque chakra), ce qui nous fait aimer ou être attaché à cette personne. Prenons note et complétons pour chacun des chakras : « j'aime cette personne car… ». Sentons ce qu'elle nous apporte, ce qu'elle nous offre, quelle part elle nourrit chez nous.

ÉTAPE 2

Prenons ce papier, plions-le et affirmons que nous en avons terminé avec ça. Jetons ce papier à la poubelle.

ÉTAPE 3

Portons notre attention à nouveau sur chacun de nos chakras, les uns après les autres, en ressentant le lien (telle une corde) qui nous unit, nous relie à l'autre personne. Coupons ces liens, un à un en prenant conscience que nous nous détachons ainsi de l'autre personne afin de nous libérer et d'avancer (posons d'autres intentions si nécessaire).

ÉTAPE 2

Complétons et affirmons « en me détachant de toi je … » (exemple : « En me détachant de toi je me respecte, je me libère, j'avance, je reprends vie, etc »). Sentons au fur-et à mesure la joie monter.

METTRE FIN À *une phobie* OU À UNE PEUR

Lorsque nous avons une peur ou une phobie, il est parfois difficile de pouvoir mettre le doigt sur le pourquoi de leur existence. Certaines d'entre elles sont nées à la suite d'un évènement traumatisant, mais d'autres restent parfois irrationnelles car nous ne parvenons à remonter à leur origine (c'est souvent le cas des peurs ou phobies présentes dans nos mémoires cellulaires par le biais du transgénérationnel). Les peurs et les phobies se veulent empoisonnantes et paralysantes, car elles nous perturbent la plupart du temps à tous les niveaux. Il est donc primordial de nous en défaire afin que nous puissions faire sauter certains barrages présents en nous et dans notre vie, et de rééquilibrer nos corps subtils.

Utilité

Pour mieux comprendre le mécanisme donnant naissance à une peur ou phobie :

ÉTAPE 1 nous sommes témoins ou victimes d'un événement qui advient sur le plan physique (exemple : je me baigne, une vague me submerge, je suis à deux doigts de me noyer) ;

ÉTAPE 2 si celui-ci se veut dangereux et/ou choquant pour nous, il laisse une empreinte émotionnelle et mentale en nous (exemple : j'ai peur, je pense que je vais mourir) ;

ÉTAPE 3 cette empreinte est alors associée à une croyance (souvent inconsciente) qui va se greffer sur le plan causal. À partir de ce moment une peur est née (exemple : lorsque je vois de l'eau j'ai peur ; je crois inconsciemment que l'eau peut me submerger et me tuer) ;

ÉTAPE 4 l'égo va alors mettre en place des mécanismes de protection et de défense lorsque nous nous retrouvons confrontés à une situation qui nous renvoie inconsciemment à l'événement initial traumatisant. Autrement dit, il va susciter des réactions dans le but de nous préserver et d'assurer notre survie (exemple : lorsque de l'eau arrive à mes pieds soudainement je recule spontanément) ;

Nous avons alors du mal à dominer notre peur car nous sommes coupés de notre maître intérieur représenté par le Moi supérieur. En effet, notre croyance présente sur le plan causal associée aux émotions et pensées qui y sont liées, nous empêchent de dépasser le plan causal, et donc d'accéder à notre sagesse et à notre part spirituelle accessibles via les plans supérieurs.

N.B :

Parfois nous ne sommes pas celui ou celle qui a vécu l'événement initial, mais nous en portons les peurs. Cela arrive en effet lorsque nous portons dans nos mémoires cellulaires les bagages de nos ancêtres ou de l'inconscient collectif (mémoires du collectif greffées sur nous).

Cela explique alors certaines peurs irrationnelles que nous avons et que nous ne parvenons pas à expliquer. Par exemple : j'ai une peur phobique des serpents alors que je n'en ai jamais vu. Je ressens cette peur car elle est ancestrale et a été véhiculée par de nombreuses personne avant moi. L'égo a développé cette peur afin d'assurer la survie de l'espèce.

Mode d'emploi

PLANS SPIRITUEL ET DIVIN

- Demandons l'aide des plans supérieurs, des énergies des plans subtils, du Divin.
- Connectons-nous à notre Moi Supérieur pour lui demander conseil puis, écoutons-nous profondément [(1)].
- Trouvons la symbolique de notre peur.
- Quel est son message ? Que nous permet-elle d'apprendre sur nous, de dépasser, de travailler ? Comment cette peur peut nous permettre de grandir en conscience ? Par exemple : j'ai peur des vagues car elles sont la symbolique du fait que j'ai peur de me laisser submerger par mes émotions.

. . . .

PLAN CAUSAL

- Travaillons sur nos mémoires cellulaires.
- Pour cela il est nécessaire d'effectuer une régression à l'aide d'un professionnel (comme un hypnothérapeute par exemple).
- Travaillons sur notre inconscient pour nettoyer les origines et les mémoires liées à cette phobie ou cette peur. Encore une fois nous pouvons nous faire accompagner d'un professionnel.

. . . .

PLAN MENTAL

- Ayons la ferme intention de mettre fin à cette peur ou à cette phobie.
- Utilisons des mantras d'affirmation positive tout en visualisant notre peur ou phobie plus petite qu'elle n'y parait : « Ma peur (phobie) est petite, faible et ridicule ; je suis grand(e), fort(e) et divin(e) ; je dépasse cette peur (phobie) brillamment, sans effort, avec brio car je me trouve au-delà de celle-là. Je suis grand(e), fort(e) et divin(e) ; elle est petite, faible et ridicule. Je la dépasse aisément, tranquillement, sûrement et pour toujours. »

. . . .

PLAN ÉMOTIONNEL

- Sentons la joie que nous avons de nous débarrasser de notre peur ou de notre phobie.
- Faisons preuve d'humour et de légèreté vis-à-vis d'elle. Cessons de dramatiser.

. . . .

PLANS VITAL

- Rompons les liens négatifs avec cette dépendance par une visualisation et par l'intention.
- Sentons-nous plus forts que cette peur ou cette phobie (par exemple, utilisons des affirmations et des visualisations positives).

. . . .

PLAN PHYSIQUE

- Entreprenons une action qui nous permette de dépasser cette peur ou cette phobie.

(1) Fiche page 179

EXERCICES

Protocole

N°1 . POUR DÉPASSER OU VAINCRE NOS PEURS OU PHOBIES :

ÉTAPE 1 Matérialisons notre peur ou phobie sous une forme mentale correspondant à la taille de son ampleur. Par exemple : j'ai peur des araignées et j'imagine alors une araignée géante.

ÉTAPE 2 Nous sentons alors cette peur à distance, en aucun cas elle ne peut nous approcher, nous envahir, nous toucher, etc. Nous avons suffisamment de volonté et de puissance intérieure pour la tenir à l'écart, au loin. Imaginons-nous-en plus dans un cocon si cela nous aide et nous apaise. Sentons-nous y en sécurité.

ÉTAPE 3 Cessons maintenant d'utiliser nos forces afin d'écarter cette peur ou phobie de nous ; miniaturisant progressivement tout en nous sentant plus grands, importants qu'elle. Réduisons-la jusqu'à temps qu'elle disparaisse en lumière. Soyons heureux et affirmons « je suis désormais en sécurité, seul le positif peut m'atteindre et me toucher ; je suis merveilleusement, divinement et vraiment protégé ».

N°2 . POUR RADIER OU BANNIR NOS PEURS OU PHOBIES :

ÉTAPE 1 Centrons-nous dans le coeur [1] et laissons son énergie émeraude se répandre tout autour de nous et remplir l'espace où nous nous trouvons. Nous sentons que nous sommes resplendissants.

ÉTAPE 2 Visualisons et portons notre attention sur un double lumineux de nous-mêmes qui monte un escalier de cristal. Ainsi nous prenons de la hauteur. Nous montons encore plus haut... de sorte à observer notre peur ou phobie vue de l'espace. Nous sommes calmes, grands et lumineux, nous ne faisons qu'observer.

ÉTAPE 3 Observons ce moi terrestre resté sur Terre, rassurons-le face à sa peur, guidons-le, aidons-le à y voir plus clair. Montrons-lui à quel point sa peur ou phobie est minime, insignifiante... Aidons-le à relativiser, à s'en moquer.

ÉTAPE 4 Une fois ce moi terrestre rassuré, visualisons qu'il tourne le dos à sa peur. Il n'en est plus inquiet, il est rassuré, il s'en contrefiche éperdument... Il la laisse, l'abandonne.

ÉTAPE 5 Notre double lumineux envoie du positif au moi terrestre. Il bénit la situation, la valide en considérant que dorénavant la peur est derrière nous. Ce double lumineux reprend sa place en nous. Nous le sentons présent dans notre coeur.

(1) Fiche page 140

Partie 4

LE PLAN MENTAL

GÉRER ET réguler le mental

> Le mental est un merveilleux outil qui nous est d'une grande utilité durant notre incarnation car il nous permet de réfléchir, raisonner, penser, conceptualiser, etc. Normalement, il est un allié de taille s'il nous mène à produire ou concevoir quelque chose. Cependant, il a aussi vite fait de devenir un obstacle à notre épanouissement et s'il n'est pas nourri et « utilisé » de la bonne manière.

EN RÉSUMÉ, ON DISTINGUE :

mental ordinaire

> **Le mental dans sa vibration « ordinaire » est capable de rationaliser, analyser, raisonner, synthétiser, etc.** Il est aussi capable de générer des formes-pensées.
Une « forme-pensée » est la matérialisation d'une de nos pensées ou idées émises par le corps mental. Celle-ci peut être positive, négative ou neutre.

mental inférieur

> **Le mental dans sa version « inférieure » génère des pensées non productives, c'est-à-dire qui ne débouchent pas sur une création,** qui ne sont pas synonymes d'élévation, de grandissement, mais plutôt de stagnation, de répétition.

mental supérieur

> **Le plan mental, dans sa vibration supérieure, nous aide à donner une forme mentale à ce que notre esprit capte.** Il nous aide à concrétiser nos visions de l'esprit et nos aspirations du coeur dans la matière. Dans ce cas, le plan mental exprime notre coeur, qui est le pont entre notre âme et la matière.

N.B Normalement, le mental veille à la viabilité d'une information. Si celle-ci paraît inutile ou inconcevable dans la réalité terrestre, il a tendance à l'écarter. Et cela dans le but de nous protéger, de nous aider à « tenir la route ». Nous devons donc apprendre à fonctionner avec notre mental supérieur qui est capable de traiter et considérer des données n'ayant pas de forme dans la matière, sur le plan de densité terrestre.

Pour aller

PLUS LOIN

PRENONS UNE MÉTAPHORE AFIN D'ILLUSTRER CE QU'EST LE MENTAL ET SON INFLUENCE SUR NOUS :

Le mental est pareil à un champ.

Nous y semons parfois des graines positives, parfois des graines négatives. Les graines positives, semées et régulièrement arrosées, vont donner vie à des fruits et des légumes nourrissants et sains. Les graines négatives, au contraire, vont plutôt donner vie à des aliments toxiques, voire mortels.

Nous l'avons deviné : nos pensées, ce sont nos graines. Demandons-nous quel type de pensée, quel type de graine voulons-nous semer dans notre esprit ? Et avec quoi voulons-nous les arroser ?

Par exemple, si nous savons que nous avons une graine plutôt toxique dans notre jardin intérieur, nous pouvons décider de ne pas la nourrir, de ne pas l'arroser, voire de l'arracher de notre mental et de la transmuter en lumière. En revanche, nos graines positives, nourrissantes, nous pouvons décider de les arroser avec d'autres pensées positives, avec des émotions agréables, voire même avec des visualisations créatrices.

Pourquoi ?

POUR QU'ELLES GRANDISSENT EN NOUS ; POUR QU'ELLES DEVIENNENT DE MAGNIFIQUES FRUITS ET FLEURS INTÉRIEURS QUI VONT PARFUMER ET EMBELLIR NOTRE VIE, NOUS DONNER DE L'ÉNERGIE ET NOUS STIMULER.

De cette manière, nous entretenons une belle fertilité intérieure qui va nous aider au quotidien à faire éclore nos projets, à les matérialiser, à faire de notre vie un magnifique parc, rempli de couleurs et de parfums.

Mode d'emploi

PLAN SPIRITUEL

Connectons-nous à notre Moi supérieur.
Visualisons que nous écartons nos pensées négatives. Nous pouvons par exemple nous les représenter sous la forme de cerfs-volants qui s'écartent au loin.

....

PLAN CAUSAL

Prononçons des mantras tel que « OM ».
Exprimons notre créativité dès que nous le pouvons. Exprimons nos pensées négatives sous une forme ou sous une autre si nous souhaitons les évacuer. Par exemple : chantons, poussons des cris (dans un endroit calme et isolé), gribouillons, etc.

....

PLAN MENTAL

Posons l'intention de rester centré, d'utiliser le mental à des fins productives et constructives.
Affirmons ceci : « je suis calme, je suis profondément et véritablement serein, je suis connecté à mon être véritable et aux autres, et cela me procure le bien le plus total. »
Donnons la parole à notre coeur, pour cela centrons-nous en lui [1].

....

PLAN ÉMOTIONNEL

Centrons-nous sur notre plexus solaire et observons ce soleil intérieur irradier vers l'extérieur.
Soyons dans la joie.
Soyons enjoués à l'idée de faire vibrer notre mental positivement.

....

PLAN VITAL

Coupons nos liens (par visualisation) avec les situations ou les personnes qui nous polluent mentalement [2].
Sentons combien nous souhaitons investir notre énergie à des fins de construction et d'élévation et non de destruction, de stagnation ou de restriction.

....

PLAN PHYSIQUE

Respirons profondément.
Contemplons le monde qui nous entoure afin de nous distraire.

....

(1) Fiche page 140 . (2) Fiche page 61

Zoom sur

LES FORMES PENSÉES

En général, les pensées qui sont élevées en vibration sont émises par le corps mental supérieur, lui-même connecté aux plans supérieurs, alors que les pensées négatives, donc basses en vibration, sont émises par le corps mental inférieur. Plus nous apprendrons à maîtriser notre mental, plus nous évoluerons spirituellement, et moins nous émettrons de formes-pensées négatives.

FORME-PENSÉE **positive**

Un exemple d'une forme-pensée positive : « je suis très fier de mon enfant qui vient d'obtenir une médaille sportive. » Notre fierté se matérialise sous la forme d'une « forme-pensée », celle-ci se détache de nous et va se poser sur notre enfant, lui envoyant ainsi des sentiments positifs.

FORME-PENSÉE **negative**

Un exemple d'une forme-pensée négative : « je suis en colère contre ma femme ou mon mari ». Notre colère se matérialise sous la forme d'une « forme-pensée », celle-ci se détache de nous et va se poser sur notre femme ou notre mari, lui envoyant ainsi des sentiments négatifs.

FORME-PENSÉE **neutre**

Un exemple d'une forme-pensée neutre : « je m'apprête à aller faire des courses », puis la pensée suivante me vient : « je dois penser à acheter du dentifrice ». Notre pensée se matérialise sous la forme d'une « forme-pensée », celle-ci se détache de nous et se pose autour de nous. Normalement, cette forme-pensée devrait « se réveiller » au moment où nous serons en train de faire les courses.

Il faut aussi savoir qu'à partir du moment où nous impliquons nos émotions dans la création de ces formes-pensées, nous impliquons notre corps astral. Nos pensées, associées à nos émotions, vont donc conduire à la création de réalisations astrales positives ou négatives.

L'EFFET BOOMERANG

TOUTES NOS FORMES-PENSÉES ONT UN IMPACT CONSIDÉRABLE, CAR ELLES VONT RENFORCER UNE CIBLE. MAIS CE QUE NOUS IGNORONS PEUT-ÊTRE C'EST QUE CETTE FORME-PENSÉE VA REVENIR VERS NOUS PAR CE QUE L'ON APPELLE « L'EFFET BOOMERANG ».

En effet, chaque énergie, vibration, pensée, sentiment que nous émettons va se détacher de nous et atteindre une cible. Ensuite, par la Loi de résonance et d'attraction, nous allons attirer à nous le même genre d'énergie, de vibration, de pensée, de sentiment, et ce, de manière amplifiée.

Il en revient donc à dire que si nous envoyons du négatif à quelqu'un ou à quelque chose, ce négatif va revenir vers nous d'une façon ou d'une autre, et de manière plus intense.

EXERCICES

Rituels

N.B

Une graine, une seule pensée, est plus facile à écarter, à retirer, lorsqu'elle n'est encore qu'une graine. Si nous la laissons grandir, elle peut devenir une croyance bien enracinée qui sera plus difficile à arracher par la suite. Une croyance limitante est issue d'une pensée négative récurrente, qui a attiré à nous une expérience liée à cette croyance. Cette expérience, vécue dans la chair, nous a confortés dans l'idée que cette croyance était bel et bien vraie. Nous l'avons intégrée en tant que réalité.

Si nous avons vécu une expérience liée à une de nos croyances dans notre vie physique, c'est que celle-ci est greffée dans notre mental (qui est lié à notre plan émotionnel et causal). À ce stade-là, il est beaucoup plus difficile de l'extraire de notre mental, ou autrement dit de s'en défaire.

Lorsque surgissent nos pensées négatives, mieux vaut donc les écarter rapidement de notre jardin intérieur afin qu'elles ne prolifèrent pas et ne contaminent pas les autres. Si nous nourrissons inconsciemment ces pensées négatives, elles peuvent se répandre et devenir comme un lierre envahissant qui va étouffer les autres pensées positives. Elles vont empêcher notre flore intérieure positive de s'épanouir. Ce lierre peut aussi nous déconnecter de notre Moi Supérieur, de ce guide intérieur lumineux, notre boussole, qui nous insuffle toutes les informations et les pensées positives dont nous avons besoin dans notre vie pour avancer sur le bon chemin.

POUR ÉVACUER DES PENSÉES GÊNANTES :

- Imaginons que nous avons des gravillons à l'intérieur de notre mental, de notre esprit ou au niveau de nos chakras.
- Imaginons que nous plongeons en nous pour les enlever et que, par la force de notre intention et de notre volonté, ces gravillons se pulvérisent et se transforment en poussière de lumière ! Cette poussière, ensuite, s'envole et regagne doucement le Ciel.

Protocole

N°1. POUR APPRENDRE À MAITRISER LE MENTAL :

Étape 1

Notre mental est une petite bête qui se promène à l'intérieur de notre tête. Elle se déplace dans tous les sens et ne sait pas rester en place. Notre mental parle sans arrêt, il est très bruyant et bavard.

Étape 2

Nous allons devoir éduquer cet animal, lui apprendre à se taire en lui demandant « silence ! », avec autorité, chaque fois qu'il tente d'intervenir. Au départ, il ne va pas nécessairement nous obéir, mais à force de dressage, il finira par nous craindre !

Étape 3

Comme dans toute éducation, il faut aussi envoyer de l'amour et aimer : envoyons de l'amour et de la compassion à notre mental, car il fait partie de nous.
Soyons fermes avec notre mental et interdisons-lui de prendre systématiquement la parole. Cela doit devenir un réflexe ! Si cette petite bête n'obéit pas au mot « silence », nous devons la punir ! Pour cela, enfermons-la dans une petite cage. Si cela n'est pas suffisant, si elle refuse de se taire, doublons les murs de la cage avec du capitonnage. Ainsi, le son ne pourra plus passer.

N°2 . POUR NETTOYER LES FORMES-PENSÉES PROJETÉES :

Étape 1 **Imaginons les formes pensées que nous avons projetées sous la forme de petits autocollants que nous avons envoyés sur certaines personnes ; ils sont collés à elles, sur leur peau.**

Étape 2 Nous nous centrons dans le coeur et nous sentons que ce dernier s'aimante afin d'attirer à lui avec tout son amour, et sa bienveillance tous les autocollants qui ont été émis. Il les récupère alors car ces derniers se collent à lui.

Étape 3 De toute sa force, il les transmute et les désagrègent en lumière qui se met à rayonner puis à se diffuser tout autour de nous.

Experience

CRÉATION D'UN POST-IT MENTAL

(celui-ci a pour but de nous aider à garder une information en tête) :

Imaginons que nous notons sur un post-it des choses importantes pour nous, des choses dont nous voulons absolument nous rappeler.

Nous collons ensuite ce post-it sur une immense bulle lumineuse autour de nous, qui correspond à notre plan mental. Nous greffons littéralement ce post-it dans notre mental et la pensée qui figure dessus. Nous alimentons ensuite cette pensée de sentiments positifs et d'une intention particulière (par exemple : « j'aimerais que cette pensée me vienne à l'esprit plusieurs fois par jour »).

Challenges

La prochaine fois qu'une situation nous pousse à cogiter, désamorçons la situation et choisissons de ne pas la nourrir.
Méditons avant de nous endormir.

Méditer

« La méditation est pratiquée depuis des siècles en Orient car elle est reconnue pour ses nombreuses vertus. Depuis quelques temps, elle est aussi devenue un phénomène à la mode en occident, car bon nombre de personnes stressées, angoissées, déprimées ou déconnectées d'elles-mêmes, ont pu trouver en la méditation une solution efficace pour retrouver paix et harmonie et se reconnecter ainsi à leur essence profonde. »

Utilité

LA MÉDITATION A DE NOMBREUX BIENFAITS ; ELLE AIDE ENTRE AUTRES À :

SUR LES PLANS SPIRITUEL ET DIVIN :
nous connecter au moi supérieur et à être à l'écoute de soi. Développer nos facultés extra-sensorielles…

SUR LE PLAN CAUSAL :
à nous figurer l'égo, et donc l'inconscient, nos peurs et nos blocages…

SUR LE PLAN MENTAL :
calmer les pensées. Nous centrer dans le coeur…

SUR LE PLAN EMOTIONNEL :
gérer les émotions, à nous apaiser…

SUR LE PLAN VITAL :
réguler les chakras et les flux de circulation des énergies dans le corps…

SUR LE PLAN PHYSIQUE :
nous détendre. Mieux dormir. Libérer les tensions.

LA BOITE À Questions

Quel environnement choisir ?

« Optons pour un lieu calme et peu éclairé, un lieu qui nous inspire et éveille chez nous un sentiment de sérénité. Nous pouvons aussi choisir un endroit naturel ou sacré comme une plage, une forêt, le sommet d'une montagne, une église, un sanctuaire ou une pyramide…. »

Quelle posture prendre ?

« Ne nous imposons aucune position qui pourrait nous mettre mal à l'aise. L'important est d'être dans une posture confortable. Essayons seulement d'être détendus, les bras placés le long du corps, les paumes ouvertes vers le ciel (cela aide à la réception des flux énergétiques). »

La boite à Questions

Durant combien de temps devons-nous méditer et quelle fréquence ?

« Concernant la durée des sessions : un bon début est 1, 5 ou 10 minutes.

Privilégions au début des méditations d'une minute, plutôt que de dix minutes. Pratiquons progressivement.

N.B. La méditation nécessite un peu d'entraînement au début car le mental risque de frapper régulièrement à la porte. Ignorons-le et replongeons-nous dans la méditation. Surtout, persévérons ! »

Quel état d'esprit doit-on avoir avant de méditer ?

« Avant de méditer, il est important de se calmer : pour cela il est recommandé de respirer profondément et de décontracter nos muscles. Prenons de grandes inspirations et expirons lentement.

Afin de ne pas nous disperser dans les premières minutes, focalisons notre attention sur un objet, un point fixe, une musique ou toute autre chose. »

Mode d'emploi

PLANS SPIRITUEL ET DIVIN

Sentons-nous béni.

Émettons l'intention d'établir une connexion avec notre âme, d'entrer en correspondance avec les énergies des plans supérieurs.

Utilisons, si nous le souhaitons, la visualisation afin que notre esprit puisse utiliser ses performances lors de la méditation. L'esprit étant créateur, en visualisant, nous projetons une réalité énergétique et quantique sur les différents plans vibratoires et/ou corps subtils.

PLAN CAUSAL

Connectons-nous au moi supérieur.

Répétons des mantras ou émettons des sons.

PLAN MENTAL

Faisons taire le mental (1).

Focalisons notre intention sur un point.

Centrons-nous dans le coeur (2).

Posons une intention particulière. Par exemple : « je souhaite que cette méditation m'aide à trouver une certaine quiétude ».

PLAN ÉMOTIONNEL

Soyons en paix, soyons en joie.

PLAN VITAL

Sentons-nous rayonnants, pétillants, vigoureux mais calmes.

Sentons à quel point nous sommes dans la réception d'énergies positives.

Posons notre attention sur nos chakras. Visualisons et ressentons la bonne circulation des flux en nous.

PLAN PHYSIQUE

Optons pour une posture confortable

(être assis en tailleur ou allongé sont de bonnes positions pour méditer).

Fermons les yeux.

Posons notre attention sur notre respiration qui se veut lente et profonde.

Si nous le souhaitons : mettons de la musique ; allumons une bougie et de l'encens ; éteignons la lumière ; utilisons des bols de cristal ou tibétains, etc.

Si nous en avons envie, suivons une méditation guidée.

(1) Fiche page 114 . (2) Fiche page 140

EXERCICES

N.B Sachons que dès que nous calmons nos pensées et nos émotions, et que nous prenons le temps de nous faire plaisir, d'être à l'écoute de soi et de ce(ux) qui nous entoure(nt), nous nous trouvons déjà dans un état méditatif. Cela n'empêche en rien de voir la méditation comme étant une pratique à part entière, et de réaliser pour cela des méditations guidées ou des exercices en particulier. Voici quelques exercices de méditation ayant des vertus différentes.

Rituels

POUR NOUS RECENTRER :

Fermons nos mains. Puis, fermons les yeux. Nos yeux regardent à l'intérieur de nous. Essayons de percevoir une couleur au coeur de notre être. Si nous ne percevons rien, ne nous en inquiétons pas. Ouvrons les mains, puis ouvrons les yeux. Regardons le ciel.

Recommençons : fermons les mains, puis fermons les yeux. Regardons à nouveau à l'intérieur de nous.
Recommençons l'exercice autant de fois que nécessaire.
Le but est de percevoir une couleur à l'intérieur de notre corps. Cette couleur représente « le ciel en nous ». Elle est celle du rayonnement et de la somme de tous nos chakras. Profitons-en pour visualiser tous nos corps subtils alignés.

POUR NOUS CONNECTEUR À NOTRE TEMPLE INTÉRIEUR :

Visualisons que nous entrons dans une pièce très lumineuse. La pièce est blanche et reposante. Asseyons-nous au milieu de cette pièce. Respirons calmement.

Regardons à l'intérieur de notre corps. Nous voyons qu'il y fait très noir. Soudain, nous apercevons une lueur. Cette dernière se fait de plus en plus intense.
Puis, nous voyons une bulle lumineuse en nous.
Elle se trouve à l'intérieur de notre ventre.
Nous décidons de nous rendre à l'intérieur de cette bulle.
Nous nous y sentons bien, tout est calme et lumineux.
Cet endroit est à nous, il nous appartient. Nous pouvons y retourner lorsque nous le souhaitons pour être au calme et en paix avec nous-même.
Si nous le souhaitons, nous pouvons aménager ce temple comme bon nous semble, en le décorant par exemple.
Profitons-en pour visualiser tous nos corps subtils alignés.

POUR NOUS INSPIRER :

Lorsque nous inspirons profondément, de l'air pur et transparent emplit nos poumons. Dans chaque bouffée d'air, se trouvent des petits cadeaux lumineux.

Ils pénètrent en nous et nous procurent une joie intense. Lorsque nous expirons lentement, de l'air ressemblant à une fumée grisâtre sort de notre bouche. Nous rejetons le négatif et les toxines qui se trouvent en nous. Plus nous nous libérons, plus nous nous sentons légers.

« Cet endroit est à nous, il nous appartient. »

POUR NOUS RÉGÉNÉRER :

Un petit feu s'allume dans le bas de notre ventre, un peu en dessous de notre nombril. À chaque inspiration, la flamme grandit et monte en nous. Elle monte petit à petit et finit par atteindre notre cou.

Puis, la flamme va effectuer le chemin inverse. Elle descend lentement à chaque expiration. Nous pouvons changer la couleur de la flamme selon nos besoins : orange guérit les émotions et les peurs, bleu lutte contre les tracas, rose nourrit les rêves, vert éloigne les personnes et les situations négatives, noir met les compteurs à zéro, violet purifie l'esprit et endort l'égo. Lorsque notre méditation est terminée, éteignons le feu.

POUR NOUS APAISER :

Concentrons toute notre intention sur le mouvement d'une flamme de bougie et ne nous en détournons pas.

Sinon, optons pour une méditation contemplative. Pour cela il nous suffit de nous placer dans un endroit beau, harmonieux et inspirant (souvent en pleine nature), afin d'observer ce qui se passe autour de nous tout en voyant la magie de tout ce qui nous entoure, jusqu'en repérant les moindres petits détails.

POUR NOUS CENTRER :

Visualisons un axe tracé, dessiné à la verticale en nous (tout au long de nos chakras).

- Une lucarne se profile au-dessus de notre tête et laisse pénétrer une lumière brillante et merveilleuse dans notre tête, par le sommet de notre crâne.
- Cette lumière entre en nous et est contenue par un tube de lumière, une sorte de gouttière qui est placé tout au long de cet axe vertical et allant jusqu'au sol.
- La lumière qui entre par la lucarne se diriger dans cette gouttière de sorte à ce que son faisceau éclaire le sol. La lumière doit être contenue le long de cet axe. Nous devons la sentir canalisée en lui.
- Si cette lumière vient à se diffuser en dehors de cet axe, nous devons la ramener à l'intérieur, et la sentir comme condensée en nous, tout le long de notre axe vertical.
- Nous sentons cette lumière circuler avec fluidité et tranquillement de bas en haut et de haut en bas. Si elle semble bloquer à un endroit particulier, nous maintenons notre intention de la relancer. Elle ne doit pas rester congestionnée.
- Lorsque cette méditation est terminée, nous ressentons toute la puissance de cette lumière au sol et au niveau du sommet de notre crâne. Nous enlevons la gouttière, nous laissons la lumière regagner la terre et le ciel.
- Nous respirons calmement. Si nous le souhaitons nous pouvons enfin visualiser une douche lumineuse qui nous purifie.

PRATIQUER

la pleine conscience

Nous sommes la plupart du temps en train d'agir, de ressentir, de penser de manière totalement inconsciente.
Nous prêtons peu d'intérêt ou d'attention à ce qui se passe en notre for intérieur et autour de nous.
Nous sommes en effet pour la plupart piégés par nos mécanismes routiniers, nous courons après le temps, nous sommes distraits par les médias ou certains de nos loisirs (télévision, radio, ordinateur, téléphone, etc.)...
C'est alors que nous nous trouvons déconnectés de ce qui a réellement du sens et de l'importance pour nous, sans même nous en rendre compte.

Utilité

EN PRATIQUANT LA PLEINE CONSCIENCE :

PLAN DIVIN :
nous sommes plus attentifs à la magie et à la beauté qui nous entourent ; nous développons un lien plus étroit avec notre essence profonde ; nous nous alignons...

PLAN SPIRITUEL :
nous trouvons plus de sens à notre existence ; nous entrons en connexion avec notre Moi supérieur ; notre esprit manifeste avec plus de puissance nos Volontés...

PLAN CAUSAL :
nous développons l'écoute de soi ; nous nous laissons inspirer par l'énergie de l'instant présent...

PLAN MENTAL :
nous sommes plus présents à nous-même ; nous nous centrons ; nous développons nos capacités de concentration ; nous sommes plus en paix...

PLAN EMOTIONNEL :
nous profitons de l'instant présent ; nous savourons avec plus d'intensité ce que nous faisons...

PLAN VITAL :
nous gardons notre énergie afin de la dépenser dans des choses utiles et importantes ; nous nous sentons plus connectés à la nature et aux autres...

LE PLAN PHYSIQUE :
nous prêtons plus attention à nos gestes, actes et comportements ; nos sens se révèlent de plus belle ; le monde qui nous entoure nous paraît plus vivant ; nous nous ancrons ; nous sommes en meilleure santé...

Mode d'emploi

PLANS DE CONSCIENCE

Sentons le soutien des énergies cosmiques qui nous entourent et nous portent.
Connectons-nous à la conscience universelle. Éprouvons un sentiment d'unité avec tout ce qui est.

Ressentons de l'amour inconditionnel envers ces mondes matériels et immatériels qui nous entourent.

Restons maitre de l'instant présent, ne laissons rien nous déranger, restons centrés sur nous-même.

PLAN CAUSAL

Libérons-nous du passé, évitons la nostalgie [1].

PLAN MENTAL

Soyons centrés sur le coeur, émettons des pensées positives [2].
Soyons en paix mentale [3].

Soyons à l'écoute de notre monde intérieur.

Passons du temps en silence, seul, avec nous ; passons du temps dans la nature ; observons nos ressentis ; observons les émotions et les pensées qui nous viennent dans telle ou telle circonstance ; méditons, etc.

PLAN ÉMOTIONNEL

Cultivons des ressentis positifs et profonds, impliquons-nous émotionnellement de manière positive, ressentons de la gratitude envers les émotions positives qui nous nourrissent.

PLAN VITAL

Sentons-nous pleinement vivant, sentons-nous vibrer.
Sentons ce lien énergétique infaillible qui nous relie à toute chose, ressentons de la gratitude pour cette connexion que nous avons tous avec chaque élément de l'Univers.

Prenons réellement le temps de nous relier à chaque petit élément jusqu'à temps de le sentir en nous et nous sentir en lui.

Sentons le soutien des énergies telluriques. Autrement dit, sentons-nous nourris par les énergies de la Terre.

Visualisons, par exemple, que nos pieds sont comme des racines reliées à la Terre et que des échanges s'opèrent entre nos pieds et la Terre.

PLAN PHYSIQUE

Affirmons-nous, osons exister, osons être qui nous sommes réellement, osons prendre notre place, habitons notre corps.
Afin de nous y aider, prononçons des mantras d'affirmation positive tels que : « je suis ici », « je suis à ma place », « j'occupe l'espace ». Sentons que notre aura rayonne autour de nous. Nous pouvons aussi prendre le temps de ressentir chaque mouvement que nous accomplissons.

Prenons plaisir à sentir nos sensations à travers nos cinq sens.

Prêtons attention à ce qui nous entoure, contemplons le monde autour de nous sans émettre de jugements ni de pensées.

Ancrons-nous [4].

Respirons calmement, prenons conscience de chaque inspiration et expiration.

(1) Fiche page 156 . (2) Fiche page 140 . (3) Fiches pages 114 à 136 . (4) Fiche page 53

EXERCICES

Experience

La prochaine fois que nous nous trouverons dans un milieu bruyant et pollué tel que la ville ou le métro, prenons le temps de nous visualiser à l'intérieur d'une bulle lumineuse.

- Décorons-la comme bon nous semble, puis visitons notre intérieur, imaginons-le tel un temple. Une fois l'opération effectuée, prenons le temps de garder notre attention sur cet espace sacré sans nous laisser parasiter par le monde extérieur.

- Prenons le temps de réaliser une expérience au ralenti. Par exemple, lors d'un repas, fermons les yeux, soyons dans le silence, et mâchons chaque bouchée le plus lentement possible ; n'avalons rien tant que tous les aliments ne sont pas totalement broyés.

- Plongeons-nous dans le noir et prêtons attention à nos ressentis afin de nous guider.

- Le temps d'une journée, prenons le temps de sentir pleinement la présence d'un élément dans notre vie (feu, air, terre, eau).
  - Comment se manifeste t-il dans notre environnement ?
  - Comment nous touche t-il ou nous influence t-il ?
  - Comment entre t-il en interaction avec les autres éléments ?
  - Peut-on le ressentir en nous ?
  - Comment nourrit-il certains animaux, végétaux ou minéraux ? Etc.

Challenges

Coupons notre téléphone portable le temps d'une journée ; ou coupons même tous nos appareils servant de supports multimédias (tv, ordinateur, etc.).

Le temps de quelques heures, bannissons un de nos sens (mettons-nous un bandeau sur les yeux, bouchons-nous les oreilles, attachons nos mains, bouchons-nous le nez...).

Pendant et après chaque challenge, prenons le temps de noter comment nous nous sentons sur tous les plans, au niveau de tous nos corps subtils.

Lâcher prise

Le fait de lâcher prise consiste simplement à se détacher du désir de contrôler nos relations ou les évènements qui nous entourent. Lâcher prise nous permet de gagner de l'énergie en évitant de dépenser celle-ci inutilement afin de répondre à notre besoin de contrôle. Cela nous aide aussi à gagner en paix intérieure (mentale et émotionnelle).

D'un point de vue personnel, il faut prendre conscience que nous ne pouvons pas contrôler tout ce qui nous entoure ou même influer sur tous les évènements de la vie. Vouloir tout maîtriser demande beaucoup d'énergie et nous use moralement et psychologiquement. En lâchant suffisamment prise, nous retrouvons une bouffée d'oxygène qui peut alors être réinvestie dans des projets positifs qui nous tiennent à coeur.
D'un point de vue spirituel, le lâcher-prise reflète notre capacité à faire confiance à l'Univers. En lâchant prise, nous démontrons que nous avons foi dans l'organisation divine et dans les plans supérieurs. Ainsi, nous laissons tout l'espace nécessaire à ces derniers de vous envoyer les meilleures choses qui nous sont destinées.
N.B. J'ai pu observer la matérialisation de murs énergétiques autour des personnes qui étaient trop dans le contrôle. Cela les empêchait de recevoir le flux d'énergie et les « cadeaux » que la vie essayait de leur envoyer. Autrement dit, le manque de lâcher prise empêche l'abondance d'arriver à nous.

Test

AFIN DE VOIR SI NOUS POUVONS FAIRE PREUVE DE LÂCHER PRISE, POSONS-NOUS LES QUESTIONS SUIVANTES :

- ☐ Est-ce que nous avons tendance à vouloir tout contrôler ?
- ☐ Est-ce que nous préférons tout gérer tout seuls sans avoir à déléguer la situation à d'autres personnes ?
- ☐ Est-ce que nous avons pour habitude d'être obnubilés par une situation lorsqu'elle est importante pour tout ?
- ☐ Est-ce que nous prenons trop à coeur ce qui nous arrive ?
- ☐ Est-ce qu'une situation a vite fait de nous envahir mentalement ?
- ☐ Pouvons-nous cogiter sur une situation durant des heures ?
- ☐ Nous faisons-nous souvent des films quant à une situation ?
- ☐ Avons-nous du mal à faire confiance aux autres ?
- ☐ Avons-nous du mal à avoir foi ?
- ☐ Imaginons-nous souvent que le pire va arriver ?
- ☐ Sommes-nous souvent inquiets ?

SI NOUS AVONS RÉPONDU « OUI » À LA PLUPART DE CES QUESTIONS, C'EST QUE NOUS AVONS DU MAL À FAIRE PREUVE DE LÂCHER PRISE.

Mode d'emploi

PLANS SPIRITUEL

- Ayons confiance en l'organisation divine et le plan divin.
- Ayons foi quant au bon déroulement des choses.
- Visualisons le bon déroulement des choses.

....

PLAN CAUSAL

- Dépassons nos craintes et nos doutes.
- Essayons de comprendre la raison pour laquelle cette situation s'est présentée à nous.

....

PLAN MENTAL

- Émettons des pensées positives.
- Soyons optimiste. Visualisons que la situation se déroule comme souhaité.

....

PLAN ÉMOTIONNEL

- Émettons des émotions positives vis-à-vis de la situation.

....

PLAN VITAL

- Coupons les liens avec les situations ou les personnes sur lesquelles nous n'avons aucune prise.

....

PLAN PHYSIQUE

- Respirons profondément.
- Vaquons à des occupations qui nous donnent l'occasion de faire le vide mental.

EXERCICES

Protocole

POUR PRENDRE DU RECUL PAR RAPPORT À NOS PROBLÈMES :

Étape 1 **Visualisons que notre ou nos problèmes sont enfermés à l'intérieur d'un sac qui se trouve à nos pieds.**

Étape 2 Marchons tranquillement et éloignons-nous du sac qui contient ces problèmes. Plus nous nous éloignons de ces derniers, plus nous nous sentons soulagés. Marchons encore pendant quelques minutes. Nos problèmes sont de plus en plus loin, nous sommes de plus en plus soulagés.

Étape 3 Nous arrivons désormais prêt d'un ravin. Nous avons peur, mais heureusement un pont se présente à nous. Nous traversons ce pont avec assurance et nous arrivons de l'autre côté du ravin. Nous sommes fiers de nous. Cet endroit est magnifique et rassurant. Dans ce lieu, nous savons que nos problèmes sont loin derrière nous.

Étape 4 Le pont qui unissait les deux côtés du ravin s'écroule. Nous savons désormais que nos problèmes ne nous rattraperont plus.

Étape 5 Remercions l'Univers, ressentons de la gratitude et du soulagement. Nous marchons désormais vers notre destin qui s'annonce radieux.

Rituels

POUR « SOUFFLER » LORSQUE NOUS SOMMES PRIS DANS NOS PROBLÈMES TERRESTRES :

visualisons un tuba relié aux plans célestes et inspirons l'air pur, sain et positif qui en provient.

POUR NOUS DÉTACHER D'UNE SITUATION :

si notre esprit est préoccupé par quelque chose en particulier, il est recommandé de nous en décrocher afin de ne pas nous polluer. Pour cela, matérialisons notre pensée sous la forme d'un portemanteau auquel nous sommes accrochés. Détachons-nous en, éloignons-nous en, tenons-nous à distance. Allons ensuite nous accrocher à quelque chose de positif.

POUR NOUS SOULAGER LORSQUE NOUS AVONS LE SENTIMENT D'ÉTOUFFER :

imaginons que notre corps est doté d'une énorme fermeture éclair au niveau des chakras, allant du sacrum jusqu'en haut de notre crâne.

Lorsque nous étouffons dans notre vie, lorsque nous nous sentons saturés, lorsque notre système nerveux est sous pression, imaginons que nous ouvrons cette fermeture en grand pour nous aérer, le temps qu'il nous faut pour nous sentir mieux. Ensuite, nous pouvons refermer doucement cette fermeture, à notre rythme. Nous pouvons aussi visualiser des petites grilles d'aération que nous avons un peu partout sur le corps, pour nous aider à respirer profondément et amplement, et favoriser ainsi une profonde détente.

Experience

CRÉATION ET UTILISATION D'UN MANTRA DE LÂCHER PRISE :

N.B Un mantra est une phrase positive que nous pouvons nous répéter une ou plusieurs fois par jour, afin que notre plan mental s'en imprègne ainsi que notre inconscient. Nous pouvons le répéter à haute voix, ou bien intérieurement, ou encore en chanson.

Par exemple : « je sais que tous les paramètres jouent en ma faveur, je suis en paix et en joie, tout se déroule parfaitement bien pour moi selon le plan divin. »
Lorsque nous affirmons cette phrase, lâchons prise et ressentons un réel soulagement.

Positiver

"

Il est important de positiver afin de ne pas souiller nos énergies et d'attirer à nous ce que nous souhaitons et ce dont nous rêvons. Positiver est avant tout un état d'esprit qui demande un peu d'entraînement au départ, mais qui, avec un peu de temps et de volonté, devient facilement un réflexe.

"

Utilité

EN POSITIVANT, NOUS :

PLANS SPIRITUEL ET DIVIN :
avons foi, cela nous connecte alors à l'énergie de notre âme.

PLAN CAUSAL :
dépassons l'égo qui est souvent dans la peur, centré inconsciemment sur la négativité.

PLAN MENTAL :
sommes nourris et stimulés par des pensées positives. Lâchons prise.

PLAN EMOTIONNEL :
sommes nourris et stimulés par des émotions positives. Déstressons.

PLAN VITAL :
dépensons notre énergie dans du positif et donc du constructif, ainsi nous évitons de nous fatiguer pour rien.

LE PLAN PHYSIQUE :
influençons la matière positivement puisque notre esprit et donc notre vision des choses, influencent le monde qui nous entoure.

Mode d'emploi

PLANS SPIRITUEL ET DIVIN

Ayons foi et confiance en l'organisation divine et synchronistique.

Lorsque nous avons foi, nous pouvons ressentir combien tout est juste, et à quel point notre incarnation et les expériences que nous vivons sont là pour nous faire grandir. Il est vrai que, parfois, ce que nous semblons attendre ne vient pas. Nous nous lamentons, nous perdons foi et alimentons alors nos corps astral et mental de manière « négative ».

Autrement dit, nous nous démotivons et perdons en énergie vitale, puisque le plan éthérique est affaibli par notre état psychique. Il est alors bon pour nous d'apprendre à espérer et à être patient tout en renforçant notre foi.

Apprenons à avoir confiance en l'organisation divine qui opère dans les coulisses. Ayons confiance en les synchronicités. Par exemple : si nous venons de rater un bus et savons que cela va nous mettre en retard, tentons de relativiser.

Par exemple : nous visualisons que nous serons à l'heure, ou que la personne qui doit nous recevoir aura du retard. Ce retard va peut-être nous permettre de rencontrer une personne que nous n'aurions pas croisée une minute avant, ou cela va peut-être nous permettre d'éviter une autre situation plus incommodante. Nous remercions donc le ciel pour ce retard. Nous devons pour notre bien apprendre à identifier le positif de chaque situation, et ressentir à quel point tout se produit dans notre intérêt.

Faisons preuve de patience.

Parfois, les fondations d'un projet nécessitent du temps avant d'être saines et solides. Elles grandissent sous terre au jour le jour, sans que nous en ayons conscience, mais le jour viendra où nous pourrons poser la première pierre de notre édifice. Il est donc important de prendre conscience que toute stagnation est, en fait, une « préparation ». Pour nous aider, lorsque nous perdons espoir, répétons-nous : « lorsque je ne crois plus en rien, j'attends toujours quelque chose ou quelqu'un ; je sais que tout arrive au moment juste et bon pour moi ; je m'aligne et j'attends patiemment, tout en laissant mon âme agir et le divin opérer ».

Apprenons à avoir confiance en l'organisation divine qui opère dans les coulisses.

PLAN CAUSAL

Mettons ce temps à profit afin de réaliser un travail sur nous.

Souvent, lorsque les problèmes et les situations complexes s'accumulent et nous saturent simultanément, nous nous sentons oppressés, prisonniers, dans l'impasse, et nous perdons courage. Pourtant nous devons mettre ce temps à profit car il se présente aussi à nous afin que nous puissions travailler sur nos peurs et nos blocages inconscients. Cela nous permettra de repartir de plus belle, car ce temps nous donne l'opportunité de nous recentrer et de nous élever en conscience et donc de nous libérer afin d'aller encore plus loin.

PLAN MENTAL

Utilisons la gratitude[1].
Relativisons.

Lorsque nous vivons une situation difficile, si ce qui nous arrive est dur à accepter, si nous sommes confrontés à un événement nous rendant triste, nous devons apprendre à relativiser ! Nous ne devons pas oublier que chaque expérience est une leçon à apprendre, un examen à passer.

PLAN ÉMOTIONNEL

Ressentons des émotions positives ; amusons-nous.

Surtout, n'oublions pas que pour attirer le positif dans notre vie, il faut penser, respirer, chanter, voir positivement ! Considérons-nous comme un aimant à énergies positives et un répulsif pour énergies négatives, et nous en deviendrons un !

PLANS PHYSIQUE ET VITAL

Apprenons à nous préserver.

Afin de positiver, il est aussi important de rester d'humeur égale. Pour cela, il faut apprendre à se préserver des pollutions extérieures et des situations nocives.
Dans un premier temps, nous devons nous efforcer d'éviter toutes les sources de négativité qui peuvent venir plomber nos énergies et notre moral (par exemple, des chansons tristes ou négatives, des films violents, des journaux télévisés, etc.)
Dans un second temps, nous devons tenter d'échapper aux situations, aux environnements et aux relations toxiques qui peuvent venir perturber notre bonne humeur et notre jovialité (par exemple, nous évitons notre tante qui passe son temps à critiquer son entourage, notre ami qui aime se plaindre, les lieux qui sont chargés d'histoire, etc.) Et le tout sans culpabilité bien entendu !

(1) Fiche page 137

EXERCICES

Rituels

POUR DÉSAMORCER UNE SITUATION NÉGATIVE OU TOXIQUE :

visualisons cette situation comme un boulet nous tombant dans les bras ; faisons en sorte de nous en débarrasser.

Pour cela, ce boulet doit s'alléger et regagner le ciel doucement, grâce à notre intention. Une fois l'opération effectuée, il se transmute en lumière dans le ciel. Ensuite, un cadeau lumineux descend du ciel, nous le recevons et l'apprécions lorsque nous le déballons. Nous savons qu'il est bon pour nous sur tous les plans, nous l'accueillons pleinement de tout notre coeur, de tout notre être. Nous affirmons : « j'accueille de tout mon être cette situation qui se veut bonne et bénéfique pour mon avancée, je savoure ce présent délicieux et merveilleux ».

Protocole

POUR APPRENDRE À RELATIVISER :

Lorsque nous avons le moral au plus bas, lorsque nous ne nous sentons pas bien, nous devons essayer de prendre un instant pour nous, et nous poser ces questions :

- Cela est-il vraiment si grave qu'il y paraît ?
- Cela va-t-il durer ou est-ce seulement ponctuel ?

Si la réponse est non, alors pourquoi nous faire du souci inutilement ?
Si la réponse est oui, comment pouvons-nous venir à bout du problème ?
Que pouvons-nous mettre en place ?

- Est-ce que cela nous permet d'apprendre quelque chose sur nous ou sur la vie ?
- Est-ce que cela nous fait grandir ?

Si nous ne parvenons pas à avoir ce que nous désirons vraiment, essayons de relativiser en nous disant que cela nous permettra d'obtenir mieux par la suite.
Demandons-nous aussi si nous sommes réellement prêts à le recevoir ?

Si la réponse est non, nous l'apprécierons certainement d'autant mieux plus tard.

Demandons-nous aussi, si cela serait vraiment bon pour nous, pour notre évolution, et si cela nous permettrait de rester sur le bon chemin ?

Si la réponse est non, cherchons à obtenir quelque chose qui serait plus en accord avec notre plan divin.

EXERCICES

Challenges

« LA PROCHAINE FOIS QUE LES CHOSES SEMBLENT NE PAS TOURNER EN NOTRE FAVEUR : LORSQUE TOUT SEMBLERA COINCER, SE BLOQUER, NE PAS ALLER DANS NOTRE SENS, PRENONS LE TEMPS DE RESPIRER ET D'EN RIGOLER ! AYONS ENSUITE CONFIANCE EN LE FAIT QU'UNE SITUATION MEILLEURE SE PRÉPARE ET VA SE PRÉSENTER À NOUS. »

La prochaine fois qu'une situation négative semble se présenter à nous, prenons le temps de noter au moins une chose positive la concernant.

> Trouvons une chanson qui nous met de bonne humeur, qui crée des émotions positives en nous : elle sera notre hymne au bonheur. Au début, écoutons notre chanson du bonheur uniquement lorsque nous sommes heureux : dansons, chantons et rions ! Ainsi, nous allons rapidement associer cette chanson à la gaieté. Par la suite, cette chanson aura pour rôle de nous remonter le moral quand nous nous sentirons dans le creux de la vague.

> Prenons soin de noter toutes les fois où nous sommes dans un état d'esprit négatif et prenons ensuite l'engagement rester positif. Puis, apprenons à nous exprimer avec uniquement des phrases positives. Banissons les mots « ne » et « pas » de notre vocabulaire.

> Faisons en sorte de commencer nos phrases par « j'ai de la chance de... ». Cela devrait nous aider à émettre uniquement des phrases positives.

PAR EXEMPLE : si quelqu'un nous demande si nous avons toujours mal au dos, évitons de répondre « oui, j'ai toujours mal au dos », car cette phrase est négative et ne vient que renforcer le mal que nous avons déjà. De plus, si la personne est compatissante envers nous, elle vient aussi nourrir notre mal-être.

Si quelqu'un affirme : « j'en ai marre de mes problèmes d'argent et toi ? », ne répondons pas « moi, je n'ai pas de problèmes » car cette phrase est tout aussi négative du fait qu'il y ait le mot « problème » dedans.

Répondons plutôt : « personnellement, j'ai de la chance d'être dans l'abondance ». Voici une phrase vraiment positive ! N'oublions pas que ce qui compte, ce ne sont pas les mots, mais l'intention et les émotions qui sont émises derrière !

PRATIQUER la gratitude

La gratitude est un état de grâce et d'émerveillement. Elle est synonyme de reconnaissance envers la Vie.

Lorsque nous la remercions, nous encourageons et stimulons les flux d'énergie qui se trouvent autour de nous. Cela créer une réelle émulation, met en joie, ouvre le coeur. Il est donc important de toujours remercier pour ce que nous avons et pour ce que l'on va obtenir (santé, argent, amour, maison, etc.) ; et de remercier de même pour ce que l'on est, pour ce que l'on deviendra, pour ce que l'on a vécu, ce que l'on vit et ce que l'on vivra, etc.

Utilite

LA GRATITUDE PERMET DE :

PLANS SPIRITUEL ET DIVIN :

nous sentir connectés au sacré et au divin qui habite en toute chose et en tout moment. Développer notre foi en la vie. Renforcer notre sentiment d'unité.

PLAN CAUSAL :

d'exprimer notre contentement.
Nous sentir satisfaits et donc comblés (ainsi nous ne focalisons pas notre attention sur le manque qui est en général une illusion de l'égo).

PLAN MENTAL :

nous focaliser sur ce qui nous fait du bien, d'être en paix intérieure. Développer notre optimisme.

PLAN EMOTIONNEL :

nous sentir chanceux, heureux. Développer la confiance en soi. D'être en joie.

PLAN VITAL :

nous sentir boostés, portés. Nous sentir en lien avec les autres, avec la vie. Prendre du plaisir à être incarné.

LE PLAN PHYSIQUE :

nous décontracter et donc d'être détendus.

Mode d'emploi

PLANS SPIRITUEL ET DIVIN

Transformons chaque instant en un moment divin, poétique, et délicieux en essayant de voir la beauté et la magie en toute chose

(par exemple : la rosée du matin qui brille, le soleil qui nous réchauffe, les oiseaux qui chantent, etc.).

Rendons grâce à la vie.

PLAN CAUSAL

Connectons-nous à notre enfant intérieur et voyons le monde à travers ses yeux.

Qu'aime-t-il ? Que voit-il ?...

Remercions la vie pour les magnifiques moments passés et sentons la beauté et la magie de ceux à venir.

Réalisons une oeuvre qui exprime notre gratitude envers la vie.

PLAN MENTAL

Savourons le moment présent en pleine conscience, en ne pensant ni à hier, ni à demain [1].

Positivons et évitons toute forme de négativité.

PLAN ÉMOTIONNEL

Soyons dans la joie de ce qui est présent et qui s'offre à nous.

Soyons dans le contentement, satisfaisons-nous de ce que nous avons à l'instant T.

PLAN VITAL

Ressentons de la gratitude envers les relations qui nous font du bien.

Ressentons les flux énergétiques qui passent en nous et apprécions cela.

PLAN PHYSIQUE

Témoignons de notre gratitude physiquement.

Pour remercier, nous pouvons utiliser le mot « merci » ou un autre mot qui aura du sens pour nous. L'important n'est pas le mot en lui-même, mais la reconnaissance que nous ressentons au fond de nous, la joie que cela nous procure ainsi que l'ouverture du coeur que cela entraîne. Un simple geste ou regard peut aussi très bien témoigner de notre gratitude.

Soyons reconnaissants pour le bon fonctionnement de notre corps physique, pour nos différents sens qui nous permettent de ressentir la vie passer en nous.

Savourons chacun de nos sens, un à un. Prenons 5 minutes pour utiliser un de nos sens en particulier afin d'apprécier les sensations qu'il nous procure.

(1) Fiche page 125

EXERCICES

Rituels

POUR PRATIQUER LA GRATITUDE :

Nous pouvons, le soir, au moment du coucher, remercier pour toutes les choses positives de la journée. Nous pouvons notamment créer une prière de la gratitude, par exemple :

«

- Je rends grâce à la vie ainsi qu'aux trésors et aux mystères qu'elle renferme.
- Je suis, chaque jour qui passe, plus heureux et plus riche.
- Cette richesse, je la possède tant dans mon coeur que dans mon esprit.
- Je remercie les êtres qui m'accompagnent et qui me guident, qu'ils soient ici, sur terre, ou là-haut, dans les airs.
- Je remercie la planète Terre pour sa beauté et sa générosité.
- Je remercie le Ciel pour sa splendeur qui comble mes yeux.
- Je remercie le Soleil pour sa chaleur qui réchauffe mon corps.
- Je remercie l'Eau qui habite mon être et celle que je bois.
- Je remercie le Créateur de m'avoir fait si parfait. Je remercie mes parents de m'avoir donné la vie.
- Je remercie mon âme et les milliers d'autres âmes qui éclairent mon existence.

Merci »

Si nous préférons écrire, nous pouvons tenir un petit journal de gratitude dans lequel nous écrivons nos remerciements à l'Univers.

Nous pouvons aussi utiliser un support sur lequel s'appuiera notre gratitude. Par exemple, nous choisissons une pierre ou un bijou qui nous plaît et nous la tenons dans nos mains chaque fois que nous exprimons notre gratitude. Ainsi, cette pierre sera chargée de bonnes énergies.

Challenges

Ne nous plaignons plus et positivons en commençant nos phrases par « j'ai de la chance. »

Par exemple : « j'ai de la chance d'avoir un corps en bonne santé », « j'ai de la chance d'avoir une maison », « j'ai de la chance d'avoir de l'argent », etc. Lorsque nous exprimons ces phrases de gratitude, les mots négatifs ou à connotation négative sont à bannir. Par exemple : « j'ai de la chance de ne pas avoir de problème d'argent » devra être remplacé par « j'ai de la chance d'être dans l'abondance ».

Prenons l'habitude de remercier les autres, la vie ou bien nous-même dès qu'une action positive est réalisée ou bien lorsqu'une intention positive est posée.

Se centrer
DANS LE COEUR

"

Le coeur est un noyau qui nous relie au divin, c'est un pont qui se trouve entre le monde matériel et le monde immatériel, entre le monde visible et invisible. Le coeur est une passerelle que notre âme emprunte afin de venir rencontrer la matière.

Lorsque nous nous centrons sur le coeur, nous l'activons. Et qu'activons-nous ? Son potentiel divin et cosmique. Nous rappelons à nos cellules que nous venons de la Source, nous entrons en résonance avec elle. Dit autrement, lorsque nous sommes centrés sur le coeur, le coeur de nos cellules se met à vibrer très fort, en polarité positive. Cela relie nos cellules à l'énergie divine, cosmique.
De plus, lorsque nous nous relions à toute chose en étant centrés dans le coeur, nous pouvons ressentir ce lien qui nous unit à elle ; nous prenons conscience du principe d'uni-division des cellules (voir l'encadré « zoom » page 144). Nous nous souvenons que nous ne faisons qu'un avec le Tout. Nos cellules entrent en résonance avec les cellules de tout l'Univers. Elles résonnent les unes avec les autres pour co-créer ensemble et efficacement une réalité positive car elles sont activées dans leur plein potentiel.

"

pour aller
PLUS LOIN

> Lorsque nous nous centrons dans le coeur, le champ spectral (voir l'encadré « zoom » page 144) qui nous entoure sert d'interface de connexion entre nous-mêmes et la personne, la situation ou la chose à laquelle nous nous connectons. Il n'y a alors plus aucun vide ou néant entre nous, juste l'illusion d'un espace qui permet en fait de nous relier.

> Lorsque nous nous centrons dans le coeur, nous pouvons conscientiser le principe d'uni-résonnance des cellules (voir l'encadré « zoom » page 144) c'est à dire ressentir au combien ce que nous sommes vibre avec le reste de la planète entière. Le bien que nous nous faisons est serviable aux autres et à toute chose autant qu'à nous-mêmes.

POUR RÉSUMER, SE CENTRER DANS LE COEUR EST UN ACTE POSITIF POUR NOUS ET LE MONDE QUI NOUS ENTOURE.

Utilité

LORSQUE NOUS NOUS CENTRONS DANS LE COEUR :

PLAN DIVIN :

nous nous alignons ; nous nous rappelons que nous sommes des êtres célestes venus expérimenter la vie sur Terre, la matière ; nous nous connectons au divin qui se trouve en nous et en toute chose...

PLAN SPIRITUEL :

nous activons notre pouvoir de co-création ; notre vision des choses est plus claire ; nous augmentons notre perspicacité...

PLAN CAUSAL :

nous exprimons notre essence véritable qui se veut aimante ; nous apportons la paix à notre enfant intérieur ; nous régulons nos troubles karmiques ; nous accordons notre pardon plus facilement ; nous acceptons les choses telles qu'elles sont et voyons le positif qu'elles véhiculent...

PLAN MENTAL :

nous sommes dans la gratitude ; nous sommes apaisés.

PLAN ÉMOTIONNEL :

nous sommes plus en joie, en totale béatitude ; nous sommes bienveillants, dans le non-jugement ; nous savourons la Vie et la célébrons...

PLAN VITAL :

nous nous relions à tout ce qui est ; nous augmentons la fréquence et la puissance de notre aura...

PLAN PHYSIQUE :

nous nous calmons ; nous sommes en meilleure santé...

Mode d'emploi

PLANS SPIRITUEL ET DIVIN

Sentons-nous en paix et en osmose avec tout ce qui nous entoure (choses et personnes).

Reconnaissons la magie et la beauté en toute chose et en toute personne. Soyons dans la gratitude et dans la joie.

Rappelons-nous que nous ne formons qu'Un avec tout ce qui nous entoure. Nous sommes tous des étincelles de la Source divine. Nous sommes comme les pièces d'un puzzle, toutes interdépendantes. Reconnaissons l'autre en nous et ressentons de la bienveillance envers lui.

PLAN CAUSAL

Faisons la paix avec les personnes avec qui nous sommes en colère. Accordons-leur notre pardon [(1)].

Accueillons, en nous, avec tout notre amour, ceux que nous rejetons.

Soyons en connexion avec notre enfant intérieur [(2)].

PLAN MENTAL

Transformons nos pensées non productives en intentions positives.

À cet effet, il est important de faire taire notre mental inférieur et d'écouter nos élans du coeur [(3)].

Portons notre attention sur le coeur.

Visualisons que nous nous trouvons à l'intérieur de celui-ci, au calme. Observons le monde depuis cet espace, puis envoyons un rayonnement d'amour de plus en plus doux et de plus en plus intense vers l'extérieur.

PLAN ÉMOTIONNEL

Ressentons un profond sentiment de paix intérieure.

Laissons-nous bercer par des oeuvres inspirées et inspirantes qui nous aident à nous sentir en paix et en joie (poèmes, chansons, etc.).

PLANS PHYSIQUE ET VITAL

Sentons ce lien énergétique qui nous relie à tout ce qui EST.

Sentons ce lien d'interdépendance. Visualisons un pont lumineux qui nous relie à chaque personne ou chose que nous rencontrons. Réalisons des actions altruistes qui soient le reflet de nos élans du coeur et qui nous mettent en joie.

Utilisons un mantra positif.
Par exemple : « l'énergie de mon coeur me nourrit avec force, je me souviens que mon coeur fait partie du Grand Tout, je suis un être divin, je me nourris d'amour et j'en inonde le monde. Je rends grâce à la vie et au monde qui m'entoure ».

(1) Fiche page 160 . (2) Fiche page 164 . (3) Fiche page 114

EXERCICES

Rituels

POUR NOURRIR NOTRE CŒUR :

considérons-le comme un être vivant, lumineux, mais discret, effacé, caché. Prenons le temps chaque jour d'aller vers lui et de le nourrir en le considérant, en lui témoignant l'importance qu'il a pour nous, en lui montrant la beauté de ce qui nous entoure. Observons-le qui se dévoile, se montre, se révèle et rayonne un peu plus chaque jour.

POUR NOUS CENTRER DANS LE CŒUR :

imaginons notre coeur comme un cocon chaleureux, lumineux et préservé de l'extérieur. Visualisons une miniature de nous- même pénétrer à l'intérieur et gardons notre attention posée sur cette dernière. Sentons combien elle est chérie, enveloppée d'amour, de chaleur et de bonté. Depuis cet espace, connectons-nous à une personne ou toute autre chose afin de ressentir tout l'amour que nous avons pour elle.

Ou posons notre attention sur notre chakra du coeur, visualisons-le éclore, s'ouvrir tel un oeuf. Celui-ci dégage une aura lumineuse.

Protocole

POUR LAISSER NOTRE COEUR S'EXPRIMER :

ÉTAPE 1 **Visualisons que nous libérons notre coeur pris dans des barbelés. Sentons le respirer, sentons notre respiration à l'intérieur...**

ÉTAPE 2 Laissons à notre coeur prendre la dimension, la taille qu'il souhaite, celle qui est juste pour lui.

ÉTAPE 3 Visualisons-le et sentons-le s'ouvrir tel un écrin laissant apparaître tout son éclat et diffuser sa douce, enveloppante et réconfortante lumière. Laissons-le s'ouvrir telle une fleur qui éclos.

ÉTAPE 4 Tout en gardant une partie de notre attention sur lui, exprimons ce que nous avons à dire. Sentons qu'il est celui qui s'exprime, tandis qu'une partie de ses énergies rayonnent vers l'extérieur, une autre s'engage le long de notre gorge afin de remonter jusqu'à notre bouche.

Zoom sur

L'EXISTENCE DU CHAMP SPECTRAL

Ce que nous recevons ou émettons circule à travers le champ spectral. Le champ spectral est le réseau de fils qui relie le Grand Tout.

Pour imager cela : imaginons un collier. Les perles sont reliées entre elles par un fil. Celui-ci n'est pas visible mais il est bien là pourtant. Ce fil soude les éléments entre eux. Si ce fil se casse, les perles tombent, le collier n'existe plus. Nous différencions alors chaque perle de manière individuelle.
Le champ spectral relie toutes les cellules entre elles dans l'invisible. Les courants le traversent pour faire circuler les vibrations, les ondes entre les cellules. C'est en quelque sorte un champ qui permet la circulation des énergies : les énergies cheminent à travers lui.

Ce qu'il est important de retenir pour la suite, c'est que nous sommes tous reliés à chaque chose, à chaque particule de l'Univers, par le champ spectral. C'est un champ qui maintient les particules entre elles et qui les unifie. Sans lui, il y aurait un creux, un vide entre nous. Il y aurait désunion entre les choses. Le point a et le point b ne seraient pas reliés. Les courants énergétiques ne circuleraient pas de la même façon. Il y aurait le vide entre nous et le néant. C'est la puissance énergétique de ce champ spectral qui relie toute chose ensemble. Sa vibration est le Grand TOUT, la Source.

LE PRINCIPE D'UNI-RÉSONNANCE DES CELLULES

Le principe de résonance s'explique simplement : ce que nous sommes, ce que nous faisons, ce que nous émettons (par exemple mes pensées, mes émotions, etc.) génèrent des vibrations dans les cellules de notre être et dans les cellules du champ qui nous entoure.
Ces énergies résonnent alors dans toutes ces cellules comme l'écho d'une voix peut résonner dans l'espace. En résumé, la vibration entraîne la résonance. Aucune action, aucune énergie, aucune émotion, aucune pensée, aucune mémoire ne sont isolées. Son contenu vibratoire résonne dans les cellules du champ spectral, qui sont donc touchées par lui.

LE PRINCIPE D'UNI-DIVISION DES CELLULES

Le principe d'uni-division cellulaire est simple : 1 + 1 ne peut pas faire 2. Par exemple, 200 + 300 peut faire 1.

Pourquoi ? Parce que pour former UN organe ou un organisme, il faut toujours PLUSIEURS cellules, donc plusieurs molécules, donc plusieurs atomes. Toutes ces particules additionnées les unes aux autres peuvent former UN seul et unique organisme.
Si nous partons, par exemple, du principe que des milliards de cellules sont nécessaires pour composer notre épiderme, que des milliers de cellules sont nécessaires pour former le tissu cellulaire d'un organe comme un poumon par exemple, que des milliards de cellules composent un être vivant, pouvons-nous imaginer que nous sommes nous aussi, les uns et les autres, des cellules composant un organisme vivant que pourrait être la planète ou notre réalité.

Aimer de manière inconditionnelle

Lorsque nous aimons de manière inconditionnelle, de nombreux barrages sautent dans nos vies, et l'énergie d'amour que nous irradions se veut libératrice pour nous et bénéfique pour ce et ceux qui nous entoure(nt).

Aimer se veut très souvent être un acte égoïste, car nous aimons pour le bien que cela nous procure, pour ce que cela nous apporte, plus que pour ce que cela génère à bien d'autres niveaux. Nous aimons, afin inconsciemment, de combler des gouffres énergétiques intérieurs, au lieu d'aimer afin de célébrer ce qui EST déjà.

Utilité

EN AIMANT INCONDITIONNELLEMENT :

PLAN DIVIN

nous bénissons les autres, nous voyons le meilleur en eux et cela leur envoie du positif ; nos âmes se mettent à vibrer car elles sont reliés à l'énergie Amour...

PLAN SPIRITUEL

notre vision du Monde change et devient plus positive ; nous posons un regard plus doux, empreint de bonté sur les choses et sur les autres...

PAN CAUSAL

nous dépassons les noeuds karmiques qui peuvent nous séparer des autres, ainsi nous nous libérons ;

PLAN MENTAL

nous envoyons de l'amour aux autres et donc à nous-mêmes ; nous mettons fin à toute forme de rancoeur ; nous mettons un terme à l'empoisonnement psychique ; nos pensées deviennent plus positives ; nous ressentons plus de gratitude...

PLAN ÉMOTIONNEL

nous nous trouvons dans la béatitude la plus totale ; nous sommes en paix ; nous trouvons plus d'harmonie en nous et la voyons d'autant plus autour de nous...

PLAN VITAL

nous nous relions aux autres ; nos chakras s'harmonisent ; notre aura grandit ; les situations qui nous chagrinent habituellement ne nous consomment plus d'énergie...

PLAN PHYSIQUE

nous sommes plus détendus, en meilleure santé ; nous témoignons plus d'affection ; nous devenons plus tendres ; nous aidons plus spontanément notre prochain...

Mode d'emploi

PLANS SPIRITUEL ET DIVIN

Connectons-nous à notre Moi supérieur, celui-ci a une vision juste des personnes, il nous permet de les percevoir tels qu'ils sont vraiment sans filtre de l'égo. Reconnaissons alors leur caractère divin.

Conscientisons avec sagesse que les autres font partie de nous : nous sommes reliés à la même Source.

Valorisons les autres. Percevons toujours les qualités, ne focalisons pas sur leurs défauts.

Respectons le chemin de chacun, de les brusquons pas, ne les forçons pas à changer, restons patient.

PLAN CAUSAL

Soyons intègres et honnêtes. Ne trahissons jamais quelqu'un.

Ne blessons pas les autres, n'activons aucune de leurs blessures.

Quand nous nous occupons des problèmes d'autrui, assurons-nous que nous ne le faisons pas dans le but d'oublier les nôtres. Soyons certain que nos conseils viennent du bon espace, c'est à dire du Moi supérieur et non de l'égo.

Dépassons notre égo. Lorsque nous n'apprécions pas quelqu'un, c'est qu'une partie de nous est titillée, il nous est donc demandé de travailler sur nos propres blessures.

Soyons toujours dans la compréhension et le pardon.

N'ayons aucun préjugé ou préconçu vis-à-vis des autres afin d'éviter de projeter notre vision sur eux.

Travaillons sur l'estime de soi. Lorsque nous nous sentons bien dans nos baskets nous sommes en effet moins critique vis-à-vis des autres.

PLAN MENTAL

Émettons des pensées bienveillantes envers les autres.

Ne projetons aucune forme-pensée négative envers autrui.

Acceptons les autres tels qu'ils sont, sans jugement.

Soyons dans la compassion et non dans l'empathie afin de nous pas nous polluer ou nous vider énergétiquement, et de ne pas projeter nos émotions et inquiétudes sur les autres.

VOYONS LEUR EXISTENCE COMME UN CADEAU

PLAN ÉMOTIONNEL

Émettons beaucoup d'émotions positives à l'égard des autres.

Voyons leur existence comme un cadeau, une bénédiction.

Tentons de garder nos problèmes pour nous. Évitons de déverser tout notre « marasme énergétique émotionnel » sur les autres, afin de ne pas souiller l'énergie de ceux à qui nous nous confions. Il est recommandé à la place de nettoyer nos chakras [1].

N'ayons aucune attente envers les autres ; trouvons tout en nous en premier lieu.

Faisons en sorte d'être heureux et épanoui car en étant bien soi-même, nous sommes forcément meilleur envers les autres.

PLAN VITAL

Évitons de nous investir pour les autres s'ils ne nous l'ont pas demandé.

Gardons en tête que l'amitié est un partage et non un pillage ; il doit y avoir un échange, une interaction entre nous et l'autre personne.

Prêtons attention à ne pas devenir dépendant ou vampirique vis-à vis des autres.

Mettons fin aux relations toxiques pour notre bien et celui de la personne concernée.

PLAN PHYSIQUE

Assurons-nous que chacun de nos actes soit empreint d'amour et de bienveillance.

Traitons les autres avec respect.

Agissons avec altruisme et nous prenons les besoins des autres en considération. Choyons-les, prenons soin d'eux, prenons soin de nous.

(1) Fiche page 17

EXERCICES

Rituels

POUR MIEUX APPRÉCIER LA VIE :

trouvons cinq bonnes raisons qui nous font aimer la vie et qui nous permette de l'aimer inconditionnellement. Par exemple : les moments merveilleux que l'on vit, les spectacles magnifiques que nous offre Dame Nature, etc.

POUR MIEUX APPRÉCIER NOTRE EXISTENCE :

trouvons cinq bonnes raisons qui nous font apprécier notre incarnation et qui nous font l'aimer inconditionnellement. Par exemple : nos ami(e)s, notre famille, notre travail, notre super projet, etc.

POUR RESSENTIR TOUT L'AMOUR QUI EST EN NOUS :

visualisons et ressentons qu'un magnifique trésor se trouve en notre intérieur, au niveau du bas ventre. Déversons ce qu'il contient en nous et visualisons que nous transpirons cette énergie dorée et magnifique par tous les pores de notre peau. Ce rayonnement émane à travers nous et tout autour de nous. Nous diffusons cette énergie merveilleuse afin d'en irradier le monde entier. Nous pouvons recommencer cet exercice de temps en temps afin d'augmenter à chaque fois un peu plus la puissance de cette énergie.

Challenges

Prenons le temps de connaître et d'apprécier une personne sur qui nous avions des aprioris.

Notons des qualités qu'une personne que nous n'apprécions pas peut avoir puis envoyons-lui de l'amour.

La prochaine fois que nous nous apprêtons à médire sur quelqu'un, exprimons plutôt de la bienveillance à son égard.

La prochaine fois que nous nous apprêtons à faire des reproches à quelqu'un, complimentons-le à la place en prenant en compte toutes les actions positives réalisées par cette personne.

Protocole

N°1 . POUR MOINS EN ATTENDRE DES AUTRES :

ÉTAPE 1

Visualisons que nous sommes un puzzle, sentons quelles sont les pièces que nous nourrissons par nous-même. Sentons quelles pièces regorgent de notre énergie personnelle et validons-les. En d'autres termes sentons-les en place, fixes.

ÉTAPE 2

Puis, prenons le temps de ressentir quelles sont les pièces qui nous semblent être alimentées, entretenues, maintenues ou stabilisées grâce à l'énergie des autres. Essayons de voir quelles sont les personnes reliées à ces pièces de notre puzzle... Puis affirmons intérieurement, avec notre coeur « je suis plein de gratitude et d'amour pour ce que tu me donnes, maintenant j'aimerai y répondre par moi-même car je me sais capable de me nourrir pleinement à tous les niveaux ; tu es un cadeau pour moi, un plus. Je prends soin désormais de combler mes vides intérieurs par moi-même.
Tu es dans ma vie non afin de combler mes vides ou de panser mes blessures, mais bel et bien pour sublimer ce qui est déjà existant ».

ÉTAPE 3

Remercions profondément. Gorgeons chacune des cellules de notre être d'amour, et déversons-en aussi sur ces personnes qui nous sont si chères.

ÉTAPE 4

Coupons le lien qui reliait certaines pièces à certaines personnes et sentons-nous libre de respirer à nouveau. Visualisons aussi un bel espace se libérer autour de ces personnes en question.

N°2 . COMMENT « ATTIRER L'AMOUR » OU PLUTÔT « COMMENT LE MANIFESTER » ?

ÉTAPE 1

Donnons afin de recevoir.
Demandons-nous : « est-ce que je donne suffisamment ? », « puis-je donner plus ? ».
Si non, pourquoi ? « Qu'est-ce qui m'en empêche ? De quoi ai-je peur ? ».

ÉTAPE 2

Soyons en accord avec nous-même et avec tout ce qui nous entoure.
Demandons-nous : « est-ce que je m'aime ? », « est-ce que je m'accepte ? », « est-ce que je suis heureux dans ma vie ? », « est-ce que j'ai confiance en moi ? », « ai-je suffisamment d'estime envers moi-même ? ».
En effet, il faut savoir que l'on ne peut trouver l'Amour, le vrai, qu'avec soi-même, avant tout. L'amour d'un partenaire n'est qu'un « plus » dans notre vie. À nouveau, la présence de l'autre est là pour sublimer un tout et non afin de combler un vide.

ÉTAPE 3

Libérons notre coeur des tensions et des souffrances.
Demandons-nous : « est-ce que je suis guéri de mes blessures émotionnelles ? », « est-ce que j'ai pansé tous mes manques affectifs ? », « est-ce que je suis libéré du passé ? », « est-ce que mes croyances vis-à vis de l'amour sans positives ? ».
En effet, si nous avons des blessures de l'égo encore à vif, sachons qu'il nous sera difficile de trouver l'Amour, car, par la Loi de résonnance, nous continuerons d'attirer à nous des personnes ou des situations nous faisant expérimenter cette blessure (et ce afin de grandir en conscience).

ÉTAPE 4

Acceptons de recevoir le flux d'amour qui se prépare à venir jusqu'à nous.
Demandons-nous : « est-ce que j'émets certaines résistances ou place certaines barrières ? ».
Si la réponse est oui, ressentons toute notre désir de faire sauter ces barrières. Concentrons cette énergie au niveau du chakra sacré (juste en dessous du nombril), puis, ouvrons ces barrières. Si nous nous en sentons capable, explosons-les en lumière au bout d'un certain temps (veillons pour cela d'avoir pris soin de nous libérer de nos peurs et croyances limitantes quant à l'amour).
Ressentons à quel point nous sommes prêts à accueillir l'Amour (car l'amour doit être avant tout un échange, un partage).

ÉTAPE 5

Ouvrons les bras, ouvrons notre coeur et nous recevrons.
Demandons-nous « est-ce que mon coeur est prêt à recevoir de l'amour ? », « est-ce que je me sens digne de cela ? ».
Si la réponse est non, demandons-nous pourquoi.
Et affirmons : « je suis dans l'amour des autres et de moi-même, je suis épanoui, heureux. Je suis prêt à recevoir l'Amour, mon coeur est pleinement ouvert. »

ÉTAPE 6

Savourons et remercions pour l'abondance qui se dirige vers nous.
Affirmons : « j'apprécie ce qui m'est envoyé et je remercie l'Univers ». Et visualisons une vague d'abondance et d'amour qui se dirige jusqu'à nous.

Prier

La prière est souvent assimilée à un acte religieux, mais c'est avant tout un acte d'amour qui permet de se relier à son espace intérieur sacré. En priant, nous puisons dans notre sérénité et notre puissance intérieures de l'énergie pour nourrir et adresser des intentions positives à des situations, des personnes, des animaux, des êtres divins etc. C'est aussi d'ailleurs, demander à ces derniers d'intercéder en notre faveur. Prier, c'est donc envoyer des énergies positives à quelque chose ou à quelqu'un ; ou demander nous-mêmes à en recevoir.

Pour aller PLUS LOIN

Lorsque nous prions, le champ vibratoire de notre coeur augmente et l'énergie qu'il émet va nourrir le champ vibratoire du destinataire de notre prière. Les particules ainsi nourries vont vibrer plus intensément et augmenter son pouvoir créateur.

En résumé, lorsque nous prions, nous aidons le destinataire de notre prière à retrouver une énergie positive et créative. Ensuite, il sera de sa responsabilité de profiter de cette « élévation vibratoire » à laquelle nous avons contribué et de poser des actes. Après notre prière, il nous suffit d'envoyer régulièrement de l'amour au destinataire en question pour l'aider à maintenir l'état vibratoire élevé dans lequel il se trouve.

Utilité

EN PRIANT POUR QUELQU'UN OU QUELQUE CHOSE :

PLAN DIVIN nous activons les vibrations de notre âme en nous et chez l'autre (le destinataire) car nos coeurs se relient ; le sentiment d'unité « réveille » les âmes. Nous développons notre foi.

PLAN SPIRITUEL nous activons notre pouvoir créateur et les capacités de notre esprit. Nous pouvons recevoir et ressentir la grâce et les bénédictions.

PLAN CAUSAL nous dépassons nos croyances négatives. Nous dépassons nos peurs.

PLAN MENTAL nous positivons.

PLAN ÉMOTIONNEL nous nous apaisons.

PLAN VITAL notre aura augmente. Nos cellules se gorgent de positif.

PLAN PHYSIQUE nous nous détendons.

Mode d'emploi

PLANS SPIRITUEL ET DIVIN

Manifestons notre volonté divine en envoyant notre requête avec beaucoup d'amour et de conviction, et soyons certains de l'impact de notre prière.

Soyons dans l'amour inconditionnel.

Visualisons notre coeur relié au reste du monde et le sommet de notre crâne touchant le ciel.

Ayons foi. Sentons à quel point notre prière est d'une aide précieuse.

PLAN CAUSAL

Exprimons clairement ce que nous désirons, tout en ayant conscience que nous ne pouvons pas manifester ce qui va à l'encontre d'une expérience à vivre.

Transmutons nos peurs, doutes et inquiétudes.

Faisons en sorte de dépasser notre syndrome du sauveur afin que notre prière soit le moins possible d'origine inconsciente.

PLAN MENTAL

Faisons le vide mental car pacifier notre mental est important pour la prière.

Ayons une intention pure et positive. Nous allons ainsi pouvoir nous centrer sur le coeur (1).

Entretenons des pensées positives envers la personne ou la situation en question afin de ne rien projeter de négatif sur elle.

PLAN ÉMOTIONNEL

Émettons des émotions positives telles que la Joie ou l'Amour. Ces vibrations élèvent les vibrations de notre prière.

PLAN VITAL

Notre prière, notre intention, doit nous animer intérieurement, nous nourrir, nous transporter.

Pour que notre prière soit vibratoirement plus puissante, il est recommandé de se rendre dans un lieu saint ou un lieu sacré chargé de vibrations positives. Nous bénéficierons de ces énergies vibratoires élevées. Elles vont amplifier notre propre champ vibratoire et notre prière, qui sera alors plus puissante. Si nous ne pouvons pas nous rendre dans un tel lieu, aucun souci. Connectons-nous simplement à notre grandeur intérieure, à notre sagesse spirituelle, à notre lieu intérieur sacré que nous pouvons visualiser sous forme d'un temple protégé et lumineux.

PLAN PHYSIQUE

Prenons une posture confortable.

Nous pouvons joindre les mains (pointe des doigts vers le haut, pouces contre notre chakra du coeur) afin d'apaiser le flux de nos pensées. Nous pouvons aussi clôturer notre prière par un geste codifié, une convention (c'est-à-dire un geste qui valide le fait que notre prière soit terminée).

Utilisons des mots qui résonnent en nous, c'est-à-dire, qui ont un sens profond. Il est inutile de prononcer des prières issues de textes sacrés si nous n'en ressentons pas l'énergie ou bien si nous n'en comprenons pas le sens.

Zoom sur

LES ÉGRÉGORES

Toutes les énergies émises (actions, paroles, pensées, émotions, etc.) envers un « destinataire » (une célébrité, un film, une chanson, une ville, une religion, etc.) vont former et nourrir un égrégore (une sorte de noyau énergétique). Plus le nombre de personnes émettant des énergies envers ce destinataire est élevé, plus l'égrégore sera important (avec une polarité plus ou moins positive, bien entendu, selon les énergies envoyées). Dit autrement, les vibrations ayant une même polarité autour d'une même cible se rejoignent. Elles forment un conglomérat d'énergies que l'on appelle égrégore.

Par exemple, beaucoup d'individus aujourd'hui ressentent de la peur, de la haine et de la colère envers les terroristes. Un égrégore négatif se forme donc à leur encontre. D'un autre côté, certains les adulent. Ils nourrissent donc positivement leurs actes et leurs convictions. Un autre type d'égrégore, positif ici, se forme. Il peut exister différents types d'égrégores autour d'un même destinataire. Il en est de même pour les personnalités publiques, les partis politiques, les marques, les religions, etc.

D'ailleurs, lorsque nous prions un être divin pour qu'il intercède en notre faveur (par exemple, Jésus ou Ganesh), notre intention et notre énergie vont alors nourrir l'égrégore de l'être divin en question. Cet égrégore nourri vibratoirement va alors, à son tour, envoyer des énergies positives au destinataire de notre prière. Plus nous serons nombreux à envoyer de l'amour et à attribuer certaines vertus à un être divin, plus son égrégore sera puissant.

Plus nous serons nombreux à prier pour quelque chose de spécifique, plus nous créerons un égrégore fort. Par exemple, si nous adressons des prières de guérison à la planète, un égrégore de guérison va se former en sa faveur (un égrégore est une sorte de noyau énergétique géant qui va nourrir positivement la planète).

Les questions que nous pouvons nous poser sont :

- QUEL ÉGRÉGORE CHOISISSONS-NOUS DE NOURRIR ?
- À QUEL ÉGRÉGORE SOUHAITONS-NOUS DONNER DE LA PUISSANCE ÉNERGÉTIQUE ?

EXERCICES

Rituels

Pour envoyer du positif à quelqu'un ou quelque chose : imaginons un nuage lumineux. Chargeons ce nuage de positif, nourrissons-le dès que possible d'émotions, de pensées et d'intentions positives. Visualisons de temps à autre ce nuage au-dessus d'une personne ou d'une situation, il déverse ce qu'il contient dessus.

Pour nous retirer d'un égrégore : imaginons l'égrégore auquel nous sommes connectés sous la forme d'une bulle dans laquelle nous nous trouvons, à laquelle nous appartenons. Mettons-nous en retrait, écartons-nous de cette bulle tout en affirmant avec le coeur que cela en est terminé, nous mettons fin au fait de l'alimenter. Nous sentons alors les liens qui nous relie à elle au niveau de chaque chakra et nous coupons ce lien d'une manière ferme et avec détermination. Nous affirmons que nous n'avons plus rien à voir avec cet égrégore. Nous récupérons les énergies qui nous appartiennent se détacher d'elles et se transmuter en particules de lumière qui se désagrègent dans le sol.

Pour prier pour la planète Terre : visualisons la planète comme étant une boule lumineuse que nous tenons et berçons dans nos mains. Nous la portons tendrement et avec amour, nous la cajolons.

Protocole

Pour nourrir des croyances positives vis à vis de nous-mêmes :

ÉTAPE 1 Dessinons-nous, nous sommes dans une bulle de lumière.

ÉTAPE 2 Notons 7 fois la phrase suivante : « je suis une personne... ». Complétons la ensuite en fonction de chaque plan : physiquement, vitalement, émotionnellement, mentalement, causalement, spirituellement et divinement. Par exemple : je suis une belle personne, je suis une personne dynamique, je suis une personne joyeuse, je suis une personne positive, je suis une personne talentueuse, je suis une personne éclairée, je suis une personne divine.

ÉTAPE 3 Visualisons tous les jours cette bulle que nous avons dessinée, et ressentons toutes les bonnes énergies que nous avons associées aux phrases que nous avons écrites. Envoyons de l'amour, de la bienveillance et des intentions positives à cette bulle ; celle-ci aura pour vertu de nous nourrir.

Challenges

La prochaine fois que nous nous inquiétons pour quelqu'un, prions pour lui. Nous pouvons aussi prier à plusieurs personnes au même moment afin d'accentuer les effets de nos prières.

La prochaine fois que nous ressentons du négatif envers une personne ou quelque chose, transmutons nos émotions et pensées afin de n'alimenter aucun égrégore.

Partie 5

LE PLAN CAUSAL

Evoluer
GRÂCE À UNE SITUATION

Certaines situations sont parfois troublantes, déroutantes, douloureuses ou bien encore difficiles à vivre et à traverser pour nous.

Pourtant, elles sont là pour nous offrir la possibilité de grandir en conscience, de nous libérer, de nous élever. Si nous faisons l'effort de voir en chaque situation ce qu'elle a à nous offrir, à nous apprendre, à nous révéler, nous pourrons évoluer grâce à elle et passer rapidement à une nouvelle étape de notre chemin de vie.

Influence

LORSQUE NOUS ÉVOLUONS GRÂCE À UNE SITUATION, NOUS :

PLANS SPIRITUEL ET DIVIN :
grandissons en conscience. Nous reconnectons avec notre âme. Manifestons notre réalité à nouveau au lieu de subir (pour cela, voir la fiche sur les capacités de l'esprit).

PLAN CAUSAL :
transmutons l'inconscient en conscient. Dépassons l'égo. Nous libérons des schémas répétitifs (réminiscences karmiques) [1].

PLAN MENTAL :
sommes mentalement libérés. Retrouvons notre positivité.

PLAN EMOTIONNEL :
sommes soulagés. Retrouvons souvent la joie. Sommes fiers de nous.

PLAN VITAL :
faisons sauter les barrières qui nous empêchent d'avancer. Retrouvons plus d'énergie vitale.

LE PLAN PHYSIQUE :
pouvons avancer à nouveau. Nous détendons.

(1) Fiche page 168

Mode d'emploi

PLANS SPIRITUEL ET DIVIN

Acceptons la situation telle qu'elle est.

Pour cela prenons conscience que ce qui s'est passé est arrivé au moment opportun.

Essayons de comprendre cette situation (sa raison d'être) afin que nous puissions grandir en conscience et en sagesse grâce à elle. Voyons pour cela ce qu'elle nous a permis d'apprendre sur nous-mêmes, sur les autres, sur la vie.

Connectons-nous à notre moi supérieur (1).
Imaginons que la situation est déjà débloquée, puis visualisons la prochaine étape pour nous.

Pour cela prenons conscience que ce qui s'est passé était parfait, est arrivé au moment opportun.

PLAN CAUSAL

Réalisons que nous avons inconsciemment attiré cet événement afin de réaliser un travail personnel sur nous, notamment la plupart du temps pour dépasser une peur ou trouver les richesses et capacités qui habitent en nous. Demandons-nous aussi si cela nous a permis de nous libérer, d'avancer, de nous élever ? Si non, le message qu'est venu apporter la situation n'a sûrement pas été compris, et nous aurons donc du mal à nous en libérer. Et elle se répètera à travers un autre événement similaire jusqu'à ce que nous la comprenions.

Travaillons sur la ou les blessures de l'égo qui se sont réveillées via cette situation.

Pardonnons (2), tournons la page, soyons compréhensifs si cette situation implique une ou d'autres personnes qui nous ont heurtés.

Posons-nous la question suivante : « avons-nous mal réagi dans cette situation ? ». Si oui, prenons conscience qu'il y a une partie de nous qui se sent agressée, car une blessure de l'égo (liée à des mémoires cellulaires) a été réveillée. Nous pouvons alors observer cette partie de nous et la rassurer en lui parlant avec bienveillance et amour.

(1) Fiche page 179 . (2) Fiche page 160

PLAN MENTAL

Posons-nous la question : « est-ce que je ne prends pas cette situation trop à coeur ? ».

Si oui, prenons-en conscience, dédramatisons, relativisons la situation en nous disant qu'il ne s'agit que d'une scène d'une grande pièce de théâtre. Nous pouvons cultiver notre autodérision et observer la scène d'une certaine hauteur.

Faisons le vide mental, cessons de retourner la situation dans tous les sens dans notre tête. Laissons le temps agir, et focalisons-nous sur les autres points positifs de notre existence ou sur ceux à venir.

PLAN ÉMOTIONNEL

Posons-nous la question : « cette situation nous permet-elle de devenir plus mature au niveau émotionnel ? »

Si oui, cette situation nous aura été bénéfique. Si non, il est important que nous apprenions à gérer nos émotions, à respirer, à nous calmer lorsque des situations difficiles se présentent à nous (3).

Libérons-nous des émotions négatives liées à cette situation (4).

PLAN VITAL

Posons-nous la question : « est-ce que cette situation nous a vampirisé sur le plan énergétique ? »

Si oui, prenons-en conscience afin de mieux gérer la situation la prochaine fois. Rendons-nous compte que nous ne devons laisser aucune situation nous « bouffer ». Nous devons garder nos distances par rapport à elle ou par rapport aux gens qui tentent de nous blesser.

Libérons-nous de la situation d'un point de vue énergétique (5).

PLAN PHYSIQUE

Posons-nous la question suivante : « est-ce que notre réaction négative a été verbale et/ou comportementale (bouder, crier, partir) ? ».

Si oui, observons notre comportement et tentons de comprendre ce que nous recherchons à travers lui. La prochaine fois, prenons le temps de réagir avec plus de sagesse et de maturité.

Réalisons des actions qui nous boostent, qui nous aident à oublier et dépasser la situation qui se veut désobligeante pour nous. Faisons en sorte que ces actions soient symboliques de la suite des évènements, de la version des évènements que nous choisissions pour l'avenir.

(3) Fiches pages 85 à 112 . (4) Fiches pages 85 à 112 . (5) Fiche page 60

EXERCICES

Rituels

POUR NOUS AIDER À DÉPASSER UN OBSTACLE DANS NOTRE VIE :

Imaginons que nous nous trouvons au pied d'une grande montagne : celle-ci représente la difficulté qui se trouve devant nous. Si nous le souhaitons, nous pouvons noter les sentiments qui viennent à nous, afin de mieux les traiter par la suite. Par exemple le doute, l'angoisse, le rappel d'un événement douloureux. Escaladons la montagne petit à petit, avec détermination et assurance. Plus nous montons et plus nous pouvons observer la situation initiale avec hauteur et détachement. Intérieurement, répétons-nous : « tout m'est possible ! », puis continuons notre ascension. Le but ultime est de parvenir de l'autre côté de la montagne. Lorsque nous parvenons de l'autre côté de la montagne, ressentons de la fierté et de la gratitude.

Conseils

destinés aux aidants et/ou thérapeutes

POUR AIDER AU MIEUX LES AUTRES À ÉVOLUER :

Étape 1

Premièrement, il est important pour nous de prendre du recul, du détachement, de faire appel à notre sagesse, à notre Moi Supérieur afin d'aider une personne au mieux. Pour être de qualité et être réellement entendus par la personne, nos conseils doivent provenir de cet espace sacré et divin de notre personne. Sinon, nous risquons d'impliquer notre égo, et nos conseils peuvent alors être teintés par nos propres peurs, blessures et sentiments. Abandonnons l'idée de forcer l'autre à changer et évoluer, ayons foi et laissons la magie du temps opérer.

Étape 2

Deuxièmement, il est indispensable que nous soyons dans le non-jugement, dans l'amour inconditionnel, afin que nos conseils soient les plus bienveillants possible.

Étape 3

Troisièmement, ayons une intention pure, dénuée de tout intérêt personnel. En agissant à partir du coeur et sans intérêt particulier, nous sommes certains que notre motivation – le moteur qui nous pousse à agir – est saine et positive.

Étape 4

Quatrièmement, soyons détachés par rapport à la situation, gardons une distance psychique et émotionnelle par rapport à cette personne afin de garder nos idées claires.

Enfin et cinquièmement, éprouvons de la compassion et non de l'empathie envers la personne que nous souhaitons aider, afin de ne pas transférer ce que la personne vit sur nous-même. La plupart du temps, nos chakras « s'encrassent » lorsque nous entrons en empathie avec quelqu'un, et cela nous brouille les idées et donc l'esprit et notre lucidité. Pensons aussi à instaurer une certaine distance énergétique entre la personne et nous-même afin d'éviter tout vampirisme (1).

(1) Fiche page 30

Pardonner
POUR SE LIBÉRER

“

Le pardon est avant toute chose un acte de libération car lorsque nous ne pardonnons pas aux autres ou à nous-mêmes, cela revient à céder l’espace disponible dans notre intérieur à un lierre rampant qui va se propager au fil du temps et qui va finir par nous étouffer et empêcher la lumière de s’infiltrer en nous. En pardonnant, nous nous libérons des poids qui nous pèsent à tous les niveaux, et nous pouvons passer à autre chose.

”

Utilité

LE PARDON NOUS PERMET DE :

PLANS SPIRITUEL ET DIVIN :
grandir en conscience. Faire preuve de sagesse.

PLAN CAUSAL :
transmuter nos blessures.

PLAN MENTAL :
d’être en paix. Libérer le mental.

PLAN EMOTIONNEL :
d’être apaisés. Nous alléger d’un poids.

PLAN VITAL :
garder de l’énergie afin de la dépenser dans des choses positives et constructives. Nous libérer des liens toxiques.

LE PLAN PHYSIQUE :
se libérer des tensions. De mieux dormir. D’améliorer notre santé de manière générale.

Mode d'emploi

PLAN SPIRITUEL

Réalisons certaines prises de conscience grâce à l'expérience que nous avons vécue. Faisons-en sorte d'en tirer des enseignements positifs et observons ses bénéfices sur notre grandissement de conscience (maturité, sagesse...).

Conscientisons avec sagesse que chaque expérience de la vie est un enseignement. Faisons donc preuve d'acceptation. Quoi que nous vivions, cela nous est utile afin d'apprendre, de comprendre et de progresser. Rappelons-nous que par la Loi de résonance, nous attirons à nous des personnes qui vont nous aider à vivre une expérience afin de nous faire grandir. Ces dernières sont donc en accord avec le chemin spirituel et personnel que notre âme a souhaité emprunter [(1)].

PLAN CAUSAL

Si nous le pouvons, verbalisons le pardon que nous accordons à autrui ou à nous-mêmes.

Conscientisons que si quelqu'un nous a blessé, cela pèsera sur cette personne via une dette karmique. Dans ce cas, il ne nous reste qu'à lâcher prise et à nous concentrer sur nous-mêmes afin de dépasser notre égo et panser sa blessure. Ne jubilons pas tout-de-même sur le sort qui reste réservé à l'autre personne en fonction de ses actes négatifs.

Si une personne nous a blessé, remettons-nous en question. Demandons-nous quelle est notre part de responsabilité dans la situation. Et ce, afin d'éviter que cela se reproduise à nouveau.

PLAN MENTAL

Emettons des affirmations positives. Par exemple : « je pardonne et me libère, je suis en paix ».

Ayons des pensées positives vis-à-vis de nous-même ou de la personne qui a nous a blessé.

Prenons conscience que nous avons la capacité à pardonner car notre coeur est capable d'aimer au-delà des blessures et des émotions que nous fait éprouver l'égo.

PLAN ÉMOTIONNEL

Envoyons de l'amour à nous-mêmes ou à la personne qui a pu nous blesser.

Soyons fiers de nous face au fait de parvenir à pardonner.

PLAN VITAL

Faisons en sorte d'absoudre le lien énergétique qui nous relie à la personne. Prenons conscience que le pardon aide à cela.

Pour cela, visualisons que le lien énergétique « moisi » (comme un cordon ombilical par exemple), qui nous relie à la personne en question, se rompt.

PLAN PHYSIQUE

Symbolisons (si cela est possible) notre pardon par un geste ou une action.

Par exemple, serrons la main à la personne concernée, faisons-lui une accolade, un câlin, ou rendons lui service. S'il s'agit d'un pardon envers nous-mêmes, il est possible de nous auto-masser, nous offrir un moment de bien-être.

(1) Voir souldating.fr

EXERCICES

Protocole

POUR NOUS AIDER À PARDONNER :

Étape 1 Nous pouvons pour cela répéter ces paroles :

« MOI, ... (NOTRE PRÉNOM), JE RECONNAIS AVOIR CHOISI DE VIVRE CETTE SITUATION, MÊME SI JE N'EN AI AUCUN SOUVENIR. JE RECONNAIS AVOIR VÉCU CELA DANS LE BUT D'ÉVOLUER HUMAINEMENT, PERSONNELLEMENT ET SPIRITUELLEMENT. JE RECONNAIS QUE CHAQUE ÉPREUVE VÉCUE EST EN FAIT UN ENSEIGNEMENT. JE PARDONNE DE TOUT MON ÊTRE ... (LE PRÉNOM DE LA PERSONNE) POUR LE MAL QU'IL (OU ELLE) M'A FAIT. »

Étape 2 Puis, par visualisation, serrons la main à cette personne ou prenons-la dans nos bras (s'il s'agit d'un pardon envers nous-mêmes nous visualisons un double de notre personne).

Étape 3 Visualisons qu'une lumière blanche (la Lumière du pardon) tombe du ciel et envahit tout notre corps. Cette lumière s'installe dans chaque microcellule de notre être. Nous pouvons ressentir que le pardon s'installe progressivement et durablement en nous. Chaque cellule de notre être est désormais imprégnée par la Lumière du pardon. Cette lumière dissout le négatif présent dans nos cellules. Sentons que nous pardonnons au plus profond de notre être à cette personne. Sentons-nous en paix.

Étape 4 Pour terminer, visualisons une douche de lumière nous purifier. Cette eau entraine avec elle les charges restantes collées à notre peau.

POUR TRANSMUTER LES ÉMOTIONS NÉGATIVES QUI NOUS EMPÊCHENT DE PARDONNER ET D'AVANCER :

Étape 1

Étape 2

Imaginons la situation que nous ne parvenons pas à digérer sous la forme d'un mur présent devant nous. Essayons d'observer et de ressentir la taille, la hauteur, l'épaisseur, la dureté et la solidité de ce mur. Prenons aussi conscience que ce mur est extérieurement matérialisé mais qu'il vit aussi en nous. Puis refocalisons-nous sur le mur, son aspect, ses énergies.

Étape 3

Envoyons de l'amour à ce mur de sorte à commencer à le détruire. Notre force d'amour pulvérise ce mur petit à petit, cela nous libère peu à peu.
Si nous nous sentons en colère, nous pouvons aussi taper dans le mur afin de nous défouler et pour l'émietter. Mais très vite, nous devons revenir à l'opération initiale qui est d'envoyer de l'amour ; ceci afin de nous apaiser.

Étape 4

Observons les derniers débris du mur.
Trouvons la force et l'énergie intérieures de les dissoudre. Pour cela respirons et écoutons-nous profondément jusqu'à sentir ce qu'il est bon pour nous de faire et d'envoyer dans l'optique de faire fondre ces débris. Puis passons à l'action. Faisons en sorte que plus rien ne reste.

Une fois l'opération terminée, sentons l'espace qui s'est libéré en nous. Sentons-nous soulagés, heureux, apaisés. Imaginons que nous avançons tranquillement sur notre chemin, sans blocage, avec fluidité et contentement.

Cheminement

IDENTIFIONS NOS REMORDS :

- **Sommes-nous l'auteur de cet acte ou avons-nous subis les conséquences d'un acte d'autrui ?**
- **Qu'aurions-nous voulu faire?**
  Comment aurions-nous souhaité réagir ?
- **Qu'est-ce qui nous en a empêché ?**
- **Si la situation se présentait à nouveau aujourd'hui, est-ce que nous agirions différemment ?**

SI OUI :

Est-ce que nos remords nous ont permis de développer certaines qualités ? Lesquelles ?
Est-ce que nos remords sont à l'origine d'une prise de conscience ? Laquelle ?

SI NON :

Est-ce que nos remords sont à l'origine d'un blocage ? Lequel ?
Avons-nous réussi à dépasser ce blocage ?

COMMUNIQUER AVEC son enfant intérieur ET LE SOIGNER

"

L'enfance représente nos fondations, c'est une période socle sur laquelle nous nous sommes construits. Tous nos plans vibratoires, qui sont aussi des filtres (physique, émotionnel, mental, causal), ont été marqués, imprégnés par cette période spécifique. Les mémoires de notre enfance nous influencent et déterminent une bonne partie de nos croyances et nos schémas de pensées. Elles conditionnent notre esprit et notre comportement.
Toutes ces mémoires ont « formé » notre enfant intérieur qui vit en nous, énergétiquement et qui fait partie de nous. Il est important d'entrer en communication avec notre enfant intérieur afin de pouvoir traiter et panser ses blessures, ses carences affectives, ses chocs traumatiques, et cela surtout si nous souhaitons nous libérer et nous élever.

L'enfant intérieur représente aussi notre capacité à être spontanés, à nous amuser sans nous soucier du lendemain, à vivre innocemment, sans complexe, sans tabou, et sans barrières. En passant à l'âge adulte beaucoup d'entre nous ont rompu le lien qui nous reliait à cet enfant intérieur par crainte du ridicule, par nécessité de prendre des responsabilités, par honte. Pourtant, c'est une énergie présente en nous et qui se doit de s'exprimer afin de contrebalancer justement avec le sérieux et les poids de nos obligations d'adultes. Nous allons retrouver plus de joie, d'inspiration, de créativité, de légèreté.

"

Utilité

EN ENTRANT EN RELATION AVEC NOTRE ENFANT INTÉRIEUR ET EN LE SOIGNANT NOUS ALLONS PEUT-ÊTRE :

PLANS SPIRITUEL ET DIVIN :
avoir des prises de conscience. Avoir plus d'idées.

PLAN CAUSAL :
traiter des blessures liées à l'enfance. Développer notre créativité. Être plus expressifs

PLAN MENTAL :
nous centrer dans le coeur. Être plus insouciants. Être plus inventifs.

PLAN EMOTIONNEL :
nous apaiser. Retrouver la joie. Nous reconnecter à nos émotions. Exprimer nos émotions.

PLAN VITAL :
nous libérer de liens négatifs. Retrouver une certaine vitalité. Retrouver certains désirs. Retrouver plus de spontanéité. Nous sentir plus libres.

LE PLAN PHYSIQUE :
libérer notre corps. Être plus rayonnants et radieux. Moins responsables. Oser demander de l'aide.

Mode d'emploi

PLANS SPIRITUEL ET DIVIN

Ressentons de la bienveillance vis-à-vis de notre enfant intérieur.

Sentons notre moi supérieur (qui peut être visualisé comme un double lumineux) lui prendre la main, le rassurer, lui susurrer des mots qu'il a toujours voulu entendre.

PLAN CAUSAL

Pardonnons et acceptons les événements douloureux liés à notre enfance.

Pour cela, guérissons nos blessures en lien avec notre enfance. Nous pouvons nous faire aider d'un thérapeute. Nous pouvons aussi nous reconnecter à notre enfant intérieur par l'intention en lui demandant de quelles carences il souffre, puis réaliser un travail de visualisation en nous connectant à notre ressenti, pour combler ses carences énergétiquement ou physiquement.

Laissons notre enfant intérieur s'exprimer à travers nous par nos actions, nos paroles. Ne bridons pas son imagination, laissons-le rêver.

PLAN MENTAL

Établissons un lien de confiance avec lui et parlons-lui plusieurs fois par semaine. Demandons-lui ce dont il a besoin. Rassurons-le en lui disant qu'il peut s'exprimer. Émettons de belles intentions à son égard. Demandons-lui conseil quand nous sommes dans une impasse.

PLAN ÉMOTIONNEL

Complimentons-le. Exprimons-lui au combien il est aimé, admirable, admiré, remarquable. Enveloppons-le d'amour et de lumière.

Laissons-le exprimer ses émotions envers les autres et ce qui l'entoure.

PLAN VITAL ET PHYSIQUE

Soyons à l'écoute de ses envies, laissons-nous entraîner par son élan. Laissons-nous inspirer par l'enthousiasme de notre enfant intérieur ! Ne nous interdisons rien de ce que nous avons envie de faire, sous prétexte que nous sommes à présent un adulte !

Réalisons des activités qui vont réveiller et nourrir notre enfant intérieur.

Exprimons notre créativité (par exemple, à travers des ateliers manuels de type pâte à sel, pâte à modeler, collages) ; allons dans un parc d'attractions (manège, toboggan) ; regardons un dessin animé en mangeant des friandises ! Pensons à un cadeau dont nous rêvions d'avoir enfant, et offrons-nous le !

EXERCICES

Rituels

DÉVOILER SON ENFANT INTÉRIEUR :

Imaginons notre enfant intérieur enfermé dans une pièce présente en nous ou caché derrière un voile plus ou moins épais.

Prenons soin et intérêt à les retirer afin de révéler notre enfant intérieur. Rassurons-le, expliquons lui qu'il peut dorénavant se montrer, se dévoiler, s'exprimer car nous allons prendre soin d'être présent pour lui afin de répondre à ses besoins.

Présentons-lui des excuses si cela fait des années que nous l'avons boycotté ou oublié. Proposons-lui un nouveau départ en faisant équipe avec lui.

Protocole

POUR COMMUNIQUER AVEC NOTRE ENFANT INTÉRIEUR :

Prenons un téléphone et appelons notre enfant intérieur. Posons-lui plusieurs questions : demandons-lui pourquoi il ne joue plus, pourquoi nous ne le voyons plus, s'il a des blessures à guérir.

Notons les réponses qui nous viennent à l'esprit.

Excusons-nous auprès de notre enfant intérieur de l'avoir tant délaissé, et engageons-nous à nous occuper davantage de lui.

Variante : nous pouvons choisir d'écrire une lettre à notre enfant intérieur. Celui-ci nous répondra par le biais d'une autre lettre que nous écrirons nous-mêmes, en nous connectant intérieurement, et par notre intention, à notre enfant intérieur.

POUR CAJOLER ET PANSER LES BLESSURES DE NOTRE ENFANT INTÉRIEUR :

Prenons notre enfant intérieur (ou bébé intérieur) dans les bras, berçons-le tendrement, affectueusement.

Caressons-le, couvrons-le d'amour et de lumière. Imprégnons un maximum de belles énergies en lui sous la forme de lumière que nous répandons sur lui et qui est aspirée par ses cellules. Il se trouve imprégné de positif, d'amour, de bienveillance, etc.

Au fur et à mesure que nous le berçons, il grandit. Pour chaque âge, chaque stade, nous réitérons l'opération. Une fois un certain âge atteint, nous laissons notre enfant intérieur pénétrer en nous tranquillement, doucement, nous sentons à quel point nous lui faisons et lui laissons de la place. Nous sommes confiants et heureux de le laisser occuper un espace sacré, divin et spacieux en notre intérieur. Nous sentons qu'un lien nous relie à lui. Nous posons l'intention de l'écouter, de le considérer, de répondre à ses besoins avec amour et bonheur.

Envoyons-lui de l'amour dès que possible et surtout veillons à écouter ses besoins et à voir de quelle façon mûre y répondre (pas de caprice, juste des nécessités).

Challenges

La prochaine fois que nous nous retrouvons dans l'impasse face à une situation « d'adulte », prenons le temps de contacter notre enfant intérieur pour lui demander son avis. Appliquons sa requête.

- Rendons-nous dans un lieu que nous adorions étant enfant et laissons notre enfant intérieur agir par le biais de nos actions.
- En public, agissons le temps d'un instant comme notre enfant intérieur le désire sans nous soucier du regard et du jugement des autres.

Experience

- Organisons intérieurement (par l'imagination) une kermesse pour notre enfant intérieur. Laissons-nous aller, débridons notre imagination et laissons-le s'amuser pleinement.
- Dessinons, chantons, agissons comme si nous étions un enfant. Organisons une journée dédiée à notre enfant intérieur, laissons-le établir le programme. Laissons-le s'amuser avec l'enfant intérieur d'autres personnes à qui nous pouvons proposer l'expérience.

Réguler son Karma

ET METTRE FIN AUX NŒUDS ET RÉMINISCENCES KARMIQUES

“

Selon les anciens préceptes, le Karma est avant tout une loi. C’est une loi de cause à effet, qui implique que ce que l’on fait, dit, donne, va finir par revenir à nous, sous une forme ou bien une autre (effet boomerang). En d’autres termes, ce que nous émettons, finira par influencer et déterminer ce que nous recevrons.

Par exemple, si nous avons été le bourreau de quelqu’un, nous finirons par devenir la victime d’un autre ; si nous avons réalisé une action altruiste, nous serons alors aidés à notre tour… Bien entendu il s’agit là d’une vision simpliste de la notion de karma et nous pouvons encore aller plus loin la concernant.

Quoi qu’il en soit, un grand nombre de nos blocages actuels dans notre vie sont liés à notre karma, autrement dit aux mémoires que nous portons et qui se veulent venir de nos ancêtres (mémoires transgénérationnelles), de notre passé, ou bien encore de nos vies antérieures comme l’évoque la tradition bouddhiste. Il est question en fait de mémoires greffées sur notre plan causal. Ces blocages apparaissent généralement sous la forme de situations difficiles, bloquantes, pénibles ou douloureuses à dépasser. Ces situations se veulent souvent répétitives. Réguler notre karma et défaire les noeuds karmiques qui y sont liés, nous permet de mettre un terme définitif à ces situations, de nous libérer et de passer à une nouvelle étape de notre vie.

”

Zoom sur

LES NOEUFS ET RÉMINISCENCES KARMIQUES

Les noeuds karmiques correspondent à des blocages que nous rencontrons et qui se répètent encore et encore.

On parle de réminiscences karmiques car les schémas et les problématiques se reproduisent, et nous nous retrouvons alors confrontés aux mêmes types de situations. Ces dernières se présentent à nous car notre plan causal en est porteur, et nous les attirons en tant que problématiques devant être résolues. Malheureusement, ce phénomène se produit généralement inconsciemment étant donné que nous ne parvenons ni à en saisir le pourquoi (la cause), ni la symbolique (la compréhension que nous pouvons en tirer), et c'est pour cela que nous ne parvenons pas à y mettre un terme.

En fait, pour mettre fin à un noeud karmique (pour le dénouer), afin que celui-ci ne se représente plus sous la forme de réminiscences, il nous suffit de le traiter en conscience. Pour cela, il nous est demandé de nous connecter à notre moi supérieur (le Soi) [6]. Grâce à sa vision de l'esprit, à sa sagesse, son niveau de conscience, et aux fréquences de l'âme, nous sommes alors capables de voir la situation dans son ensemble afin d'en saisir les tenants et les aboutissants.

En fait, seule une prise de conscience est capable de mettre en lumière une situation/problématique karmique, car elle révèle à l'esprit les freins qui y sont liés, et les apprentissages spirituels dont elle peut être la source. Ensuite, il ne tient qu'à nous de réaliser des actions allant dans le sens de cette compréhension et révélation (prise de conscience), afin de marquer celle-ci dans les cellules des champs vibratoires qui nous entourent et nous composent.

En effet, nous ne pouvons réguler notre karma seulement à l'aide de concepts mentaux et de théories, nous devons les marquer dans la matière. Ainsi, nous gravons l'énergie de notre âme, son émanation, sur le plan physique.
Pour résumer, les réminiscences karmiques peuvent se présenter sous la forme de situations mais aussi de relations et de problèmes de santé. Tous ont une chose à dire, une problématique karmique et inconsciente à mettre en lumière.

Notre objectif est de parvenir à les dépasser en conscience grâce au Soi, afin d'y mettre un terme en en ayant une prise de conscience et en symbolisant celle-ci par une action concrète.

Mode d'emploi

PLAN SPIRITUEL

Soyons alignés et centrés.

Exprimons notre âme dans la matière [(1)].

Grandissons et évoluons en conscience grâce à chaque situation qui se présente à nous [(2)].

Générons plus d'harmonie autour de nous.

PLAN CAUSAL

Traitons les réminiscences karmiques. En fait, si nous stagnons, reproduisons des situations, avons des blocages, c'est que nous subissons des noeuds karmiques qu'il nous est conseillé de dissoudre. [Cf exercice]

Dépassons l'égo. Remettons-nous pour cela suffisamment en question sans tomber dans l'excès [(3)].

Transmutons nos peurs en essayant de nous dépasser et de travailler sur notre égo [(4)].

Soyons authentiques, honnêtes, intègres. Pour cela, exprimons le Soi [(5)], soyons Vrais, disons la vérité, ne cachons rien.

Transmutons toute croyance inconsciente et limitante.

Par exemple, cessons de croire que nous sommes un martyr et que nous avons quelque chose à payer ; ou bien de penser que nous ne sommes pas suffisamment méritant pour recevoir du positif. Estimons mériter le meilleur.

PLAN MENTAL

Soyons dans l'amour et la compassion.

Soyons respectueux du vivant. Prenons-en soin.

N'émettons aucun jugement négatif envers les autres ou envers nous-mêmes.

PLAN ÉMOTIONNEL

Cessons de nous plaindre, soyons dans la joie.

Faisons du bien aux autres et à nous-mêmes. Souhaitons-leur du bien.

Soyons généreux ; écoutons pour cela l'élan de notre coeur.

Soyons heureux pour les autres. Ne jalousons personne.

Générons plus de paix autour de nous.

PLAN VITAL ET PHYSIQUE

Réalisons des actions altruistes. Apportons notre aide aux autres, tout en nous occupant de nous-mêmes. Faisons preuve de bienveillance.

Trouvons l'équilibre au niveau de nos comportements. Ne soyons dans aucun excès.

Détachons-nous de ce qui nous retiens prisonniers [(6)].

Évitons de succomber à nos pulsions et instincts primitifs. Pour cela, prenons de la hauteur, référons-nous au SOI [(7)].

Générons plus de beauté autour de nous.

(1) Fiche page 231 . (2) Fiche page 156 . (3) Fiche page 175 . (4) Fiche page 175 . (5) Fiches pages 179 à 187 .
(6) Fiches pages 156 à 163 . (7) Fiches pages 179 à 187

EXERCICES

Voici quelques exercices ayant pour but de nous aider à avoir des prises de consciences quant aux situations karmiques que nous vivons. Il nous suffit juste de répondre aux questions suivantes et de laisser les choses décanter. Et de prendre certaines initiatives en mains, de prendre certaines résolutions.

Cheminement

POUR NOUS LIBÉRER DES SITUATIONS KARMIQUES (RÉMINISCENCES) :

☐ *Vivons-nous une ou des situations répétitives et négatives dans notre vie ?*

Par exemple, est-ce que nous attirons toujours vers nous le même genre de conflits, de personnes négatives, de problèmes ? (exemple : j'attire toujours des hommes mariés).

Est-ce une situation répétitive et négative liée :

- ☐ Aux études ?
- ☐ Au milieu professionnel ?
- ☐ À la famille ?
- ☐ Aux relations amoureuses ?
- ☐ Autres ?

Cette situation revient-elle :

- ☐ Peu souvent ?
- ☐ Régulièrement ?
- ☐ Très souvent ?
- ☐ Annuellement ?
- ☐ Mensuellement ?
- ☐ Hebdomadairement ?
- ☐ Quotidiennement ?

N.B. Plus cette situation se présente à nous, plus il devient urgent de la traiter. Au début, la situation survient généralement avec une faible intensité, mais si nous refusons de la traiter, elle se répétera avec plus de force.

Sommes-nous l'auteur de cette situation ou y sommes-nous impliqués malgré nous ?

☐ Auteur

Si nous en sommes l'auteur, pourquoi ? Est-ce lié :

- ☐ À notre façon d'agir ?
- ☐ À notre façon de nous comporter ?
- ☐ À notre façon de nous exprimer ?
- ☐ À nos peurs ?
- ☐ Autres ?

☐ Impliqué

Si nous sommes impliqués, pourquoi ?

☐ Une partie de nous ne vit-elle pas à travers le rôle de « victime » ?

- ☐ ***Demandons-nous quelle est notre part de responsabilité, aussi minime soit-elle, dans cette situation ?***

Car si les choses se reproduisent, c'est certainement qu'une partie de notre comportement est à revoir.

- ☐ ***Est-ce que nous pensons avoir la poisse ou cette situation nous paraît-elle inévitable ?***

Si c'est le cas, nous devons peut-être changer notre état d'esprit et le rendre plus positif [1].

- ☐ ***Est-ce que nous avons à alimenter ou à attirer ce genre de situations dans notre vie ?***

(ex : je sais que cet homme est marié mais je ne peux m'empêcher d'aller lui parler).

- ☐ ***Est-ce qu'une partie de nous ne prendrait pas plaisir à vivre cette situation ?***

Si c'est le cas, nous devons nous demander pourquoi afin de faire cesser cette situation.

(ex : j'aime rendre la femme de cet homme jalouse, afin de me sentir plus désirable).

- ☐ ***Ou est-ce qu'au contraire, nous tentons de calmer, de freiner ce genre de situations ? Si oui, comment ?***

Pourquoi est-ce que nous en arrivons à vivre cette situation de nouveau ? Pouvons-nous en identifier l'élément déclencheur ? (exemple : tristesse, colère, rupture, manque de confiance, etc.)

- ☐ ***Quelle est notre réaction face à cette situation répétitive ?***

- ☐ ***Lorsque nous vivons cette situation nous sentons-nous : humilié, bafoué, heureux ?***

- ☐ ***Quels sont les sentiments (positifs ou négatifs) qui naissent en nous à la suite de cette situation ?***

Est-ce que ces sentiments demeurent en nous ou s'estompent avec le temps ?

- ☐ ***Est-ce que d'autres situations éveillent les mêmes sentiments chez nous ?***

• Quand avons-nous ressenti ces sentiments pour la première fois ?
• Font-ils référence à un événement douloureux ?
• À une situation vécue dans notre enfance ?
• Sont-ils inconscients ?

- ☐ ***Qu'est-ce que cette situation nous a permis d'apprendre sur les autres (de positif et de négatif) ?***

- ☐ ***Cette situation nous a-t-elle appris quelque chose ? Qu'en avons-nous retiré (de positif) ?***

• Cette situation nous a-t-elle servi de leçon ?
• Serons-nous plus prévoyant à l'avenir afin de l'éviter ?

- ☐ ***Est-ce que nous sommes prêt à ne plus jamais revivre ce type de situation ?***

Si non, pourquoi ? Qu'est-ce qui nous en empêche ?

(1) Fiche page 132

EXERCICES

POUR TRAITER DES RELATIONS OU CONFLITS D'ORIGINE KARMIQUES :

Quel est le conflit auquel nous avons été et sommes souvent confrontés ?

Ce conflit se répète-t-il avec la même personne ?

☐ OUI
Si oui, pourquoi, quel en est l'élément déclencheur ?

☐ NON

Sommes-nous à l'origine de ce conflit ?

☐ Complètement

☐ En partie

☐ Pas du tout

☐ En sommes-nous la cause directe ?

Est-ce que nous subissons le conflit ?

☐ OUI

Si oui, sur une échelle de 1 à 10, à combien est-ce nous estimons être une victime ?

- Quel élément déclenche ce conflit ? Est-ce lié à :
    - Une blessure d'âme qui se réveille ?
    - Un manque d'assurance de notre part ?
    - Un problème de fond plus important ?

Si oui, prenons conscience de notre part de responsabilité dans ce conflit, aussi minime soit-elle (important !) :

☐ NON

Si non, ce conflit se répète-t-il avec des personnes différentes ? Dans ce cas, ne serions-nous pas un peu responsable ?

Est-ce que nous vivons ce conflit plutôt avec des hommes ou avec des femmes ?

- Ou uniquement avec une personne en particulier ?
- De notre côté, que pouvons-nous améliorer ou changer afin d'éviter ce conflit ?

Qu'est-ce que l'autre personne pourrait changer pour éviter ce conflit ?

Est-ce que nous sentons le conflit arriver ?

☐ OUI : est-ce que nous mettons tout en oeuvre pour l'empêcher?

☐ NON : est-ce qu'il se déclenche sans préavis? Qu'aurions-nous dû faire face à ce type de conflit pour la première fois ?

Quel en était l'élément déclencheur ?

Est-ce que d'autres personnes de ma famille vivent ce genre de conflit ?

Si oui, cela pourrait être en relation avec votre karma familial.

Est-ce que ce conflit nous renvoie directement à une blessure (abandon, manque d'estime de soi, trahison ?)

Si oui, faisons en sorte de travailler sur notre égo.

Quels sentiments négatifs sont réveillés lorsque nous faisons face à ce conflit ?

- Quels sentiments positifs (s'il y en a) sont réveillés lorsque nous faisons face à ce conflit ?

Qu'avons-nous appris de positif sur les autres grâce à ce conflit ? Ce point est primordial !

- Qu'avons-nous appris de négatif sur les autres grâce à ce conflit ?

Qu'avons-nous appris de positif sur nous-mêmes grâce à ce conflit (important !) ?

- Qu'avons-nous appris de négatif sur nous-mêmes grâce à ce conflit ?

Ce conflit nous a-t-il appris quelque chose ? Qu'en avons-nous retiré ?

Si nous n'avons retiré aucune leçon de ce conflit, il est bon de prendre un temps de réflexion et d'en trouver une, sinon ce conflit risque de se représenter à nous avec la même personne ou avec une autre.

Ce conflit nous a-t-il servi de leçon ? Serons-nous plus prévoyants à l'avenir afin de l'éviter ?

Sommes-nous prêts à en finir avec ce conflit ?

Si la réponse est oui, la partie est déjà gagnée !
Si la réponse est non, nous devons réellement nous remettre en question !

Ensuite, pouvons-nous mettre quelque chose en place pour éviter ce conflit à l'avenir ?

Est-ce que l'autre personne peut aussi y contribuer ? De quelle façon ? Pouvons-nous lui en parler ?

Si nous ne pouvons pas avoir une discussion avec cette personne, nous pouvons réaliser la visualisation suivante : nous sommes dans un endroit. Cette personne nous y rejoint. Nous pouvons lui exprimer tout ce que vous avons sur le coeur. Ainsi, son inconscient nous entendra.

Petit conseil : ne soyons ni dans la colère, ni dans le blâme, et sachons pardonner !

Réguler l'Ego

L'égo existe tel un programme ou une force intérieure destinée à assurer notre viabilité, et ce afin que notre âme puisse mener une expérience spirituelle dans ce monde matériel. L'égo n'est pas à transmuter en intégralité étant donné qu'il sert principalement à assurer notre pérennité, mais il se doit d'être régulé si nous souhaitons nous libérer de nos peurs ou bien encore accéder à notre moi supérieur [1].

Influence

L'ÉGO INFILTRE TOUS LES PLANS QUI SE TROUVENT VIBRATOIREMENT EN DESSOUS DE LUI, À SAVOIR :

le plan mental, émotionnel, vital et physique. C'est ainsi qu'il génère parfois chez nous des pensées et des émotions négatives, des pulsions et des réactions qui ne reflètent pas nos Volontés d'âme, mais plutôt ses peurs et donc notre inconscient. Lorsque nous dépassons l'égo, et ainsi nos peurs, nos croyances et donc notre inconscient, nous accédons au Soi [2]. C'est lui qui va exercer une influence sur nos différents plans vibratoires.

NOUS POURRONS ALORS ACCOMPLIR NOS VOLONTÉS D'ÂME SUR TERRE.

Mode d'emploi

PLANS SPIRITUEL ET DIVIN

Répondons de manière juste et personnelle à notre besoin de reconnaissance ; pour cela reconnaissons le caractère sacré et divin de notre naissance.

Connectons-nous au moi supérieur[3] afin de prendre de la hauteur et laissons-le s'exprimer afin de ne pas laisser l'espace nécessaire à l'égo de le faire.

Soyons connectés à notre âme et accomplissons ses Volontés[4].

Demandons-nous pourquoi nous faisons les choses ou agissons de telle ou telle manière. Est-ce dans notre intérêt personnel ou honnêtement à des fins salutaires et altruistes ?

Connectons-nous à notre inconscient en prenant soin d'observer et de comprendre la raison de nos comportements (autrement dit pourquoi nous agissons ou réagissons de telle ou telle manière).

PLAN CAUSAL

Répondons de manière juste et personnelle à notre besoin de valorisation ; pour cela développons l'estime de soi[6] et reconnaissons nos qualités.

Conscientisons nos peurs afin de les dépasser. Cela nous permet de nous libérer et de nous élever.

Exprimons notre Être véritable. Ne jouons aucun rôle ; soyons seulement nous-mêmes[6].

Demandons-nous quelle partie de nous s'exprime lorsque nous parlons ? L'égo ou bien le SOI ? S'il s'agit de l'égo, calmons-le, parlons-lui, puis référons-nous au SOI[7]. De même, faisons en sorte d'agir de manière juste et équilibrée ; ne soyons ni dans l'excès ni dans la retenue.

Lorsque nous agissons, parlons ou croyons quelque chose, demandons-nous si cela n'est pas inconsciemment afin de conforter notre égo dans certaines de ses croyances.

Communiquons avec nos mini MOI, utilisons des mantras d'affirmation positive afin de reprogrammer notre inconscient. Demandons-nous toujours pourquoi (dans quel but) nous menons réellement une action ?[cf exo]

(1) Fiche page 179 . (2) Fiche page 179 . (3) Fiche page 179 . (4) Fiche page 231 .
(5) Fiche page 92 . (6) Fiche page 183 . (7) Fiche page 179

PLAN MENTAL

Répondons de manière juste et personnelle à notre besoin d'amour ; pour cela aimons-nous inconditionnellement (1).

Fonctionnons à l'idée plus qu'à la pensée. L'idée vient le plus souvent de l'esprit, et ce spontanément, tandis que la pensée est généralement générée par le mental.

Demandons-nous si par nos actions, nous ne cherchons pas à nous faire aimer ? Si oui, c'est que l'égo en est l'initiateur.

Laissons notre coeur s'exprimer sans laisser notre mental prendre le dessus. Écoutons notre intuition, nos aspirations profondes et notre élan du coeur.

PLAN ÉMOTIONNEL

Répondons de manière juste et personnelle à notre besoin d'acceptation ; pour cela acceptons chaque partie de nous-mêmes.

Prenons du recul par rapport aux situations, évitons d'impliquer notre émotionnel lorsque nous sommes piqués à vif ou blessés.

Demandons-nous si par nos actions, nous n'essayons pas inconsciemment de combler un certain vide affectif ou de nous faire accepter (de nous réconforter en quelque sorte).

PLAN VITAL

Répondons de manière juste et personnelle à notre besoin de sécurité.

Demandons-nous de quel espace vient notre motivation. Est-il une impulsion de l'égo ou bien un réel élan du coeur ? Quoi qu'il en soit, évitons de répondre de manière impulsive à nos désirs. Apprenons à les observer tout d'abord.

PLAN PHYSIQUE

Répondons de manière juste et personnelle à nos besoins physiologiques.

Lorsque nous agissons, demandons-nous si nous ne sommes pas en train de chercher à cacher ou à prouver quelque chose ?

Évitons d'être dans la réaction car seul l'égo nous fait réagir de manière instinctive dans l'optique de nous protéger. Apprenons à nous référer au Soi avant d'agir (2).

(1) Fiches pages 96 à 145 . (2) Fiches pages 179 à 187

EXERCICES

Pour communiquer avec ses mini moi :

LORSQUE NOUS SENTONS QU'UNE PARTIE DE NOUS VEUT ÊTRE DANS LA RÉACTION, LE POUVOIR, L'ÉGO... PRENONS LE TEMPS DE L'OBSERVER.

- Imaginons-la comme étant un petit personnage de notre propre personne, jouant un rôle. Parlons lui et demandons-lui pourquoi il est là, quel est son rôle, que fait-il exactement et pourquoi ?

- Puis expliquons-lui que sa présence est inutile, faisons-lui sentir les énergies de notre moi supérieur afin de la rassurer, et mettons-la de côté tout en lui envoyant de l'amour.

ACCÉDER au moi supérieur (AU SOI)

Le Soi correspond à l'association et à l'énergie de nos plans spirituel et divin ; autrement dit aux vibrations de notre conscience (supérieure) et de notre âme. L'énergie de ces plans vibratoires se trouve au-dessus de celle des autres corps, c'est pour cela qu'en nous y connectant, nous pouvons prendre un certain recul, une certaine hauteur. Entrer en connexion avec notre moi supérieur nous donne l'occasion de dépasser les plans émotionnel, mental et causal afin d'accéder aux plans de vibration supérieurs ; cela nous donne la possibilité de toucher à un état de paix intérieur associé à une certaine forme de sagesse.

Le Soi étant en lien et en correspondance avec l'énergie céleste, il est capital de parvenir à nous connecter à elle afin de la marier à l'énergie tellurique (terrestre). Il est important pour chacun d'entre nous, d'accéder au moi supérieur afin de pouvoir exprimer cette dimension spirituelle et céleste de notre être dans la matière. Bien souvent, nous ne parvenons pas à accéder au Soi (aux plans spirituel et divin) car notre égo nous en éloigne, ou nous en coupe (vibratoirement parlant). En effet, notre égo étant la plupart du temps dans la peur (puisqu'il reste imprégné des mémoires passées et cellulaires en lien avec le corps causal), il nous coupe des vibrations de notre âme qui reposent au contraire, sur la foi, l'amour et la paix. De plus, l'égo influence nos plans mental, émotionnel et donc vital et physique car il se trouve au-delà de ces derniers. C'est alors qu'ils baissent leurs vibrations et que notre taux vibratoire s'en retrouve plombé. Nous ne sommes plus alors dans les bonnes conditions énergétiques afin d'accéder à des plans vibratoires plus élevés en fréquences et nous connecter au Soi.

Utilité

ACCÉDER À NOTRE MOI SUPÉRIEUR NOUS PERMET :

PLANS SPIRITUEL ET DIVIN : d'avoir une vision positive des choses. De faire preuve de sagesse. De prendre du recul. D'accéder à notre conscience supérieure et à notre grande sagesse. De prendre de la hauteur. D'accéder à la claire connaissance (informations sur tout ce qui existe dans l'Univers).

PLAN CAUSAL : de dépasser l'égo. Transmuter l'inconscient afin de grandir en conscience.

PLAN MENTAL : d'éviter la pollution mentale et donc d'être sereins. Mettre le mental au service de l'esprit. Nous relier aux aspirations du Coeur. D'être sereins.

PLAN EMOTIONNEL : d'être en paix et donc apaisés.

PLAN VITAL : d'harmoniser nos chakras et les énergies de nos différents corps subtils.

LE PLAN PHYSIQUE : d'être calmes.

Mode d'emploi

PLANS SPIRITUEL ET DIVIN

Prenons en considération notre lumière et notre divinité.

Prenons en considération notre grandeur en toute humilité.

Prenons en considération notre beauté et notre sagesse.

Soyons prêts à laisser notre corps de lumière s'exprimer (pour cela pensons aussi à nous libérer de nos craintes liées à cela).

PLAN CAUSAL

Travaillons sur nos blessures passées et ancrées inconsciemment en nous. Lorsque nous nous sentons blessés, prenons conscience qu'il s'agit de notre égo ou de nos « mini-MOI », identifions-les, envoyons-leur de l'amour et de la compréhension [1], puis dépassons leur plan vibratoire en visualisant que nous ascensionnons vers le ciel grâce à une échelle.

PLAN MENTAL

Faisons le vide mental. Mettons-nous en onde alpha.

Pour cela, visualisons notre tête au niveau du ciel. [Ou cf exo]

Relions notre coeur à nos énergies supérieures.

Pour cela, sentons que des énergies en provenance des plans supérieurs se déversent en lui et le remplissent.

Ayons l'intention d'accéder à notre Moi Supérieur [2].

Soyons à l'écoute de Soi, communiquons intérieurement avec cette partie de nous-mêmes.

Pour cela, tentons de créer du lien avec au quotidien en considérant l'être spirituel et divin que nous sommes.

PLAN ÉMOTIONNEL

Soyons dans la joie. Ne ressentons aucune perturbation émotionnelle.

PLAN VITAL

Ressentons une aspiration puissante à exprimer notre moi supérieur, osons le laisser rayonner. [cf exo]

PLAN PHYSIQUE

Soyons détendus, respirons calmement. Évitons toute forme d'agitation.

(1) Fiche page 175 . (2) Fiche page 179

EXERCICES

Rituels

POUR SE METTRE EN ONDE ALPHA :

Nous pouvons sentir que nous sommes une plante magnifique. Nous grandissons jusqu'au ciel afin d'être bénis et nourris par sa lumière, son énergie. Notre corps se veut dense, telle une tige à l'intérieur de laquelle un flux vital puissant circule.

POUR SE PRÉPARER À RECEVOIR LES ÉNERGIES DU MOI SUPÉRIEUR :

Notre intérieur est une pièce dont les murs sont recouverts de suie. L'atmosphère est pesante, il n'y a pas d'éclairage. Nettoyons cette pièce, ouvrons les fenêtres, décorons-la, répandons-y de belles énergies. Soyons fiers de notre travail.

POUR LAISSER SON MOI SUPÉRIEUR PRENDRE PLACE EN SOI :

Imaginons que notre moi supérieur descende du ciel en parachute. Celui-ci se greffe alors en nous. Nous autorisons sa présence en nous et nous affirmons : « je suis parfaitement présent à moi-même, je m'oriente vers un avenir lumineux, divinement et purement guidé par les énergies de mon être supérieur qui me guide merveilleusement et parfaitement bien. Je suis un être incroyable doté d'une sagesse et d'une grandeur certaines, je me laisse orienter par cette partie de moi qui se veut être divinement et brillamment parfaite ».

Protocole

POUR ENTRER EN LIAISON AVEC LES ÉNERGIES DU MOI SUPÉRIEUR :

Étape 1 — **Une colonne énergétique et lumineuse se trouve devant nous. Plaçons-nous à l'intérieur.**

Étape 2 — Une pluie d'étoiles lumineuses tombent dans la colonne. Nous en recevons les bienfaits, nous sommes en joie.

Étape 3 — Une lumière de couleur bleu parme se déverse dans la colonne et se connecte à nous puis, entre en nous. Nous prenons conscience que cette lumière est l'énergie de notre moi supérieur. Fusionnons avec. En acceptant que ces énergies entrent en nous, nous acceptons que les énergies de notre Moi Supérieur se décalquent sur nous.

Étape 4 — Nous sommes heureux. Nous prenons conscience de notre potentiel divin.

POUR ÊTRE CONNECTÉ À L'ÉNERGIE DU MOI SUPÉRIEUR :

Étape 1

Sentons l'énergie présente en nous, disponible au niveau de notre ventre.

Étape 2

Cette énergie monte alors au fur et à mesure que notre conscience (ou attention) monte avec elle. Nous remontons comme ceci cette énergie tout du long de notre colonne vertébrale jusqu'à parvenir à notre tête.

Étape 3

Nous sentons ensuite l'énergie que nous avons rabattue jusqu'au niveau du cou/des épaules et nous imaginons prendre ce bloc d'énergie avec nos mains afin de le monter jusqu'à un espace situé à 30 cm au-dessus de notre tête.

Étape 4

Une fois la mission accomplie, nous gardons notre attention connectée à cet espace ; nous sentons que notre coeur y est aussi relié (voire présent en lui). Nous focalisons sur cela pendant 4 à 5 minutes avant de retourner à nos occupations physiques et matérielles.

Lorsque nous souhaitons réfléchir ou agir, nous pouvons reposer notre attention au niveau de cet espace et nous focaliser dessus tout en lâchant prise.

POUR LAISSER RAYONNER SON MOI SUPÉRIEUR :

Étape 1

Imaginons-nous tel un soleil brillant, réconfortant, vif et lumineux. Nous sentons à quel point nos rayons souhaitent diffuser toute leur lumière merveilleuse. Nous sommes pourtant enfermés dans une sorte de boîte en carton qui empêche cette lumière de s'échapper.

Étape 2

Nous perforons la boîte de plus en plus pour laisser peu à peu, nos rayons émaner leur puissance énergétique vers l'extérieur.

Étape 3

Nous décidons finalement de laisser ces rayons dissoudre la boîte en carton intégralement afin qu'ils puissent exprimer définitivement et totalement toute leur capacité de rayonnement.

EXPRIMER

notre être véritable

(EXPRESSION DE SOI)

“

L'être véritable correspond à notre identité profonde, à notre personnalité lorsque celle-ci se veut épurée des filtres et masques que l'égo peut nous faire porter par peur, habitude, ou stratagème[1]. Nous en faisons souvent trop, ou pas assez ; nous nous empêchons de faire des choses ou nous nous forçons à en faire d'autres ; nous nous privons de ce dont nous rêvons, ou bien nous tentons de compenser avec ce que nous n'avons jamais reçu... En fait, il est rare que nous parvenions à être authentiques et intègres, nous ne sommes que rarement vrais car nous jouons pour la plupart d'entre nous et du temps des rôles, et cela bien entendu souvent inconsciemment. Cela rassure l'égo et cela nous conforte ou nous réconforte vis-à-vis de la personne que nous croyons être.

Si nous étions pourtant à l'écoute profonde de nous-mêmes, de notre être véritable, nous saurions avec exactitude ce qui est bon pour notre personne et pour les autres de faire, d'être, de dire, de recevoir, sans avoir à jouer des rôles. Nous n'aurions plus à porter ces vêtements qui ne sont pas les nôtres, ni à être dans l'imposture. Il nous serait profitable d'apprendre à développer l'écoute de soi pour pouvoir ensuite exprimer par nos actions, gestes, comportements et postures, notre identité profonde et véritable.

Bien sûr, nous cherchons tous à exprimer notre être véritable car nous souhaitons tous (parfois inconsciemment) être nous-mêmes, dans la spontanéité et la joie d'incarner l'être incroyable et divin que nous sommes. Lorsque nous n'exprimons pas cette vérité intérieure, cela crée des barrières énergétiques car en la boycottant nous créons des frustrations, des dérèglements, des disharmonies et cela engendre un désalignement qui retire au flot vital toute sa fluidité créatrice potentielle. Nous risquons alors malheureusement de passer à côté de la réalisation de SOI, ou de nous écarter de la Source à laquelle nous tentons pourtant de reconnecter.

”

“ la spontanéité et la joie d'incarner l'être incroyable et divin que nous sommes ”

Mode d'emploi

PLANS SPIRITUEL ET DIVIN

Exprimons notre divinité ; pour cela laissons notre âme s'exprimer [2].

Exprimons notre sagesse par nos actes et nos paroles (soyons pour cela en lien avec notre Moi supérieur) [3].

Laissons l'Esprit se manifester à travers nous. Laissons pour cela libre cours à nos idées.

PLAN CAUSAL

Exprimons notre créativité.

Autorisons-nous à être Vrais, ainsi nous existons pour qui nous sommes et non pour ce que nous faisons. Et nous apportons ainsi au monde notre cadeau et notre vibration personnels, au lieu d'exister par et pour le regard des autres.

Osons le dépassement de SOI ; réalisons pour cela une action qui va à l'encontre d'une de nos peurs.

Libérons-nous des préjugés, du regard de l'autre. Pour cela agissons comme nous l'entendons avec spontanéité. N'hésitons pas à laisser pour cela notre enfant intérieur s'exprimer [4].

PLAN MENTAL

Laissons s'exprimer nos pensées et notre imagination.

Exprimons nos ressentis intuitifs par des actions. Prenons des directions allant en leur sens.

Laissons libre cours à nos envies, à nos aspirations profondes, à notre élan du coeur.

Ne posons aucun jugement sur nous-mêmes.

PLAN ÉMOTIONNEL

Exprimons nos émotions positives de manière spontanée. Exprimons d'ailleurs physiquement ce que nous ressentons émotionnellement.

PLANS VITAL ET PHYSIQUE

Osons occuper l'espace, osons exister !

Réalisons des actions positives, altruistes et bienfaisantes. Autrement dit des actions qui témoignent du merveilleux que l'on abrite en nous.

Laissons le corps physique s'exprimer. Ainsi, nous faisons vibrer nos cellules positivement, nous nous inscrivons dans le moment présent, nous sommes présents à nous-mêmes, nous nous ancrons dans la matière et nous faisons rayonner notre être.

(1) Fiche page 175 . (2) Fiche page 231 . (3) Fiche page 179 . (4) Fiche page 164

EXERCICES

Challenges

- [ ] *Osons réaliser quelque chose pour la première fois de notre vie que nous aspirons à faire depuis des années.*

- [ ] *Prenons une chanson dont les paroles nous parlent profondément et qui témoignent de la libération, de l'expression. Chantons-la avec toutes nos tripes, notre coeur et notre âme. Sentons à quel point nous l'incarnons.*

- [ ] *Osons réaliser une prestation artistique devant des témoins.*

- [ ] *La prochaine fois que nous n'osons pas faire quelque chose, forçons-nous à le faire de manière déterminée en dépassant notre appréhension, et ce, avec aplomb.*

Rituels

POUR RÉGULER NOTRE CHAKRA DE LA GORGE :

Si nous n'osons pas exprimer ce que nous avons à dire, cela referme ou pollue notre chakra de la gorge.

Visualisons ce chakra (situé au niveau de la gorge) comme un noeud de cravate que nous desserrons, afin de ne plus ressentir de gêne et de pouvoir respirer à nouveau.

Lorsque nous sentons notre chakra de la gorge encombré, toussons et sentons que les charges se décrochent pour tomber sous forme d'engrais dans la terre.

Protocole

POUR LIBÉRER NOTRE ÂME (1) :

Étape 1 — **Imaginons des étoiles extrêmement brillantes, telles des élixirs condensés de lumière au niveau de notre front. Celles-ci flottent au milieu d'un ciel resplendissant.**

Étape 2 — Ces étoiles se libèrent vers l'extérieur puisqu'une porte gigantesque et merveilleuse s'ouvre au niveau de notre front. Elles voyagent alors et se répandent tout autour de nous. Au même instant, dans notre corps entier, d'autres étoiles se libèrent en nous, une trappe s'ouvre au niveau de notre gorge.

Note : si nous sentons qu'il est difficile d'ouvrir cette trappe, imaginons un entonnoir. Laissons sortir alors seulement quelques étoiles en fonction de ce qu'il est possible pour nous.

Étape 3 — Ces étoiles se propagent en nous et autour de nous, elles laissent leur élixir se libérer et se répandre partout de sorte à infiltrer toutes les cellules qui nous composent et qui se trouvent dans le champ nous entourant. Bougeons, chantons, laissons-nous aller et laissons toutes ces étoiles se répandre et libérer leur contenu.

POUR EXPRIMER NOTRE ÊTRE VÉRITABLE :

Étape 1 — **Visualisons que nous portons un costume, enlevons-le. Sentons à quel point il est lourd et à quel point nous sommes heureux de nous en débarrasser.**

Étape 2 — Visualisons que nous portons un ou des masques et retirons-les. Observons notre regard qui se veut vrai et perçant.

Étape 3 — Visualisons que nous enlevons tous les vêtements que nous portons, nous nous retrouvons à nu. Notre peau se couvre de doré afin de rayonner et d'éclairer. Nous nous sentons légers, libérés, soulagés.

Étape 4 — Bougeons physiquement afin de ressentir toute cette légèreté au niveau de nos mouvements.

(1) Fiche page 231

Partie 6

LES PLANS SPIRITUEL ET DIVIN

DÉVELOPPER ET ÉCOUTER NOTRE *intuition*

“

L'intuition nous permet d'avoir accès à une guidance spontanée et naturelle. Elle se réveille afin de nous orienter, de nous aider à faire les bons choix, à prendre les bonnes décisions au quotidien.
Elle nous aiguille telle une boussole qui sait nous conduire vers le chemin, les personnes ou les opportunités qui se veulent les meilleurs et les plus sains pour nous. En apprenant à écouter notre intuition nous avons plus de chance de nous diriger vers ce qui se veut constructif, épanouissant et nourrissant pour notre être, et donc de nous écarter de ce qui se voudrait être nocif pour lui. L'intuition est une faculté inhérente à chacun d'entre nous si l'on prend le temps de l'écouter et de la développer.

”

Mode d'emploi

PLAN DIVIN

Lorsque nous avons le sentiment qu'une intuition se présente à nous, essayons de ressentir si cette dernière nous pacifie et génère chez nous un sentiment de plénitude.

Si tel est le cas, cela indique que notre âme s'exprime à travers elle. Cette intuition est donc bonne.

PLAN SPIRITUEL

Soyons à l'écoute de SOI, autrement dit notre verticalité (1).

Ainsi, les énergies et vibrations de l'âme lancent des appels au coeur, qui sait lui-même faire vibrer nos cellules. Cela génère ensuite un élan et des aspirations profondes chez nous. De plus, le Soi nous permet de gagner en lucidité et d'accompagner notre intuition avec des idées claires et une plus grande sagesse et compréhension des choses. Cela nous assure un certain niveau de guidance intérieure.

Soyons visionnaires. Autrement dit, soyons attentifs à nos visions de l'esprit, à nos illuminations (fulgurances/évidences) intérieures. Faisons tout de même preuve de discernement car l'égo est capable de bloquer certaines visions de notre esprit. Il aime en effet ne voir que ce qui l'arrange. Pour être certain que nos visions soient justes, nous devons être connectés aux énergies du SOI (2).

Soyons attentifs à nos rêves, ils regorgent parfois de messages intuitifs. Il peut être utile de les noter le matin dans un carnet.

(1) Fiche page 179 . (2) Fiche page 179

PLAN CAUSAL

Dépassons l'égo. Prenons soin de transmuter nos peurs [1].

Lorsque notre coeur « parle », nous devons faire preuve de discernement et veiller à ce que l'égo ne soit pas celui qui soit à l'origine de son emballement. En effet, beaucoup d'entre nous se disent « je me lance, j'y vais, c'est mon coeur qui parle ». Mais en fait, c'est l'égo qui s'exprime. Par exemple, une proposition d'emploi nous attire et nous nous sentons totalement appelés à y répondre positivement ; or, c'est l'égo qui dit « oui », car il se sent appâté par le salaire proposé.

Un homme ou une femme nous attire car physiquement il ou elle nous plaît, nous parvenons même à fabuler et à imaginer toutes ses qualités. Nous pensons que notre coeur s'emballe pour lui ou pour elle… pourtant c'est encore l'égo qui s'exprime une fois de plus via les filtres de notre inconscient. Il nous fait croire que quelque chose ou quelqu'un est bon pour nous.

Conseils

Il est utile de savoir que l'égo fonctionne souvent par attirance.

Lorsque l'on se sent « attiré » vers quelque chose ou quelqu'un, il est bien souvent question d'inconscient. Lorsque nous nous sentons appelés, la vibration est différente. Il s'agit d'un réel appel du coeur.

Notons aussi que l'égo, contrairement à l'âme et au coeur, génère de l'euphorie, de l'exaltation, du tumulte, de la passion, des pulsions.

Il crée des réactions démesurées chez nous (dans le trop plein ou le trop peu). Au contraire, le centrage, l'alignement et la sagesse témoignent généralement d'une connexion au SOI. Apprenons à être honnêtes avec nous-mêmes, ne trichons pas, ne nous mentons pas. Nous savons très bien au fond lorsque quelque chose et quelqu'un n'est pas sain pour nous, mais il est vrai que nous choisissons parfois de nous mentir et de nous convaincre du contraire puisqu'au fond, cela nous arrange…

PLAN MENTAL

Écoutons nos aspirations du coeur. Pour cela, mettons notre mental non productif (le mental inférieur) en sourdine[2].

Émettons l'intention de nous laisser guider par notre coeur. [Cf exo]
Posons l'intention de laisser notre intuition s'exprimer au quotidien.
En montrant à notre intuition que nous lui donnons l'autorisation et la possibilité de s'exprimer, elle va grandir et prendre de plus en plus de place. Ensuite, nous pourrons agir de manière plus spontanée sans nous mettre dans l'embarras.
Utilisons un mantra d'affirmation positive tel que : « mon intuition se veut juste, magnifique et prolifique. Elle me guide à la perfection et à merveille car je souhaite ce qu'il y a de meilleur et de bon pour moi, je souhaite avancer et me diriger vers ce qui me semble être le plus sain, positif et merveilleux pour mon existence. »

....

PLAN ÉMOTIONNEL

Lorsque notre intuition nous parle, soyons attentif à l'énergie que cela fait circuler en nous.

S'il s'agit de la joie, alors nous pouvons nous lancer.
Si s'agit de la peur, nous avons un travail à réaliser sur nous-mêmes (sur notre égo)[3]. En effet, la peur n'est parfois qu'un stratagème de l'égo pour nous empêcher de prendre un nouveau chemin. Quoi qu'il en soit, nous devons travailler sur ce dernier afin de parvenir au bout du compte à nous lancer. Faisons en sorte que notre Volonté soit plus forte que notre peur. En passant à l'action et en voyant le positif qu'elle génère, notre ancienne peur sera transmutée.

....

PLAN VITAL

Apprenons à fonctionner au ressenti, à la vibration, plus qu'au mental et à la logique.

Pour cela, soyons à l'écoute de ce qui nous rebute ou nous repousse. Soyons attentif aux réactions de notre corps. Ressentons-nous par exemple une oppression au niveau de certains chakras ou bien une ouverture ? En fait, l'intuition nous appelle, nous dirige vers quelque chose qui est bon pour nous, c'est-à-dire vers quelque chose de nourrissant, épanouissant, harmonieux et constructif. Lorsque nous sentons que quelque chose, quelqu'un, est néfaste ou mauvais pour nous, il n'est pas question d'un appel mais au contraire d'une énergie de répulsion. Au lieu de sentir que cela est juste pour nous, nous sentons au contraire que cela n'est pas « ok ». Dans ces moments-là, le coeur qui répond normalement lorsque quelque chose est bon pour nous se « bloque » et vibre différemment ; et donc nos cellules aussi. Nous sentons que ce choix, cette personne, ou cette situation, n'est pas aligné et notre corps semble le ou la repousser. Nous devons tenir compte de ces avertissements.
Soyons certains que notre coeur est celui qui s'exprime. Pour cela, mettons de côté (durant un temps) toute forme de désir, de pulsion et d'ambition que peut avoir l'égo. [Cf exo]

....

PLAN PHYSIQUE

Faisons appel à notre intuition lorsque nous sommes bloqués, lorsque nous nous trouvons dans l'impasse. [Cf exo]

L'intuition nous invite forcément à prendre une voix, seul l'égo est un frein. Lorsque nous nous retrouvons bloqués, c'est que ce dernier est intervenu.
L'âme (par sa vibration) et l'esprit (par sa vision et sa hauteur), proposent toujours des solutions aux impasses et problématiques.

....

(1) Fiche page 175 . (2) Fiche page 114 . (3) Fiche page 175

EXERCICES

Rituels

POUR FAIRE APPEL À L'INTUITION LORSQUE NOUS NOUS TROUVONS DANS L'IMPASSE :

Imaginons notre intuition telle une bouche au niveau de notre coeur. Retirons le sparadrap qui l'empêche de s'exprimer (faisons-le avec la volonté de nous libérer et de faire appel à notre intuition). Puis, laissons-la nous parler. Durant le rituel, sentons combien notre coeur se gorge d'amour et surtout croyons en nous et en notre capacité à nous souhaiter ce qu'il y a de meilleur afin que notre intuition s'exprime plus amplement.

POUR NOUS LAISSER GUIDER PAR LE COEUR :

Visualisons notre coeur sous la forme d'une boussole lumineuse, et soyons certains que celle-ci nous dirigera vers le meilleur qui soit pour nous. Centrons-nous dans le coeur et demandons-nous (tout en restant centrés dans cet espace) ce qui est juste pour nous. Essayons toujours de sentir vers quoi penche notre coeur, vers quoi il nous dirige. Sinon, demandons à notre coeur ce qui est bon pour nous tout en étant centrés sur lui [1]. Puis, laissons-le dérouler devant nous un tapis représentant le chemin qu'il est bon de prendre. Laissons-nous aller en avançant sur celui-ci progressivement. Soyons à l'écoute des ressentis qui nous parviennent, prenons-en note.

POUR UTILISER SON INTUITION :

Soyons ancrés puis, posons notre conscience sur un choix A (pour cela il nous suffit de visualiser un lien qui relie notre tête à ce choix en question et de garder notre concentration focalisée sur ce dernier). Puis, ressentons ce qui se passe en notre coeur. Notons ce qui nous parvient comme informations intuitives. Puis, déconnectons notre coeur et ce lien du choix en question et recommençons l'opération pour le choix B, et ainsi de suite.

Protocole

POUR METTRE DE CÔTÉ L'ÉGO (NOS DÉSIRS, PULSIONS ET AMBITIONS) :

Étape 1 Imaginons notre égo comme un petit troll essayant de s'accrocher à nous, de nous manipuler, de nous influencer. Observons à quel point il est hyperactif.

Étape 2 Faisons-le taire, calmons-le en lui parlant avec amour.

Étape 3 Décollons-le de nous tout en respirant calmement. Visualisons-le comme étant calme, apaisé, assis à côté de nous. Sentons la distance qui nous sépare de lui, qui nous en tient éloignés.

Étape 4 Fermons les yeux, écoutons notre respiration et sentons que celle-ci a lieu au niveau de notre coeur. Visualisons notre tête s'ouvrant vers l'extérieur et qui s'aère (tous les poids emprisonnés à l'intérieur se décongestionnent et s'envolent vers le ciel).

Étape 5 Écoutons-nous profondément, dans la paix la plus totale, libérés de l'emprise de l'égo.

UTILISER ET DÉVELOPPER LA *clair-audience*

La clair-audience nous permet de communiquer avec les êtres des plans subtils via un canal ayant pour vocation de nous aider à capter certaines informations en provenance d'autres plans vibratoires (1).

La clair-audience est donc utile si nous souhaitons recevoir des conseils, des messages, des informations ou bien encore des initiations de ces êtres en question.

LA BOITE À Questions

Comment savoir si une communication avec un être positif a été établie ?

SUR LES PLANS SPIRITUEL ET DIVIN :
Nous ressentons de l'amour inconditionnel, du bien-être, de la légèreté. Nous avons une foi immense face à notre devenir.

SUR LE PLAN MENTAL :
Nous sommes dans le lâcher prise et la confiance. Nous recevons des idées de manière spontanée et intuitive.

SUR LE PLAN EMOTIONNEL :
Nous ressentons des émotions positives. Nous sentons monter en nous un amour inconditionnel.

SUR LE PLAN VITAL :
Nous ressentons de la chaleur, des frissons. Nous nous sentons connectés au Grand Tout. Nous ressentons une sensation d'immensité, de vastitude.

(1) Fiche page 7

LA BOITE À

Questions

Comment peut se traduire la réception et l'interprétation de messages reçus de la part d'êtres positifs ?

« NOUS SOMMES EN MODE « TÉLÉPATHIE ». DES MOTS SE GREFFENT EN NOUS. NOUS LES VOYONS OU LES ENTENDONS, SOUVENT AVEC NOTRE PROPRE VOIX (PUISQUE LES MESSAGES SONT DES CODES ÉNERGÉTIQUES QUI PASSENT PAR NOTRE FILTRE MENTAL POUR ÊTRE INTERPRÉTÉS).

Nous recevons des messages intuitifs et spontanés. Nous avons de fortes intuitions, un grand ressenti. Une information se greffe en nous, sans explication, mais nous sentons qu'elle est très juste.

Nous ressentons des émotions positives, une immense joie. C'est un ressenti presque irrationnel. Nous pleurons ou éclatons de rire mais nous sentons que quelque chose opère en nous, qu'un message est en train de passer. »

Si nous ne parvenons pas à recevoir de messages, quelles peuvent en être les causes ?

« C'est qu'il doit certainement en être ainsi. Il est possible que nous ne soyons pas prêts, que cette étape arrive trop tôt dans notre évolution spirituelle. Ayons alors la sagesse d'accepter la situation et de continuer à travailler sur nous.

Notre mental est peut-être trop envahissant.

Nous n'avons pas suffisamment foi.

Parfois, les plans supérieurs peuvent faire preuve de silence s'ils estiment que nous abusons trop de cette communication. Pourquoi ? Parce que nous risquons de perdre trop d'ancrage et de nous réfugier dans un « autre monde ». N'oublions pas que les plans supérieurs sont là pour nous assister et nous guider lorsque nous sommes incarnés sur Terre.

IL EST AUSSI POSSIBLE QUE NOS GUIDES NE NOUS RÉPONDENT PAS S'ILS ESTIMENT QUE NOUS DEVONS EXPÉRIMENTER PAR NOUS-MÊMES OU TROUVER LES RÉPONSES EN NOUS.

Enfin, il est probable que les plans supérieurs fassent preuve de mutisme s'ils souhaitent tester notre foi envers eux. Dans ces moment-là, ne perdons pas courage et gardons la foi, car OUI, ils seront toujours là pour nous ! »

Mode d'emploi

PLANS SPIRITUEL ET DIVIN

Considérons l'être divin que nous sommes.
Visualisons-nous en tant qu'être de lumière. Il faut que nous ayons pleinement foi dans le fait que nous sommes connectés aux plans supérieurs et que nous sommes protégés par ceux-ci. Nous pouvons aussi créer une protection énergétique autour de notre personne si cela nous rassure. Ayons la foi que les plans supérieurs existent.

Sentons un lien d'amour avec l'entité avec laquelle nous souhaitons communiquer. En fait, l'amour a fonction d'antenne, il crée le pont entre la densité terrestre et les dimensions supérieures.

Ressentons de la bienveillance.

Soyons dans le non-jugement et dans l'amour inconditionnel.

Comment ? En acceptant notre incarnation, en nous sentant connectés à la planète, en reliant notre chakra racine à la Terre. Puis, en reliant notre chakra coronal aux plans supérieurs par visualisation. Par exemple visualisons qu'un faisceau de couleur violette descend du ciel et vient toucher le sommet de notre crâne.

PLAN MENTAL

Lâchons prise, c'est-à-dire lâchons toute volonté de contrôler.

Soyons calmes et sereins.

Prenons conscience qu'il s'agit d'une opération simple. Cette dernière demande souvent un peu d'entraînement, mais elle est à la portée de tous. Si nous pensons que c'est compliqué, alors cela risque de le devenir, via la Loi de l'attraction.

Émettons l'intention de communiquer avec l'être en question, avec toute la puissance du coeur.

Soyons centrés dans le coeur (1).

Restons humbles.

Ainsi nous montrons que nous avons de la considération pour les entités des plans supérieurs et que nous les respectons. Nous démontrons que c'est une chance de pouvoir communiquer avec elles. Ainsi, nous faisons preuve de gratitude.

Ayons une intention pure et dénuée de toute ambition ou orgueil. Laissons notre égo de côté (2).

PLAN CAUSAL

Soyons prêts à communiquer, à capter des messages. Soyons prêts à les entendre et à écouter, ouvrons pour cela notre esprit, laissons tomber nos préjugés et croyances.

Considérons-nous comme étant un être pur, non conditionné, tel un nouveau-né.

(1) Fiche page 140 . (2) Fiche page 175

PLAN ÉMOTIONNEL

Soyons dans la joie de cette communication subtile.

Ressentons de l'enthousiasme.

Bannissons toute peur du bas astral, sans quoi nous aurons du mal à nous connecter aux plans supérieurs, car notre peur va abaisser nos énergies.

De plus, lorsque nous émettons un sentiment de peur (qui est un sentiment négatif), nous nourrissons les égrégores du bas astral. N'oublions pas que le mal se nourrit du mal, et le négatif du négatif.

PLANS VITAL ET PHYSIQUE

Soyons détendus.

Sachons que le déploiement de nos capacités spirituelles dépend en grande partie du chemin et du développement personnel que nous empruntons. Si nous souhaitons décupler nos capacités, il est d'abord nécessaire de travailler sur nous. Pourquoi ? Car plus nous serons au clair avec notre personne et notre incarnation, plus nous serons légers énergétiquement. Cela nous permettra donc d'avoir des énergies plus subtiles, plus hautes « vibratoirement », et nous donnera l'occasion de déployer l'être spirituel que nous sommes !

Élevons nos fréquences.
Pour cela, faisons en sorte de faire vibrer tous nos plans positivement.

UTILISONS DES AFFIRMATIONS POSITIVES TELLES QUE : « JE DEMANDE À ENTENDRE. JE SAIS QUE JE VAIS ENTENDRE. JE SAIS QUE JE PEUX ENTENDRE. JE SAIS QUE C'EST POSSIBLE. JE SAIS QUE C'EST FACILE. »

EXERCICES

Rituels

POUR ACTIVER NOTRE CLAIR-AUDIENCE :

Imaginons un cône sortant de chacune de nos oreilles. Ces cônes ressemblent à des antennes paraboliques. Nous répétons plusieurs fois : « je demande l'activation de ma clair-audience ». Nous sentons que ces cônes s'ouvrent et captent des énergies provenant d'ici et d'ailleurs.

POUR UTILISER NOTRE CLAIR-AUDIENCE :

Après avoir appliqué les conseils donnés dans le mode d'emploi, imaginons notre tête telle une tirelire, laissant tomber en elle des informations provenant des plans supérieurs. Elles pénètrent ensuite dans notre chakra solaire. Focalisons-nous sur ce chakra et laissons les informations (sous la forme de mots ou de phrases) venir à nous, à notre esprit et/ou notre coeur. Prenons-en note, ne cherchons pas à comprendre ces informations mentalement, laissons notre ressenti se charger de leur traduction.

Protocole

POUR NETTOYER NOS CHAKRAS AUDITIFS :

Étape 1 Visualisons qu'à l'aide d'une petite cuillère creuse, nous récupérons les saletés qui se trouvent à l'intérieur de notre oreille. Mettons-les dans un sac. Continuons jusqu'à ressentir un mieux-être dans notre oreille et jusqu'à visualiser l'oreille propre.

Étape 2 Fermons le sac et jetons-le dans le magma au centre de la Terre. Renouvelons l'opération pour l'autre oreille. Profitons-en pour nous pardonner d'avoir refusé d'entendre certaines choses par le passé.

Étape 3 Nettoyons nos oreilles à l'aide de spray moussant qui s'écoule ensuite dans la terre.

ÉTABLIR UNE communication AVEC UN ANIMAL, UN VÉGÉTAL OU UN MINÉRAL

Chaque personne, chaque chose, émet de l'énergie. Et l'énergie contient des informations. Ces informations, ces ondes, ces signaux circulent entre nous et le monde qui nous entoure. Si nous le souhaitons, nous pouvons diriger notre attention vers ces informations pour les recevoir, les écouter, et enfin les interpréter. Les animaux, les végétaux et les minéraux émettent des informations et il nous est donc possible de les capter, de les écouter et de les traduire.

Bien entendu, les signaux qu'ils émettent et que nous recevons, peuvent prendre différentes formes. Cela peut se traduire par une image mentale, une sensation, un sentiment profond, un mot qui résonne en nous, un ressenti dans notre corps, une forte intuition, un flash de clair-voyance. Il nous suffit d'être disponibles à les recevoir et de développer notre capacité à les interpréter spontanément avec le coeur sans mentaliser l'affaire. Plus nous allons expérimenter la communication intuitive, plus nos perceptions et notre interprétation vont s'affiner.

Mode d'emploi

PLANS SPIRITUEL ET DIVIN

Ressentons un sentiment d'unité avec l'animal, le végétal ou le minéral en question.

Ressentons un profond respect pour lui.

Ressentons de l'amour inconditionnel pour lui.

Faisons preuve de compréhension envers lui.

Soyons ouverts d'esprit [1].

....

PLAN MENTAL

Émettons l'intention d'établir un contact avec l'animal, le végétal ou le minéral en question.

Ayons une intention pure et lâchons prise.

Centrons-nous sur le coeur (2).

Imaginons par exemple un pont qui relie ce dernier à l'animal ou au végétal ou au minéral en question.

Si notre communication est destinée à établir un contact avec un animal, nous pouvons lui envoyer des images mentales afin de lui transmettre des messages, ou de lui poser des questions.

Pour traduire les informations que nous captons, laissons notre coeur agir et nous guider.

Les messages que nous allons recevoir vont être perçus et captés par notre esprit soit par des flashs et des images pour la plupart du temps métaphoriques ; soit par un ressenti intuitif ; soit par des mots ou des phrases entendus plus ou moins distinctement. Ils vont pouvoir être analysés ensuite par le mental analytique en association avec l'énergie du coeur afin que notre interprétation puisse être réalisée de manière spontanée.

Soyons dans un élan positif face à l'idée d'établir la communication.

....

PLAN ÉMOTIONNEL

S'il s'agit d'un animal, faisons preuve de compassion envers lui.

Soyons en joie à l'idée de cet échange.

....

PLANS VITAL ET PHYSIQUE

Sentons-nous connectés à l'animal, au végétal ou au minéral en question. Sentons-nous reliés et interdépendants, comme ne faisant qu'un.

Établissons un contact physique ou un rapprochement (regard, toucher...)

Soyons ancrés.

....

(1) Fiche page 212 . (2) Fiche page 140

EXERCICES

Conseil : pour réaliser tous les protocoles suivants, le fait de se connecter à son enfant intérieur (1) peut être d'une grande aide.

Protocole

POUR COMMUNIQUER AVEC L'ESPRIT D'UN MINÉRAL ET PROFITER DE SON ÉNERGIE :

Étape 1 **Choisissons un minéral puis posons notre main au-dessus de ce dernier.**

Étape 2 Sentons ensuite que le milieu de notre front se connecte à lui.

Étape 3 Notre troisième oeil observe ce minéral.

Étape 4 Notre coeur scanne ensuite le minéral (il envoie des ondes qui balayent le minéral).

Étape 5 Nous nous laissons ensuite envahir par l'énergie du minéral qui vient jusqu'à nous et nous laissons les messages qu'il souhaite nous faire parvenir pénétrer en nous. Nous lâchons prise et ressentons ce qui se passe en nous.

POUR ENTRER EN CONTACT AVEC UN ARBRE :

Étape 1 **Connectons-nous à notre moi supérieur (2), puis dirigeons-nous vers un arbre vers lequel nous nous sentons appelés.** Si aucun arbre ne se trouve dans l'environnement dans lequel nous nous trouvons, nous pouvons aussi demander à notre esprit de nous en montrer un, puis nous l'imaginons.

Étape 2 Sentons combien notre coeur est relié au coeur de l'arbre, à son centre énergétique le plus puissant, le plus vibrant. Imaginons un cordon doré qui relie les coeurs entre eux.

Étape 3 Imaginons nos racines sortir par nos pieds afin d'entrer en contact avec les racines de l'arbre. Voyons-nous grandir et relions-nous par le sommet de notre crâne aux branches de l'arbre.

Étape 4 Épousons l'arbre de sorte à ne faire qu'un avec lui, une seule unité. Laissons-nous bercer par l'arbre, laissons son énergie nous étreindre.

Étape 5 Ressentons cette connexion établie de toute part et laissons des mots, des impressions, des ressentis, des intuitions venir à nous.

Pour terminer l'exercice, nous mettons mentalement et émotionnellement une distance entre l'arbre et nous-mêmes. Nous reprenons conscience de notre corps en le touchant fermement, en nous ancrant et en sentant à quel point l'énergie qui nous est propre vibre dans chacune des cellules de notre corps.

(1) Fiche page 164 . (2) Fiche page 179

POUR ENTRER EN COMMUNICATION AVEC L'ESPRIT D'UN ANIMAL :

Étape 1 — **Nous visualisons notre tête entrer en contact physique avec la tête de l'animal. Nous lâchons prise et attendons de ne plus être focalisés sur notre tête, nous faisons en sorte d'oublier qu'elle est la nôtre. Nous l'abandonnons pleinement, elle fusionne avec celle de l'animal.**

Étape 2 — Nos pieds et nos mains entrent en contact avec les pattes de l'animal. Nous ne pouvons plus les distinguer, elles ne font qu'un.

Étape 3 — Nous visualisons un transfert, un échange d'énergies opérer entre l'animal et nous. Nous posons l'intention que celui-ci soit sain et positif. Nous sentons que des barrières nous protègent de tout échange pouvant être parasitant.

Étape 4 — Notre esprit se branche sur celui de l'animal. Pour cela, il nous suffit de visualiser qu'un rond blanc et lumineux se trouvant au sommet de notre crâne vers notre front se déplace, pour aller se déposer sur le front de l'animal en question. Ce rond blanc et lumineux reste à cet endroit, nous gardons notre attention à ce niveau-là.

Étape 5 — Nous prêtons attention aux flashs, mots, intuitions, ressentis et impressions qui nous viennent tout en gardant notre attention posée.

Pour terminer l'exercice, nous émettons l'intention que celui-ci prenne fin. Nous visualisons décoller notre tête de celle de l'animal. Si nous le souhaitons nous coupons tous les liens énergétiques qui nous relient à lui (tout en gardant l'intention de continuer à bénéficier des liens positifs et nourrissants).

POUR COMMUNIQUER AVEC NOTRE ANIMAL TOTEM :

N.B L'animal totem est un animal qui nous confère certaines forces, qualités et vertus afin de nous aider dans notre développement personnel et notre cheminement spirituel. Certains animaux totem nous accompagnent un temps ou toute notre vie afin de nous communiquer les énergies ou les enseignements dont ils disposent et dont nous aurions besoin afin de nous accomplir.

Étape 1 **Centrons-nous dans le coeur [1]. Visualisons les courants d'onde émis par notre coeur grossir, grandir et prendre en amplitude. Notre coeur se veut de plus en plus rayonnant et vibrant. Il émane une belle et douce énergie. Cette énergie est représentée par des vagues qui vont aller toucher la silhouette d'un animal (à ce stade soit une silhouette nous apparaît clairement, soit nous pouvons rester dans le flou).**

Étape 2 L'énergie de notre coeur enveloppe tendrement cette silhouette qui finit par venir en nous, se placer au niveau de notre coeur pour s'y blottir, y prendre place. Nous lui cédons la place dans cet écrin merveilleux et lumineux qu'est notre coeur. Cette lumière éclaire notre animal totem qui nous apparaît alors clairement à l'esprit ou dont nous ressentons l'énergie.

Étape 3 Nous profitons de ce contact avec notre animal totem pour le laisser nous faire parvenir des messages (sonores, intuitifs, visuels), compréhensibles ou non. Quoi qu'il en soit nous lâchons prise, nous avons foi en le fait que quelque chose se passe entre nous.

Étape 4 Nous proposons à notre animal totem de nous montrer des lieux qu'il aimerait nous faire découvrir. Nous profitons de cet instant. Nous lui posons des questions si nous le désirons tout en restant centrés dans le coeur.

Étape 5 Une fois l'exercice terminé, nous sentons que nous reprenons la maitrise de notre corps physique, nous revenons à nous-mêmes.

Challenges

> « LORSQUE NOUS NOUS PROMENONS DANS UN JARDIN, LAISSONS-NOUS ATTIRER VERS UN VÉGÉTAL ET LAISSONS NOTRE COEUR ET NOTRE ESPRIT LUI DEMANDER S'IL A UN MESSAGE À NOUS FAIRE PASSER. »

Choisissons de temps à autres des animaux, végétaux ou minéraux, demandons-leur quelles sont leurs vertus. Prenons-en note puis allons vérifier la véracité des informations que nous avons reçues dans des ouvrages spécialisés en la matière.

Lorsqu'une personne est malade, prenons le temps de demander aux peuples des animaux, végétaux et minéraux si l'un d'eux a les compétences afin d'aider cette personne en question. Voyons ensuite ce qui nous vient à l'esprit. Laissons-nous aller et prodiguons un soin énergétique [1] à l'aide de l'énergie de l'animal, végétal ou minéral en question à la personne concernée.

(1) Fiche page 206

UTILISER ET DÉVELOPPER LE *clair-ressenti*

“

Le clair-ressenti va nous permettre de ressentir le monde des énergies qui nous entourent et de nous en donner une traduction.

Celle-ci passe généralement par une impression intuitive, un ressenti intérieur et/ou physique/énergétique (souvent par le biais de nos mains). Selon notre ressenti des vibrations captées, nous allons par exemple savoir si une situation, un lieu, ou une personne avec laquelle nous sommes en contact, est bénéfique pour nous en testant son taux vibratoire. Nous allons au contraire ressentir si des charges, des lourdeurs sont présentes et à nettoyer sur les plans subtils. Nous allons pouvoir également ressentir notre aura, nos chakras, pour ensuite les réguler. Nous allons pouvoir sentir l'énergie émise par nos mains lors des soins énergétiques que nous donnons.

”

Important :

Il est bon de savoir que nous captons les informations et les énergies selon notre propre sensibilité. Nous sommes tous différents et nous ne percevons pas les choses qui nous entourent de la même manière. Prenons un échantillon de personnes. Aucune d'entre elles ne percevra une couleur de façon identique. Chacune appréciera la couleur selon son propre ressenti, son propre vécu, sa propre sensibilité. En fait, nous possédons tous des filtres différents, qui influencent notre interprétation. Nous percevons les choses, les situations, les gens, les énergies par ces filtres personnels.

C'est une des raisons pour laquelle les gens peuvent capter une même réalité de manière différente. Certains auront une sensation de chaud, d'autres, une sensation de froid. Certains ressentiront des picotements, d'autres, une sensation de fraîcheur.

Soyons dans le lâcher prise le plus total et faisons confiance à nos ressentis, tout en restant objectifs quant à nos perceptions.

Mode d'emploi

PLANS SPIRITUEL ET DIVIN

Connectons-nous à notre moi supérieur (1).

Alignons-nous.

....

PLAN CAUSAL

Demandons-nous si notre clair ressenti a toujours été utilisé à bon escient par le passé.

Ravivons les mémoires positives de nos mains (celles d'un métier manuel par exemple, celles où nos mains ont permis de réaliser des choses positives).

Considérons nos mains comme des outils au service de la lumière et non pas comme des outils de travail pénible.

....

PLAN MENTAL

Faisons le vide mental (2).

Centrons-nous dans le coeur (3).

Essayons de focaliser notre intention sur les différents matériaux qui composent un objet, plutôt que sur l'objet lui-même.

Avant d'être une chaise, une chaise est avant tout faite de bois. Avant d'être un pot de fleur, un pot de fleur est constitué de terre cuite, etc. Apprenons à notre mental à détailler les choses plutôt qu'à les considérer dans leur intégralité. Pour cela, soyons dans le ressenti davantage que dans le constat. Ressentons d'abord l'objet comme une vibration, comme une énergie, plutôt que comme une matière.

Posons notre intention sur un objet, une personne, une plante et écoutons-nous intérieurement...

....

PLAN ÉMOTIONNEL

Soyons reconnaissants de pouvoir sentir et toucher tout ce qui nous entoure. Remercions le fait d'avoir des mains et des doigts.

Ressentons la joie que cela nous procurerait si nous pouvions ressentir les énergies.

....

PLAN VITAL

Lavons-nous les mains énergétiquement, par visualisation. Faisons aussi cela entre chaque exercice afin de nous décharger des énergies qui auraient pu être accumulées au niveau de nos mains.

Apprenons à ressentir tout ce qui nous entoure à distance (un arbre, du bois, du métal, du verre). [cf exo]

Apprenons à nous brancher sur la fréquence d'un élément en particulier.

Pour voir, entendre, percevoir, ressentir, quel que soit le canal, il est en effet important de se brancher sur la fréquence où se trouve la chose que nous souhaitons ressentir. C'est comme si des couches énergétiques se superposaient et que nous devions trouver celle où vibre la chose avec laquelle nous désirons entrer en contact. Cela se fait par l'intention. Celle-ci doit rester posée sur l'objet de notre attention.

....

PLAN PHYSIQUE

Soyons à l'aise avec notre sens du toucher et développons-le. Soyons tactiles. [Cf exo]

....

(1) Fiche page 179 . (2) Fiche page 114 . (3) Fiche page 140

EXERCICES

Rituels

Pour activer
NOTRE CLAIR-RESSENTI :

Affirmons oralement : « je demande à RESSENTIR. Je sais que je vais RESSENTIR. Je sais que je peux RESSENTIR. Je sais que c'est POSSIBLE. Je sais que c'est FACILE. »
Formons une pyramide avec nos mains.
Visualisons qu'une Lumière blanche tombe du Ciel et entre dans nos mains par nos doigts. Affirmons intérieurement : « j'active mon clair-ressenti ».

Pour decupler
NOTRE CLAIR-RESSENTI :

Par visualisation, imaginons que nous sommes une antenne. Sous chacun de nos pieds se trouve une prise électrique. Des racines en provenance de la terre viennent se brancher à ces prises (visualisons les racines sous forme de câbles électriques).

Sur le sommet de notre tête se trouve une autre prise électrique. Un câble venant du Ciel vient se brancher sur cette prise.

Pour developper
NOTRE CLAIR RESSENTI :

Scannons avec nos mains notre aura ou celles de nos amis. Amusons-nous à ressentir l'émanation énergétique de certains objets en plaçant nos mains à quelques centimètres de ceux-ci en gardant cette intention.
Nous pouvons aussi placer nos mains devant les chakras d'une personne puis les scanner un à un avant de ressentir s'ils dégagent du froid, du chaud, s'ils semblent tourner rapidement, lentement.

Peu à peu posons des intentions différentes. Par exemple, demandons à ressentir les charges présentes dans l'aura et/ou le chakra en question. Prenons cependant soin d'imaginer un gant énergétique autour de nos mains afin de ne pas les parasiter. Utilisons aussi une bonne protection énergétique [(1)].

Pour mieux apprehender
NOTRE CLAIR-RESSENTI :

Apprenons à distinguer les énergies de l'eau, de la terre, de l'air et du feu. Pour cela plaçons nos mains devant chacun de ces éléments, à distance, en fermant les yeux et ressentons. Au tout début, nos mains peuvent se trouver à 5 centimètres de l'élément en question, puis nous pouvons peu à peu nous en éloigner.

Nous pouvons aussi faire cet exercice en remplaçant les éléments (eau, terre, air et feu) par des couleurs.

Protocole

POUR SE FAMILIARISER AVEC NOTRE CLAIR-RESSENTI :

Étape 1

Une personne se trouve en face de nous. Mettons nos mains et les siennes face à face. Décidons qui de nous sera la première personne à émettre des énergies.

N.B. Dans cet exercice, il est important de se mettre en « mode émetteur » quand nous souhaitons émettre, et en « mode récepteur » lorsque nous souhaitons recevoir (cela doit venir d'une volonté intérieure, d'une intention propre, et cela doit se faire dans la simplicité).

Étape 2

Lorsque le choix est fait, la première personne envoie de l'énergie avec sa main gauche dans la main droite de son partenaire. Le partenaire la réceptionne dans sa main droite et la renvoie à sa propre main gauche. Puis, sa main gauche l'envoie à la main droite de la personne, qui la réceptionne et se l'envoie à sa main gauche.
Ainsi, on crée un circuit énergétique qui nous aide à devenir « récepteur/émetteur » tour à tour.
Il est aussi possible de réaliser cet exercice en solitaire. Pour cela, plaçons notre main droite en face de notre main gauche et choisissons d'émettre d'une main et de recevoir dans l'autre, puis inversons les rôles.
Par cet exercice, faisons en sorte de ressentir quelle main est la plus « émettrice » et quelle main est la plus « réceptive ».

Challenges

Apprenons à ressentir et à toucher les contours des objets les yeux fermés (rond, triangle, rectangle) ; d'abord avec nos mains puis avec notre clair-ressenti ensuite (c'est-à dire avec nos mains à distance, nous posons simplement l'intention de ressentir les énergies de l'objet).

Apprenons à ressentir et à toucher la matière des objets les yeux fermés (laine, caoutchouc, plastique) ; d'abord avec nos mains puis avec notre clair-ressenti ensuite (c'est-à dire avec nos mains à distance, nous posons simplement l'intention de ressentir les énergies des différentes matières).

DISPENSER DES

soins énergétiques

> Les soins énergétiques permettent d'envoyer des énergies à un ou plusieurs plans de vibration de l'être, et ce, dans le but de réguler et de « booster » leur état vibratoire. Plus nos plans de vibration vibrent positivement et fortement, mieux nous nous sentons, mieux nous sommes protégés, plus nous sommes alignés, et plus il nous est possible de tendre vers un certain bien-être. La régulation des plans vibratoires est un travail que nous devons chacun effectuer au quotidien, et les soins énergétiques sont sensés venir en supplément à ce travail personnel.

Influence

SOINS RÉALISÉS SUR LE PLAN VITAL :

Lorsque ce plan reçoit un soin, la vitalité de la personne remonte et les douleurs physiques s'apaisent, voire disparaissent. Les soins destinés au plan vital permettent aussi de colmater les cicatrices qui y sont présentes et qui sont issues du corps physique.

SOINS RÉALISÉS SUR LE PLAN ASTRAL :

Le but des soins astraux est de calmer l'état émotionnel de la personne en l'apaisant.

SOINS RÉALISÉS SUR LE PLAN MENTAL

Les soins qui agissent sur le plan mental ont généralement pour vertu de calmer les pensées de la personne, de l'aider à retrouver un état de paix, de sérénité, de plénitude.

SOINS RÉALISÉS SUR LE PLAN CAUSAL.

Les soins qui agissent sur le plan causal permettent, notamment, de réguler les mémoires karmiques, c'est-à-dire de travailler sur les mémoires de l'âme, celles de l'enfant intérieur, des générations passées et des cellules de notre corps. Cela a pour but de libérer la personne des mémoires antérieures qui la freinent dans son évolution de conscience.

N.B. : Il n'est pas permis à tout le monde d'effectuer des soins et des nettoyages sur le plan causal. Cela est souvent une mission qui nous est attribuée, en tant que travailleur de lumière. Si nous avons naturellement accès aux mémoires des personnes, des animaux ou des lieux, c'est qu'il nous est normalement autorisé de travailler dessus.

SOINS RÉALISÉS SUR LES PLANS SPIRITUEL ET DIVIN

Il est possible que certains soins agissent sur ces plans et vont permettent ainsi de réguler les chakras du troisième oeil et coronal. Cela va permettre aux individus de se connecter avec plus d'aisance et de fluidité à leur conscience supérieure, leur esprit et leur âme.

LA BOITE À

Questions

À qui ou à quoi pouvons-nous prodiguer des soins ?

“ En tant qu'êtres humains, nous pouvons prodiguer des soins énergétiques à d'autres individus, des animaux, des végétaux, des minéraux, à la planète. Notons aussi que ces derniers sont capables de nous en prodiguer aussi selon ce qu'ils émanent énergétiquement (par exemple, la planète Terre est capable de nous envoyer des énergies maternelles, un dauphin peut faire parvenir des soins à notre enfant intérieur...). ”

D'où proviennent les énergies utilisées durant les soins ?

“ Les énergies proviennent de différentes sources. Par exemple : des minéraux, des végétaux, des êtres de Lumière, des éléments (terre, air, feu, eau), de la géométrie sacrée, des étoiles. Nous captons ces énergies selon nos propres sensibilités, et en fonction de ce qui est bon pour la personne qui va recevoir le soin. L'important est de se rendre disponible intérieurement, de demander à ce que l'énergie qui vienne à nous soit la plus juste pour la personne qui va recevoir le soin. Tout cela passe par l'intention du soigneur. ”

Comment savoir quel type d'énergie nous envoyons ?

“ Généralement, les personnes ressentent, en leur for intérieur, la provenance des énergies qu'elles émettent lors du soin. Il suffit d'être attentif et de s'écouter intérieurement. ”

Est-ce possible d'envoyer un soin multidimensionnel ?

“ Généralement, lors d'un soin, les énergies reçues agissent sur plusieurs des champs vibratoires. Il est rare qu'un seul plan soit traité. Par exemple, le soin pourra avoir un impact positif tant sur le plan mental, qu'astral, qu'éthérique. Les plans étant interconnectés et interdépendants, le fait d'agir sur l'un aura forcément un impact sur l'autre.

N.B. : Pour guérir une maladie qui s'exprime physiquement, tel que l'eczéma, il est nécessaire de remonter dans les origines de l'eczéma, c'est-à-dire là où la maladie trouve ses mémoires (plan causal). Il faut aussi traiter l'aspect psycho-émotionnel de son existence (plans mental et émotionnel). Enfin, une fois ces plans régulés, un soin sur le plan vital pourra permettre d'effacer efficacement l'eczéma sur le plan physique. ”

Pourquoi a-t-on besoin d'un canal pour envoyer ces soins ?

“ Les êtres de Lumière (comme les anges, par exemple) nous envoient souvent des énergies qui permettent la régulation de nos émotions et de notre mental. Cependant, ces êtres n'ont pas de corps vital et ne peuvent donc pas envoyer d'énergie éthérique aux êtres incarnés. C'est pour cela qu'un canal « terrien » est nécessaire. De plus, le fait qu'un homme contribue au mieux-être d'un autre homme, d'un animal ou de la planète, renforce la puissance des soins émis, car cette action permet de valider son pouvoir de co-création pour l'Unité. ”

Comment savoir si le soin est terminé ?

“ Intuitivement, les soigneurs ressentent lorsque le soin est terminé. Il est aussi possible de ressentir cela plus physiquement lorsque nos mains ou chakras cessent d'émettre de l'énergie. Nous ressentirons certainement cela sous la forme d'une chaleur agréable ou de picotements. ”

Pouvons-nous effectuer le soin à distance ?

“ Les soins peuvent être effectués à distance. Pour cela, il suffit de visualiser la personne, le lieu ou l'animal en question en face de nous et de procurer le soin. Si cela peut nous aider, nous pouvons placer une photo ou tout autre objet représentant la « cible » de notre soin. ”

Est-ce que tout le monde peut prodiguer un soin ?

“ Toute personne étant ancrée et se trouvant dans un état physique, émotionnel et mental positif peut prodiguer un soin énergétique. L'intention première restant que cette personne ait envie de faire du bien à la personne à qui elle dispense un soin. ”

Peut-on parler d'effet placebo avec les soins énergétiques ?

“ Il faut savoir qu'en effectuant un soin à une personne, le soin a réellement un impact si la personne qui le réceptionne affirme sa validité. Si la personne le rejette, le soin ne peut s'infiltrer en elle. Un soin n'aura donc que peu d'effets positifs si la personne ne le conscientise pas, ou si elle ne croit pas en lui. Ensuite, il faut prendre conscience que, bien souvent, les personnes qui reçoivent un soin activent leur propre pouvoir de guérison, puisque leur plan mental se met à émettre des pensées positives et leur plan émotionnel des émotions constructives. L'effet placebo, c'est donc cela : permettre à une personne d'activer son pouvoir d'auto-guérison et alors contribuer au mieux-être de la personne. ”

Est-ce qu'un soin peut avoir une incidence négative ?

“ Un soin peut avoir des effets secondaires mais ne peut avoir d'incidence négative à partir du moment où il aura été réalisé dans les bonnes conditions (citées ci-dessus dans le mode d'emploi). ”

Mode d'emploi

Avant de commencer le soin

PLANS SPIRITUEL ET DIVIN

Ayons foi d'être connectés à des énergies pures et lumineuses.

Ressentons le soutien et l'assistance des plans supérieurs, des êtres de Lumière.

Sentons-nous protégés par les énergies supérieures, visualisons-nous dans un cocon lumineux.

Ressentons un bain d'amour inconditionnel.

PLAN CAUSAL

Ayons la certitude que des énergies pures et lumineuses passent et s'expriment à travers nous.

Ayons confiance en nous.

PLAN MENTAL

Lâchons prise.

Posons l'intention de servir au mieux la personne qui va recevoir le soin.

Émettons des pensées positives.

Soyons centrés dans le coeur, ayons une intention pure.

PLAN ÉMOTIONNEL

Ressentons des émotions positives, sentons-nous en joie d'effectuer le soin énergétique.

Soyons en joie et dans l'humilité de servir de canal.

PLAN VITAL

Soyons ancrés.

Soyons motivés.

PLAN PHYSIQUE

Soyons physiquement en forme.

Utilisons notre corps physique telle une antenne relais : ressentons qu'il est émetteur et récepteur.

Nettoyons nos mains par visualisation (grâce à de l'eau lumineuse par exemple, les parasites tombent alors dans la terre).

Demandons à la personne qui reçoit le soin :

- d'être en joie et dans la gratitude de recevoir le soin.
- d'avoir l'intention de recevoir les énergies les plus justes pour elle afin de les filtrer.
- de prendre une posture qui lui est confortable, sauf si nous ressentons intuitivement qu'elle doit opter pour une autre position.

Lors du soin énergétique

PLANS SPIRITUEL ET DIVIN

Restons dans le bain de lumière et d'amour inconditionnel.

PLAN MENTAL

Gardons notre intention sur le fait d'émettre les énergies les plus justes et pures qui soient pour la personne.

Lâchons prise et agissons de manière naturelle et spontanée. Chaque soigneur est capable de développer sa propre méthode selon son intuition.

PLAN ÉMOTIONNEL

Restons en joie et dans l'humilité.

PLAN PHYSIQUE

Il nous est possible selon ce que l'on ressent juste de :

- nous déplacer ou de rester statique.
- d'utiliser nos mains et/ou nos chakras pour transmettre les énergies.
- d'utiliser le pouvoir de l'intention et de visualisation pour transmettre les énergies.
- de toucher ou de rester à distance de la personne qui reçoit le soin.

L'important reste de s'écouter et de d'oeuvrer selon notre ressenti profond.

Apres le soin énergétique

PLANS SPIRITUEL ET DIVIN

Remercions les énergies et les êtres éventuels qui nous ont assistés.

PLAN MENTAL

Par l'intention, validons le soin que nous avons émis (« je suis convaincu de l'effet positif de mon soin », « je sais que mon soin est terminé ») et enveloppons la personne dans une bulle dans laquelle notre soin continue d'opérer et de s'infiltrer en elle.

Lavons-nous les mains psychiquement.

PLAN ÉMOTIONNEL

Soyons en joie d'avoir réalisé un soin.

PLAN VITAL

Si nous sentons que de l'énergie est toujours présente dans nos mains, déchargeons-la dans la terre afin que cette dernière la transmute.

PLAN PHYSIQUE

Clôturons le soin via une convention (un signe physique qui valide le fait que nous ayons terminé le soin).

Lavons-nous les mains à l'eau.

N.B : si nous ne pouvons/osons réaliser des soins énergétiques, il nous est recommandé d'envoyer de l'amour. C'est en effet un des meilleurs soins qui soit au Monde.
Nous ne sommes pas non plus obligés d'utiliser nos mains pour émettre des énergies lors d'un soin, il suffit d'être à l'écoute du canal par lequel ces dernières passent.

EXERCICES

Rituels

POUR NOUS REVITALISER :

Ancrons-nous [1] **puis visualisons qu'un chargeur nous relie au soleil, tout comme un chargeur relie un téléphone à l'électricité.** Nous sentons qu'il recharge pleinement nos batteries intérieures. Lorsque ces dernières sont pleines, débranchons le chargeur et ressentons de la gratitude vis-à-vis du soleil.

POUR NOUS SOIGNER EN CAS DE COUPURE :

Imaginons que des points de suture viennent refermer la coupure. Une pommade cicatrisante descend du ciel ou vient de la terre et est appliquée sur la coupure. Cette dernière se ferme et cicatrise. Nous remercions.

Protocole

POUR RÉALISER UN SOIN D'INFUSION ÉNERGÉTIQUE :

Étape 1 — **Visualisons la création d'une bulle transparente autour de notre aura ou de celle d'une autre personne. Avec notre intention, émettons intérieurement le souhait que cette bulle nous protège, nous apaise et nous purifie. Nourrissons cette bulle par des sentiments de protection et d'apaisement. Impliquons nos émotions et notre ressenti intérieur afin que la bulle s'en nourrisse au maximum.**

Étape 2 — Imaginons un entonnoir en haut de cette bulle et faisons venir des énergies positives (par le pouvoir de l'intention) dedans (il peut s'agir d'énergies de fleurs, de minéraux, d'animaux). Laissons les énergies agir puis retirons la bulle en l'estompant une fois l'opération terminée.

Étape 3 — Remercions, ressentons de la gratitude. Affirmons intérieurement que l'exercice est terminé.

(1) Fiche page 53

UTILISER ET DÉVELOPPER *les facultés de l'esprit*

« Utiliser et développer les facultés de notre esprit est important car celui-ci joue un rôle primordial durant notre incarnation. Il a deux capacités fondamentales : celle de capter les informations de l'extérieur vers l'intérieur et celle d'émettre des informations de l'intérieur vers l'extérieur. »

Notre « esprit-capteur » est pareil au périscope des sous-marins. Il est similaire à un oeil qui sort en éclaireur, dans la réalité extérieure, dans un champ donné, pour capter toutes les informations présentes à différents niveaux ou sur différents plans. Les informations sont ensuite traduites en données (ou signaux électriques) dans notre esprit, qui va les décoder par le biais de notre mental.
Ce dernier a pour fonction d'analyser les informations reçues, de les comprendre, de leur donner un sens logique. Il peut concevoir de nouvelles choses sur la base des informations acquises. Notre mental va nous donner une compréhension logique et matérielle de ce que notre esprit a capté, même des phénomènes intangibles que nous aurions perçus sur des plans supérieurs (par exemple, traduire l'énergie angélique perçue, en lui donnant forme, en imaginant des personnages précis, dotés de noms précis). L'esprit permet aussi plus de clarté, de lucidité, de clairvoyance, d'être ouvert à une nouvelle vision des choses.
En fait, un esprit sain et équilibré va pouvoir capter des informations utiles afin de nous éclairer sur ce que nous vivons, sur ce que nous pouvons vivre, et sur ce vers quoi nous voulons tendre.

Notre esprit nous permet de projeter notre vision à l'extérieur. Nous nourrissons une certaine vision de la réalité. Nous possédons une certaine conception mentale des choses qui composent cette réalité, et nous projetons nos conceptions, comme un projecteur vers l'extérieur. Cette projection personnelle de la réalité se matérialise sur le plan physique et nous créons littéralement notre réalité de tous les jours.

Mode d'emploi

PLAN SPIRITUEL

Développons l'omniscience de l'esprit. Cf exo

L'esprit peut être omniscient. Nous partageons effectivement notre conscience avec le Grand Esprit, l'Esprit de tous les esprits de la Terre, l'Esprit supérieur. Nous sommes une parcelle de ce Grand Esprit. Omniscient, il est capable de savoir tout sur tout ce qui existe sur Terre et ailleurs, en toute chose, et partout à la fois.

PLAN CAUSAL

Ayons l'esprit ouvert, déplafonnons-le. Cf exo

Notre niveau de conscience et notre ouverture d'esprit déterminent en grande partie notre degré de réceptivité. Si notre niveau de conscience est à vingt par exemple, nous ne pourrons capter des informations qu'au champ de conscience vingt. S'il est ouvert à « tant de degrés », nous ne pourrons pas capter ce qui se trouve au-delà cette amplitude. Nous devons donc veiller à lâcher nos croyances limitantes et nos préjugés ; et de rester ouverts à toutes nouvelles informations ou réalités. Travailler sur notre égo nous aidera à cela [1]. Rappelons-nous en effet que bien souvent, ce dernier veut nous protéger d'avoir à accéder à une nouvelle réalité puisqu'il est rassurant pour lui de nous voir évoluer dans un cadre habituel, dans une certaine zone de confort (même si celle-ci est limitante).

PLAN MENTAL

Laissons place aux fulgurances.

L'idéal est de parvenir à lâcher prise et de se faire une idée claire des choses grâce à nos ressentis et à ce « qui nous frappe l'esprit » de manière fulgurante, au lieu d'embuer notre mental.

Pour cela : évitons d'analyser les choses autour de nous, n'ayons aucune idée préconçue, ne portons aucun jugement, n'interprétons rien à la hâte, nous évitons ainsi la pollution mentale souvent influencée par notre égo.

Développons l'omniprésence de l'esprit. Cf exo

Pour cela apprenons principalement à poser notre attention sur un point, un objet, une personne sans nous laisser distraire par le mental.

PLAN ÉMOTIONNEL

Détachons-nous de nos émotions, prenons de la hauteur, de la distance.

Pour cela : connectons-nous au moi supérieur [2], régulons notre égo [3], apprenons à prendre du recul.

PLAN VITAL

Ayons une bonne hygiène de vie qui élève notre vitalité. Cela nous permettra d'avoir un meilleur taux vibratoire et donc d'élever nos vibrations afin de capter les fréquences des énergies supérieures.

Pour cela : nourrissons-nous positivement [4], ayons un sommeil réparateur [5], pratiquons des activités physiques saines [6], ayons des relations épanouissantes [7].

PLAN PHYSIQUE

Évitons le « bombardement sensoriel ».

Notre esprit est souvent très sollicité par toutes ces informations et sensations, et est peut-être saturé. Notre cerveau ne peut traiter qu'un maximum d'informations à la fois. Notre mémoire sature à un moment donné, que ce soit au niveau de la mémoire à court terme ou de la mémoire à long terme, tel un ordinateur. Nous sommes soumis à un trop-plein d'images, que ce soit de la télévision, d'Internet ou des réseaux sociaux. Nous sommes également envahis par des odeurs, des bruits ou des images, non naturels, qui viennent perturber notre champ électromagnétique et notre système nerveux. Cf exo

(1) Fiche page 175 . (2) Fiche page 179 . (3) Fiche page 175 . (4) Fiche page 36 . (5) Fiche page 41 . (6) Fiche page 59 . (7) Fiche page 61

EXERCICES

Rituels

POUR GARDER L'ESPRIT OUVERT :

Imaginons notre esprit comme étant un entonnoir au milieu du front et qui descend vers nos sinus.

Visualisons une bonne ouverture de cet entonnoir, retirons le trop-plein d'informations qui l'obstrue, allégeons-le des éléments qui le remplissent, des énergies qui le condamnent.

Respirons ensuite profondément et sentons à quel point les énergies circulent à ce niveau, dans cet espace.

Sentons à quel point tout est déblayé. Profitons-en aussi pour visualiser notre tête comme étant une pièce bien rangée, nettoyée et aérée.

Protocole

POUR DÉVELOPPER L'OMNISCIENCE DE L'ESPRIT :

Étape 1 — **Imaginons notre troisième oeil comme étant le périscope d'un sous-marin (nous savons qu'il peut avoir accès à des informations importantes et éclairantes).**

Étape 2 — Ce périscope sort par le sommet de notre crâne et monte vers des plans supérieurs. Il observe alors ce qu'il s'y se passe. Notre coeur lui sert d'antenne afin de booster ce que le périscope capte, les énergies circulent de l'un à l'autre, des échanges opèrent.

Étape 3 — Nous sentons et visualisons une parabole au niveau du sommet de notre crâne, celle-ci monte et se déploie aussi. Nous sentons que tout l'espace au-dessus de notre tête est clair, aéré et ouvert. Nous sommes aptes à capter et recevoir des informations.

Étape 4 — Nous sentons notre parabole balayer avec ses ondes les champs qui nous entourent et en profitons pour déplacer notre périscope sur ces zones. Nous sommes attentifs à ce que nous captons et ressentons. Nous laissons le coeur et notre ressenti nous en donner l'interprétation.

Pour terminer l'exercice, nous rentrons le périscope en nous, nous le déconnectons de notre coeur et nous revenons à nous-mêmes. Nous nous ancrons.

POUR DÉVELOPPER L'OMNIPRÉSENCE DE L'ESPRIT :

Étape 1 — **Sentons et visualisons une sphère blanche, douce et lumineuse au niveau du sommet de notre tête, vers son avant (près du front).**

Étape 2 — Focalisons notre intention dessus puis déplaçons-la sur une cible en particulier. Gardons notre intention sur cette sphère qui se trouve posée sur cette cible sans nous laisser distraire (la cible peut être un objet, un animal, une personne…).

Étape 3 — Sentons notre coeur ouvert. Sentons-nous prêt à entrer en communication avec cette cible sur laquelle nous portons notre attention. C'est ainsi que nous pouvons faire l'expérience de la conscience qui traverse et vibre à travers toute chose. Il nous suffit ensuite de nous laisser aller et de prêter attention à nos différents ressentis. Nous pouvons ensuite déplacer cette sphère (et donc notre esprit) sur ce que bon nous semble.

Pour terminer le protocole, il nous suffit de déconnecter cette sphère de la cible et de revenir à nous-mêmes et de nous ancrer [1].

Challenges

POUR ÉVITER LE BOMBARDEMENT SENSORIEL :

> Essayons donc au quotidien de nous préserver de la télévision, d'internet et des réseaux sociaux. Réduisons le temps passé sur ces derniers, ou bien réalisons même une digital détox durant quelques jours (pour cela éteignons tous nos appareils multimédias).

> Évitons les produits, les sons, et les odeurs non naturels. En effet, il faut savoir que bon nombre des produits que nous utilisons ou consommons contiennent des perturbateurs endocriniens. Cela chamboule nos sens et fausse nos perceptions. Afin de retrouver une certaine lucidité, choisissons des produits naturels.

> Prenons quelques jours pour nous isoler et nous concentrer uniquement sur nous-mêmes. Durant ce temps éteignons notre téléphone, laissons la télévision éteinte, ne parlons avec personne, faisons le vide mental [2].

(1) Fiche page 53 . (2) Fiche page 114

UTILISER ET DÉVELOPPER la clairvoyance

« Notre univers est composé d'ondes en mouvement, de vibrations, d'énergies plus ou moins denses. Chaque élément existant, que ce soit un objet, un lieu, une personne, une émotion, une pensée, une action, est une énergie plus ou moins dense qui émet des vibrations. Ces vibrations ne sont pas tangibles à la vue physique, mais elles se ressentent. Par exemple : être témoin d'une belle action peut nous mettre du baume au coeur ; nous pouvons être envahis par une vibration d'amour lorsque quelqu'un s'approche de nous, sans même que nous l'ayons vu ; nous pouvons nous sentir plus ou moins bien dans un lieu.

Au-delà d'être ressenties, les vibrations peuvent être perçues. En effet, ce qui est invisible à nos yeux physiques est capté par notre esprit. L'esprit supérieur voit tout. Il perçoit les champs vibratoires sous forme d'énergie et ramène ces informations à notre conscience. Ces énergies captées par notre esprit seront traduites par une forme mentale afin que nous puissions les conceptualiser. Il est donc important d'avoir une bonne ouverture d'esprit afin d'admettre cette réalité énergétique pour que l'information soit ramenée à notre niveau de conscience. Sans cela, c'est à dire en ayant l'esprit fermé, hermétique, nous ne serons pas capables de voir (percevoir) les énergies et informations subtiles qui nous entourent. »

Utilité

> *La clairvoyance peut nous permettre de voir les énergies subtiles qui nous entourent, ainsi que toutes les entités invisibles (fantôme, être de lumière, ange...).*

> *Elle peut aussi nous permettre de percevoir les différents plans vibratoires qui nous entourent.*

À cet effet, il est important de bien choisir le plan que nous voulons percevoir. Par exemple, nous pouvons voir les différents plans astraux et ce qui les compose (êtres de lumière, etc) ou bien encore les plans éthériques (énergies cosmo-telluriques, etc.). Mais ce sont les yeux du coeur qui importent réellement. Si nous aspirons ardemment à voir et percevoir quelque chose, nous en serons capables. Les corps subtils n'ont pas réellement de capacité de vision, mais l'esprit capte les énergies par les vibrations qu'ils reçoivent. Chaque plan vibratoire est émetteur et récepteur. Il capte les énergies qui s'infiltrent en lui, renvoie à l'esprit ces informations, et l'esprit par le plan mental en crée une forme mentale. Tout est question de fréquence. C'est un peu comme syntoniser la bonne chaîne de télévision pour voir le film que nous souhaitons regarder.

Rappel :

l'esprit ne peut ramener à notre conscience ce qui se trouve au-delà de ce que nous pouvons concevoir. En d'autres termes, ce que nous captons dépend de notre niveau de conscience et de notre ouverture d'esprit. Nous ne pouvons pas capter quelque chose qui est inconcevable pour notre esprit. Notre ouverture d'esprit est proportionnelle à notre niveau de conscience. Une personne fermée d'esprit recevra moins d'informations qu'une personne ouverte d'esprit.

> *La clairvoyance nous permet d'avoir des flashs de clairvoyance (des visions de l'avenir ou du passé, des images envoyées par nos guides ou par des êtres de lumière).*

Notons que l'esprit peut voir l'avenir en s'y projetant, mais ce qu'il va voir sera fonction de son niveau de conscience. Il peut aussi voir le passé s'il se connecte à l'Akasha (champ sur lequel sont inscrites les mémoires du Monde). Cela dépend souvent de son intention de base ou de ce qu'il a à comprendre et à apprendre pour grandir en conscience.

Zoom sur

LES DIFFÉRENTS TYPES DE VISIONS

VISION « NIRVANA » :

Tout est évidence, une illumination de l'esprit survient, un éclairage de la conscience. En gros, nous voyons clair, nous avons des prises de conscience, nous sommes totalement lucides. Nous avons accès à la claire connaissance. Nous ne savons pas comment, ni pourquoi, mais une information nous apparaît comme évidente et claire en nous.

CLAIRE VISION :

Nous voyons en l'autre. Nous voyons chaque chose clairement. Notre vision intérieure est claire. Nous recevons une impression intérieure qui va nous révéler progressivement les informations que nous captons intuitivement.

VISION MENTALE :

Il y a projection sur l'écran mental ou bien réception instantanée (un peu comme une image projetée sur un écran de cinéma). Dans ce cas, les visions sont souvent des métaphores et ont besoin d'être interprétées.

VISION ÉTHÉRIQUE :

Vision d'une sorte d'hologramme plus ou moins net ou dense dans la réalité terrestre.

VISION PHYSIQUE :

La matière subtile se manifeste à nos yeux physiques en se calquant sur notre réalité. C'est comme une sorte de filtre, qui se superpose à la réalité physique.

NOTE : la voyance quant à elle est le fait de percevoir l'avenir, nous avons alors ce que l'on appelle des prémonitions.

Mode d'emploi

PLANS SPIRITUEL ET DIVIN

Connectons-nous à notre Moi Supérieur[1].

Nous relier à notre Moi Supérieur, c'est nous relier à la plus haute partie vibratoire de notre être. Cette partie de nous-même est dénuée de toute croyance, d'égo, d'inconscient et perçoit des plans de conscience supérieures. Notre Moi Supérieur est connecté à la conscience supérieure et a accès à une vision très large des choses.

PLAN CAUSAL

Régulons les mémoires causales liées à la clairvoyance, en nous posant les questions relatives à notre vie actuelle et à nos vies antérieures, comme suit :

- Avons-nous eu peur de voir des êtres ou des mondes invisibles ?
- Y a-t-il des choses que nous avons refusé de voir en face par le passé (des situations nous concernant ou concernant ceux qui nous entourent) ?
- Avons-nous conscience de la beauté qui nous entoure et du monde dans lequel nous vivons ?
- Sommes-nous suffisamment ancrés ?
- Y a-t-il des choses terribles que nous n'aurions jamais dû voir (meurtre, abus, agression) ?
- Notre clairvoyance a-t-elle toujours été utilisée à bon escient ?

Veillons également à nettoyer toutes les mémoires où nous aurions été « aveuglés » (au sens figuré) par quelque chose, des choses que nous n'aurions pas voulu voir, ou des personnes qui nous auraient manipulés.

- Sortons de nos conditionnements en faisant preuve de discernement ; en nous focalisant sur notre ressenti plus que sur nos croyances.

Nous percevons ces informations en fonctions de nos codes sociaux culturels, de nos croyances. Plus nos filtres intérieurs sont épurés plus nous allons capter et interpréter nos perceptions avec clarté et justesse.

(1) Fiche page 179

PLAN MENTAL

Apprenons à voir l'amour partout.
Lorsque nous voyons la vie sous cet angle de vision, notre coeur s'ouvre et envoie des informations positives à notre mental, l'un des interprètes de la conscience.
Si le plan mental est nourri positivement, la plasticité de notre cerveau augmente et nous sommes plus à même de capter et de voir les énergies qui nous entourent.

Centrons-nous dans le cœur [1].

Lâchons prise et soyons patients [2].

Ne cherchons pas à analyser notre ressenti, accueillons-le. Il se révèlera à notre esprit et à notre conscience si nous sommes sans attente.

Ressentons de la gratitude envers notre vue physique.

Ayons l'intention d'utiliser notre clair-voyance à des fins positives.

PLAN ÉMOTIONNEL

Découvrons le monde avec des yeux d'enfant.
Laissons notre enfant intérieur s'exprimer [3].

Soyons en joie de pouvoir percevoir les mondes énergétiques qui nous entourent.
(N.B. : nos peurs diminuent nos vibrations et bloquent notre vision ou en faussent l'interprétation.)

PLAN VITAL

Apprenons à percevoir les courants d'ondes (par exemple, les courants cosmo-telluriques) et les énergies en général (par exemple, le chi, l'énergie vitale).

Pour cela, il nous faut être bien ancré. Tissons un lien avec la Terre et le Ciel. Prenons conscience que tout est interdépendant.

Ressentons une réelle envie, un besoin profond de capter les énergies de manière visuelle.

PLAN PHYSIQUE

Bannissons les sources de pollution visuelle (images négatives).

Apprenons à voir la beauté en toute chose (couleurs, nature…).

(1) Fiche page 140 . (2) Fiche page 128 . (3) Fiche page 164

EXERCICES

Rituels

POUR OUVRIR NOTRE TROISIÈME OEIL :

Pour développer notre 3ème oeil, visualisons ce dernier comme étant un lampion de couleur violette. Sa lumière est douce et son énergie légère. Nous gardons notre attention posée dessus, tranquillement en respirant profondément. Nous réalisons ce rituel plusieurs fois par jour.

Protocole

POUR ACTIVER NOTRE CLAIREVOYANCE :

Étape 1 — **Affirmons : « je demande à VOIR. Je sais que je vais VOIR. Je sais que je peux VOIR. Je sais que c'est POSSIBLE. Je sais que c'est FACILE ».**

Étape 2 — Par visualisation : retirons les oeillères ou le masque qui nous empêchent de voir. Lorsque nous les enlevons, affirmons : « je vois ».

Étape 3 — Demandons à avoir une vision nette. Un bouton de commande nous permet d'ajuster notre vision. Lorsque nous demandons à voir, centrons-nous sur le coeur avec amour. Essayons de prendre cela comme un jeu. Pensons par l'intention à nous mettre en mode « récepteur ». À la suite de ce protocole, nous pouvons en profiter pour visualiser notre troisième oeil comme étant un périscope qui plonge à l'intérieur de certaines choses pour nous en ramener une vision intérieure. Prenons soin tout de même à émettre des intentions claires dans l'optique d'être protégés énergétiquement.

Experience

POUR DÉVELOPPER NOTRE CLAIR-VOYANCE :

Demandons à un ami de choisir une image qu'il va placer dans une enveloppe. **Demandons-lui de ne surtout pas penser à cette image afin d'éviter la télépathie.**

Nous visualisons que notre troisième oeil ouvre ses paupières. Il est comme une loupe. Nous lui demandons d'être clair et précis. Prenons l'enveloppe.

Notre loupe plonge à l'intérieur de l'enveloppe.

Essayons de percevoir les couleurs, les contours, s'il y a des lettres, des chiffres, un paysage, etc.

Une fois l'opération terminée, ouvrons l'enveloppe afin de découvrir si notre vision était juste.

N.B : Les informations ou les messages que nous captons peuvent parfois paraître flous, car nous les comprendrons au moment opportun, quand nous en aurons réellement besoin. Il arrivera même que nous comprenions le message qui nous était destiné, une fois l'événement passé. Parfois, nous ne sommes pas prêts à recevoir certaines informations. Aussi, nous avons tendance à les interpréter comme cela nous arrange.

RÉALISER

une sortie de corps

(VOYAGE ASTRAL)

“

Le plan astral est fait de matière astrale. Dès lors, le corps astral peut accéder à ce plan c'est-à-dire que ce sont les vibrations de l'astral – soit les émotions – qui permettent à l'esprit lors d'une sortie de corps de ramener certaines informations à la conscience. Mais lors d'une sortie de corps, nos corps mental, causal, spirituel et divin peuvent aussi être impliqués. On appelle la sortie de corps « voyage astral » car elle nous permet de nous rendre sur les plans vers lesquels notre émotionnel nous dirige. C'est alors que notre conscience se pose (se focalise) sur ceux-ci, que notre esprit visionne ce qu'il s'y passe, et que notre corps émotionnel nous en offre certains ressentis. Lors d'un voyage astral, la vision astrale donne une vision décuplée des choses (luminosité, vision panoramique) et nos sentiments sont amplifiés.

”

LA BOITE À

Questions

Est-ce possible que nous soyons en train d'effectuer une sortie de corps et que nous ne percevions rien ?

“ Il arrive que nous ne voyons rien durant une sortie astrale, cela ne veut pas dire que nous ne sommes pas sortis, mais simplement que notre conscience n'a peut-être pas été projetée dans notre corps astral et que notre esprit ne nous en offre pas de vision. Cela ne nous empêche en rien d'en avoir les ressentis. Notons aussi que nous sortons dans l'astral la plupart du temps de manière inconsciente durant notre sommeil sans nous en rappeler, sans en prendre conscience. ”

Quels symptômes peut-on avoir lors d'une sortie de corps ?

“ Certaines personnes ressentent un changement de leur fréquence cardiaque, un changement de leur température corporelle, des picotements dans le corps physique, des bourdonnements dans les oreilles, une sensation de bien-être, de joie intense. ”

Doit-on s'inquiéter si nous ne parvenons pas à effectuer cette sortie ?

« Non il n'y a aucune inquiétude à avoir ! Il faut souvent de l'entraînement avant d'y arriver. Sachons que moins nous nous mettrons la pression, plus nous aurons de chance d'y parvenir naturellement. Il est aussi possible que l'heure ne soit pas venue pour nous de vivre cette expérience, car ce n'est peut-être pas le moment opportun pour nous. Soyons patients et continuons d'évoluer, tant personnellement que spirituellement. »

Quelle est la différence entre une sortie de corps et un rêve lucide ?

« Lorsque nous réalisons un rêve lucide nous nous rendons compte que nous sommes dans un rêve. À partir de ce dernier nous pouvons alors décider consciemment de réaliser un voyage astral. Nos rêves sont influencés principalement par l'inconscient alors que les voyages astraux sont dirigés de manière générale par nos émotions et notre esprit dans sa version supérieure de « visionnage » (1). »

Zoom sur LE MONDE ASTRAL

Le plan astral est avant tout un plan émotionnel qui se crée avec ce dont on le nourrit.

On distingue l'astral supérieur et l'astral inférieur (appelé aussi « bas astral ») :

L'astral dit « supérieur » se nourrit de Lumière et de positif (par exemple : les bonnes actions, l'amour, la joie) ;

Le « bas astral » se nourrit d'ombre et de négatif (par exemple : les actions malsaines, la haine).

Les deux plans de l'astral sont décomposés en plusieurs dimensions ou strates. Pour stérotyper les choses, plus on monte en vibrations, plus les êtres et les créatures sont lumineux. Plus on descend, plus les êtres et les créatures que l'on rencontre sont négatifs et hideux. Dans l'astral supérieur, nous pouvons retrouver des entités lumineuses, alors que dans le bas astral nous pouvons rencontrer des êtres négatifs comme des « démons » (créés généralement par nos propres démons existentiels) ou bien des parasites astraux matérialisés sous diverses formes. Quoi qu'il en soit, prenons conscience que nous faisons partie des créateurs du monde astral à partir du moment où toutes nos émotions négatives ou positives, ainsi que nos désirs, influencent directement ce plan.

(1) Fiche page 212

Mode d'emploi

mises en conditions

PLAN SPIRITUEL

Connectons-nous aux plans supérieurs par notre foi et notre intention

Notons au passage que lors d'un voyage astral il est souvent impossible de « monter » plus haut que nous vibrons. Ainsi, plus nous sommes lumineux, plus nous pourrons « monter » dans des strates supérieures. Il est possible que la porte de « certains mondes » nous soit fermée si nous n'avons pas les vibrations afin d'y accéder.

Ayons l'intention de nourrir notre conscience supérieure lors de ce voyage

Prenons conscience que le voyage astral ne représente en rien le summum de l'évolution spirituelle. Ce n'est pas un accomplissement en soi, mais un outil à notre portée. De même, ce n'est pas parce que nous sortirons et maîtriserons le voyage astral que tous les êtres de Lumière souhaiteront nous transmettre des enseignements. Il ne nous sera transmis que ce qui doit nous êtes transmis ! Cela ne passe pas obligatoirement par le voyage astral. Le voyage astral nous permet cependant d'entrer en connexion avec d'autres mondes/plans à un autre niveau dimensionnel, et donc de découvrir la multi-dimensionnalité et l'infinité de l'Univers, ce qui est au final très initiatique.

Ayons la foi d'être protégés ou bien créons des protections énergétiques[1].

Ayons foi en notre propre lumière intérieure.

PLAN MENTAL

Élevons nos énergies en ayant des pensées positives.

Centrons-nous sur le coeur, afin d'éviter de nous faire « berner » par des êtres négatifs ayant des intentions malveillantes [2].

Soyons dans l'humilité

Respectons les êtres des plans supérieurs ;
Maîtrisons notre mental [3].

PLAN ÉMOTIONNEL

Élevons nos énergies en ayant des émotions positives.

C'est le point le plus important, étant donné que nous nous rendons sur le plan astral avec lequel nous vibrons. (Si nous vibrons « amour et joie », nous rejoindrons l'astral supérieur) [4].

Bannissons notre peur du bas astral, autrement dit des démons ou êtres créatures négatives.

Ces créatures se nourrissant de nos émotions négatives, si nous avons peur d'elles elles sauront d'autant plus nous parasiter car nous leur donnerons la force dont elles ont besoin.

PLAN PHYSIQUE

Installons-nous confortablement, de préférence en position allongée.

Plaçons une couverture sur nous, car nous risquons d'avoir froid.

Ayons un bon ancrage [5].

En effet, il ne nous est absolument pas recommandé de voyager dans l'astral si nous manquons d'ancrage. Le voyage astral ne doit pas représenter un moyen de fuir notre incarnation actuelle, ni nous servir d'échappatoire.

Ayons une bonne énergie vitale

Evitons le voyage astral si nous sommes fatigués. Evitons de voyager dans l'astral si nous avons pris des substances telles que de l'alcool ou des drogues, car il est fort possible que celles-ci diminuent nos vibrations et nous conduisent sur le mauvais plan.

(1) Fiche page 30 . (2) Fiche page 140 . (3) Fiche page 114 . (4) Fiche page 222 . (5) Fiche page 53

EXERCICES

Protocole

Étape 1

Ressentons toute la lourdeur et la densité de notre corps physique. Ressentons et visualisons que celui-ci s'enfonce de plus en plus dans notre fauteuil, dans notre lit... Prenons conscience que notre corps physique ne représente qu'une enveloppe dans laquelle nous sommes enfermés. Nous souhaitons en sortir. Notre corps physique est tellement lourd que cela devient oppressant pour nous. Ainsi, nous sentons que notre corps astral, qui est à l'intérieur de notre corps physique, se détache progressivement, commence à flotter, puis sort de notre corps physique.

N.B. : si cela peut nous aider, visualisons et ressentons notre corps physique comme une chape de béton. Nous pouvons aussi ressentir et voir qu'il est attaché ou sanglé au matelas sur lequel nous sommes allongés. Décrochons-nous de notre corps, sentons que nous nous éloignons de lui peu à peu...

Étape 2

Nous flottons alors au-dessus de notre corps physique. À ce moment-là, si nous sommes suffisamment dans l'émotionnel, il est fortement probable que nous nous décorporions, c'est-à-dire que nous sortions de notre corps physique. C'est à cet instant que nous pouvons projeter notre conscience à l'intérieur de notre corps astral. Pour cela, oublions totalement notre corps physique. Bougeons et pensons UNIQUEMENT via notre corps astral qui est au-dessus notre corps physique. Sachons que notre conscience retournera dans notre corps physique dès que nous penserons via celui-ci. C'est sur ce point que nous devons nous entraîner pour avoir une vision nette et durable en astral. L'important est de garder notre attention posée à l'endroit où nous projetons notre conscience. Pensons aussi à rester centrés dans le coeur [(1)].

Notes : au début, même si nous ne voyons rien, soyons attentif aux sensations ressenties dans notre corps : « est-ce que nous flottons ? », « est-ce que nous volons ? », « est-ce que nous sautons ? ».

Rappelons-nous que notre corps astral obéit à nos émotions. Si nous souhaitons sauter, alors il sautera ! Si nous voulons nous transformer en tigre, alors notre corps astral changera d'apparence. Si nous souhaitons rejoindre quelqu'un ou quelque chose, alors nous le rejoindrons (guide spirituel, animal totem...)

Au début, n'attendons pas d'images nettes, mais prêtons attention aux formes, aux couleurs, à la luminosité. Avec l'entraînement, nous nous perfectionnerons et nous verrons de plus en plus précisément.

Après un voyage astral, pensons surtout à nous ré-ancrer !

Experience

Demandons à un ami de se rendre quelque part et d'y rester, sans bouger. Soyons en joie de le rejoindre et sentons qu'un double lumineux se détache de nous et le rejoint. Gardons notre attention et donc indirectement notre esprit et notre conscience posés sur ce double lumineux. Prêtons attention aux ressentis et sensations que nous avons à travers lui. Déplaçons-nous, bougeons, observons l'endroit dans lequel nous sommes. Recueillons un maximum d'informations. Revenons à nous, à nos esprits dans notre corps physique, ancrons-nous et prenons note de ce que nous avons vu et ressenti. Partageons cela avec notre ami pour voir si notre vision est juste.

(1) Fiche page 140

RÉALISER

un passage d'âmes

« Faire passer l'âme » consiste à faire monter un défunt vers la Lumière. En d'autres termes, il s'agit d'aider le fantôme d'une personne défunte à quitter la Terre afin de regagner les plans de Lumière aussi appelés « Au-delà »[1].

Il convient d'aider les âmes à monter (à passer de l'autre côté) pour plusieurs raisons : premièrement pour elles, afin qu'elles puissent trouver la paix et continuer leur cycle en tant qu'âme. Secondement pour nous, afin d'éviter le vampirisme énergétique, les phénomènes de cohabitation voire de possession. Troisièmement, afin que les énergies de notre planète ne soit pas plombées et puissent continuer alors de monter en vibrations.

LA BOITE À Questions

Si le défunt a été une personne négative dans cette vie, pouvons-nous tout de même l'aider à regagner l'Au-delà ?

Bien entendu ! Ceci est même recommandé afin de donner la possibilité au défunt de « travailler » sur lui. Une fois pris en charge par des êtres de Lumière, le défunt va pouvoir prendre du recul par rapport à son incarnation passée, observer les scènes où il n'a pas agi avec coeur, selon une conscience élevée. Il va pouvoir apprendre de ses « erreurs » et grandir en conscience.

Pourquoi certains d'entre nous attirent les défunts plus que d'autres ?

Si nous attirons les défunts, c'est peut-être que notre aura n'est pas suffisamment puissante pour nous en protéger, ou que notre taux vibratoire est trop faible. Il se peut aussi que nous ayons une mission de « passeur d'âmes » (c'est-à-dire, d'aider un grand nombre d'âmes à rejoindre l'Au-delà).

Si nous ne sommes pas clairvoyants, comment savoir si le passage a bien eu lieu ?

Soyons à l'écoute de notre ressenti intérieur, de notre coeur. Si nous sommes émus ou ressentons un soulagement, c'est que cela a fonctionné. Soyons aussi attentifs à nos rêves dans les jours qui suivent car les défunts aiment communiquer par ce biais.

(1) voir souldating.fr

Mode d'emploi

PLAN PHYSIQUE DE NOTRE PERSONNE

Étape 1 *Assurons-nous de notre bonne forme physique.*

Soyons ancrés, soyons physiquement en forme et détendus. Évitons de faire passer une âme vers la Lumière les jours où nous nous sentons fatigués. Si nous sommes fatigués ou en mauvaise forme physique, le défunt risque de nous pomper de l'énergie.

PLAN ÉMOTIONNEL DU DÉFUNT

Étape 2 *Le défunt doit réguler son plan émotionnel.*

Pour cela, il est conseillé d'apaiser le défunt :

Établissons un lien de confiance avec lui, en lui envoyant amour et compassion. Ce lien doit se créer naturellement selon notre ressenti.

Rassurons-le en exprimant des phrases positives. Nous pouvons lui dire : « tu es une belle personne, tu mérites de regagner la Lumière et de trouver la paix », en le visualisant dans un cocon lumineux.

Demandons l'assistance d'un proche disparu du défunt. Notre intention suffit pour appeler un membre disparu de la famille du défunt. Celui-ci lui enverra de la lumière et de l'amour depuis les plans supérieurs afin de le réconforter et de l'attirer à lui.

PLAN MENTAL DU DÉFUNT

Étape 3 *Le défunt doit pacifier son plan mental.*

Pour cela, il est conseillé de pacifier les pensées du défunt :

Encourageons-le à monter vers la Lumière. Soyons persuasifs. Si le défunt résiste, insistons ! Il doit ressentir notre bienveillance et notre assurance dans ce que nous avançons ! Inutile de faire des phrases complexes ou structurées. Le dialogue s'établit surtout par télépathie, avec ce que nous affirmons intérieurement. Rassurons-le quant au fait qu'il puisse partir en toute quiétude, que tout se passera bien pour les personnes qu'il laisse ici sur Terre. Envoyons-lui le message suivant : « courage ! Tout va bien se passer ! Une fois là-haut, des êtres de Lumière vont prendre soin de toi, tu pourras veiller sur ceux que tu aimes depuis l'autre côté ».

Aidons-le à se confier. Nous pouvons visualiser qu'il parle et que son débit de paroles est une cascade d'eau qui s'écoule vers la Terre pour la nourrir. Peu à peu il se sent serein et allégé.

PLANS SPIRITUEL ET DIVIN

Étape 4 *Le défunt doit prendre conscience qu'il est attendu et aimé, puis doit regagner la Lumière.*

Faisons appel au soutien des êtres de Lumière, demandons à la Lumière de se présenter. À cet effet, notre intention et notre bienveillance suffisent. Si cela peut nous aider, visualisons que nous grandissons (notre tête touche les plans supérieurs, les nuages).

Ressentons un bain d'amour inconditionnel, enveloppons le défunt de cet amour. Les mots ne peuvent suffire à décrire cet amour, notre être doit en faire l'expérience. Sachons juste que lorsque nous baignerons dans cet amour, nous saurons de quoi il s'agit. Nous serons submergés par une énergie de puissance infinie et bercés par une immense douceur. Nous nous trouverons dans un état de « complétude » (sentiment de plénitude associé au sentiment d'être complet intérieurement, connectés au Tout, à la Source). Invitons le défunt à nous rejoindre et sentons qu'il bénéficie de cette magnifique énergie. À la suite de cela, il ne pourra que rejoindre l'Au-delà.

Si le défunt est « coriace », faisons appel à un médium ou quelqu'un qui a les compétences professionnelles pour nous aider.

EXERCICES

Rituels

POUR COMMUNIQUER AVEC UN DÉFUNT :

Imaginons le défunt en question dans une pièce à côté de nous. Nous sommes séparés par une porte qui se veut fine et lumineuse. Nous imaginons le défunt paisible et rayonnant.

Nous nous connectons à lui par le biais du coeur, nous sentons que les énergies qu'il nous envoie touchent notre coeur directement et que notre amour l'enveloppe divinement. Nous laissons ensuite des mots, des images ou des impressions se révéler à nous afin de traduire naturellement les messages que ce défunt nous envoie.

POUR ACCÉLÉRER LE PASSAGE D'ÂME :

Imaginons un ascenseur qui mène le défunt jusqu'au ciel. Cet ascenseur s'élève par la force de notre amour et de notre détermination.

Plus cet ascenseur monte et plus nous sentons le défunt apaisé, soulagé, libéré. Nous visualisons que le défunt regagne un plan de lumière lorsqu'il sort de l'ascenseur.

Sinon, imaginons le défunt traversant un tunnel lumineux tout au long du processus décrit dans le mode d'emploi. Lorsque le défunt arrive au bout du tunnel, il découvre alors un monde lumineux.

POUR NOUS AIDER À COUPER LES LIENS AVEC UN DÉFUNT AFIN DE LE LIBÉRER :

Imaginons cet être que nous chérissons comme étant une sorte de poupée nichée dans le creux de notre coeur.

Sentons à quel point nous l'aimons. Conscientisons qu'ici n'est pas sa place, mais sentons à quel point son énergie pourra toujours y demeurer. Comprenons à quel point il est nécessaire pour le bien-être de cette personne qu'elle puisse se défaire de ce qui la retient ici sur Terre. Sentons à quel point nous souhaitons la libérer. Laissons-la s'écarter de nous pour rejoindre un écrin blanc et scintillant situé au-dessus de notre tête. Laissons-la ensuite s'envoler pour regagner des contrés paisibles et célestes. Nous visualisons enfin que ce défunt que nous aimons tant arrive de l'autre côté, dans un lieu paradisiaque. Il est libre. Il nous échappe comme nous lâcherions un ballon que l'on aurait tenu dans nos mains.

UTILISER
LE POUVOIR DE
la manifestation

“

Piqûre de rappel : les vibrations que nous émanons (sous forme d'actions, d'énergies, d'émotions, de pensées, de mémoires, de conscience) influencent le champ énergétique (spectral) qui nous entoure. Ce champ est composé d'un ensemble de cellules qui ne demandent qu'à co-créer avec nous. À l'oeil nu, on dirait un espace vide, mais il s'agit en fait d'un espace qui n'aspire qu'à manifester, matérialiser nos vibrations. Lorsque nous utilisons cet espace des fins positives, notre pouvoir co-créateur se multiplie de manière exponentielle.

Lorsque l'on attire ce que l'on émet, c'est ce qu'on appelle la Loi de l'attraction. Mais, il est en fait plus juste d'employer notre pouvoir de manifestation. Lorsque notre psyché et nos émotions sont puissantes, elles ont un réel pouvoir de création. Si nous sommes faibles, c'est l'inconscient collectif qui crée la réalité à notre place. Lorsque nous utilisons la loi de l'attraction, c'est surtout notre inconscient qui émet des pensées et des émotions au lieu de notre conscience. Pour moi, l'inconscient attire les choses à nous alors que le conscient les manifeste. Pour se diriger vers davantage de conscience, il est donc nécessaire de nettoyer ou de conscientiser au maximum notre inconscient. Ce qu'il est important de comprendre, c'est que l'inconscient attire ce qui n'est pas nécessairement juste ou bon pour nous et les autres (même si nous le croyons), tandis que la conscience manifeste ce qu'il est aligné d'obtenir ou d'atteindre pour nous.

”

Mode d'emploi

PLANS SPIRITUEL ET DIVIN

Ayons foi en l'organisation divine, sentons que l'Univers entier conspire à nous assister dans notre requête.

Faisons confiance aux synchronicités (les synchronicités sont le résultat de la manifestation de l'Esprit qui ne fait que matérialiser notre conscience). Sentons combien tout le timing est parfait.

Utilisons la force d'une visualisation créatrice [1].

Lorsque nous projetons notre intention par la visualisation, nous « encodons » les cellules de la matrice, nous faisons exister une réalité parallèle qui sera nourrie par les autres plans vibratoires, nous influençons la matière en émettant des ondes cérébrales.

(1) Fiche ... page ...

PLAN CAUSAL

Sentons-nous prêts au changement et détachons-nous du passé [1].

Dépassons notre inconscient et notre égo afin de nous relier aux Volontés de notre âme [2].

Nettoyons les pensées, émotions et paroles négatives émises par le passé (doutes, etc.).

À cet effet, nous pouvons visualiser une ardoise sur laquelle sont inscrites nos anciennes pensées, émotions et paroles négatives. Nous nous voyons les effacer et y inscrire des nouvelles, positives.

PLAN MENTAL

Lâchons prise.

Émettons des pensées positives (les pensées négatives diminuent le taux vibratoire de nos cellules et plombent leur capacité à créer).

Nourrissons une intention avec amour (le coeur augmente la force vibratoire de notre visualisation créatrice).

PLAN ÉMOTIONNEL

Alimentons-nous d'émotions positives.

Notre souhait doit être « solaire », nous faire du bien et faire du bien aux autres indirectement. Plus notre aspiration, notre intention nourrit l'Unité ou le collectif, plus elle se manifeste.

PLAN VITAL

Faisons vibrer notre intention [3] ***en nous avec force et puissance.*** Elle doit nous nourrir. Nous devons sentir qu'elle vient des « tripes » (ce qui signifie alors que le chakra sacré est activé). Ce feu intérieur doit nous allumer et rester équilibré, afin qu'il ne devienne pas un désir qui nous consume, devienne obsessionnel.

Sentons-nous confiants, motivés, déterminés. Cela nous permettra de nous ancrer, d'augmenter notre puissance, de nourrir notre vitalité et de nous aider dans nos actions physiques.

PLAN PHYSIQUE

Réalisons les actions nécessaires.

Aucune manifestation n'est possible sans y mettre un peu du nôtre. Il suffit parfois d'une seule action symbolique dans la matière afin d'aider notre désir à prendre naissance.

Émettons des affirmations positives à voix haute. Ces vibrations vont pénétrer les cellules de la matrice, la nourrir, l'imprégner, comme une machine à écrire imprime les lettres sur le papier avec force. Les lettres, les phrases se gravent dans les cellules et les influencent.

(1) Fiche page 156 . (2) Fiche page 231 . (3) Fiche page 230 partie exercices

EXERCICES

Rituels

POUR PROJETER ET NOURRIR UNE RÉALITÉ :

Imaginons une grande feuille vierge devant nous, elle est d'un blanc immaculé. Sentons à quel point tout ce que nous désirons peut se produire, arriver, se manifester en étant projeté sur cette feuille symbolisant la réalité prête à émerger. Puis, utilisons le mode d'emploi proposé ci-avant afin d'imprimer ce que nous souhaitons manifester sur cette feuille. Une fois l'impression terminée (cela peut être projeté sous la forme d'un dessin, d'une photo, d'un film...), nous la plaçons sous verre, nous contemplons sa magnificence et sentons sa préciosité. De temps en temps nous pouvons prendre le temps d'admirer cette toile et sentir que sa matérialisation est déjà achevée, prête à se manifester à nos yeux d'une seconde à l'autre.

Protocole

POUR POSER UNE INTENTION DANS L'OPTIQUE DE MANIFESTER NOTRE RÉALITÉ :

Au préalable : essayons de sentir si notre intention est en accord avec notre plan divin, autrement dit avec notre âme. Si tel est le cas, nous nous sentons nourris, vibrants, alignés et un sentiment d'ouverture se fait sentir en nous.

Étape 1

Concentrons toute notre énergie au niveau du chakra sacré puis juste en dessous au niveau du Hara qui est un centre d'équilibre énergétique (il s'agit de l'intersection entre nos trois axes anatomiques : postérieur, transversal et longitudinal).
Cette étape permet à notre intention de prendre de la puissance, de la force. Si notre intention est juste, nous allons sentir qu'elle nous procure une stabilité intérieure, une forme d'assise, et que cela nous aide à maintenir un équilibre interne. Si ce n'est pas le cas, c'est que notre intention n'est pas alignée avec le Soi.
Il est nécessaire dès cette étape, de rester centré sur notre intention et donc d'éviter de nous disperser et de dilapider notre énergie (aussi bien physique que vitale, mentale ou émotionnelle). Nous devons donc nous efforcer de revenir à nous-même et à notre intention plusieurs fois par jour.

Étape 2

Fermons les yeux et sentons cette énergie qui monte au niveau du plexus solaire et du chakra du coeur. Ceux-ci se gorgent d'énergie dense et vive.
Cette énergie monte encore vers notre tête en passant par le chakra de la gorge qui s'ouvre telle une trappe au passage de cette énergie.
Cette énergie descend et passe par le chakra racine qui s'ouvre aussi telle une trappe.
Nous ressentons l'énergie circulant le long de notre axe vertical.

Étape 3

Des lucarnes s'ouvrent au niveau de notre front et de notre coeur. De celles-ci sort une lumière brillante, étincelante.
Une lumière venant de l'extérieur pénètre aussi en elles. Nous l'accueillons volontiers, avec plaisir et délectation. Nous ressentons au combien cela est plaisant.

Étape 4

Visualisons ce que nous souhaitons ou convoitons avec notre troisième oeil. Celui-ci envoie notre visualisation dans l'espace situé à deux mètres devant nous (tel un projecteur de cinéma).
Un chemin se dessine depuis notre chakra du coeur jusqu'à la scène que nous avons projetée en face de nous.

Étape 5

Nous empruntons le chemin et marchons dessus tranquillement, avec aisance, confiance et assurance et nous rejoignons la réalité que nous venons de manifester. Nous sentons au combien elle est déjà présente, prête à ce que nous l'intégrions complètement en nous avant qu'elle ne se présente totalement.

Note :
Nous ne devons pas confondre « poser une intention » avec « poser son attention », car l'attention induit le fait que nous posons notre conscience en lien avec l'esprit sur un point. Autrement dit, nous posons notre attention sur quelque chose lorsque nous maintenons une forme de concentration sur cette dernière.

Se connecter à son âme

ET L'EXPRIMER

"

Être connecté à notre âme et l'exprimer dans la matière nous permet de valider « notre mandat d'incarnation ».
Cela consiste à mettre nos énergies divines et célestes en lien avec les énergies matérielles et terrestres. L'âme semble choisir de s'incarner dans un corps physique afin de vivre une expérience matérielle durant laquelle elle va faire en sorte de s'exprimer afin de gagner en puissance, en énergie et donc de se reconnecter à sa Source initiale. Si nous sommes coupés de cette dernière, nous avons le sentiment de dépérir car nous nous trouvons séparés de cet état de fusion originelle où l'amour exulte, où la beauté et l'harmonie règnent, où la liberté insuffle toute son énergie créative, où la foi a raison...

"

Utilité & Influence

DE L'ÂME SUR NOS CORPS SUBTILS

SUR LES PLANS SPIRITUEL ET DIVIN :

nous relie au plan divin, au sacré. Relie le corps à l'esprit. Nous relie par le coeur de nos cellules à tout ce qui existe. En fait, pour moi, le coeur énergétique de nos cellules physiologiques entre en vibration/communication avec le coeur même de chaque cellule qui compose tout ce qui existe ainsi que le champ spectral. Ces cellules en question ne sont pas à proprement dit physiologiques, je les perçois plutôt telles des pixels 3D.

SUR LES PLANS MENTAL ET ÉMOTIONNEL :

donne une dimension, un poids à nos sentiments, à nos paroles, à nos pensées, à nos actes. En fait, pour moi l'âme EST dans le coeur de chacune de nos cellules. Lorsque nous vibrons (émettons ou recevons) certaines énergies, notre âme entre en résonnance avec elles.
Soit l'âme se sent alors à nouveau en lien avec sa Source originelle, car cette vibration reçue ou émise la lui rappelle puisqu'elle sert l'harmonie, la paix, l'élévation, la construction...
Soit elle s'en éloigne, en est coupée, car cette vibration réceptionnée ou envoyée, vibre dans la polarité inverse aux énergies dont elle est porteuse. Généralement, il s'agit d'énergies qui désharmonisent, emprisonnent, restreignent, et détruisent...

SUR LES PLANS VITAL ET PHYSIQUE :

donne un poids énergétique à notre être, le rend vivant, lui donne la possibilité d'être animé, d'être en vie. Nous permet de créer dans la matière lorsqu'elle tient à se matérialiser à travers le souffle divin. En d'autres termes, elle nous inspire à laisser une trace de notre passage sur Terre afin qu'elle puisse entrer en connexion avec le plan vibratoire terrestre, et ce pour y déposer sa vibration atmique (sa vibration originelle, celle en lien avec la Source).

Mode d'emploi

PLAN SPIRITUEL

Manifestons dans la matière à l'aide de notre esprit. Pour cela, ayons une vision positive des choses, soyons ouverts d'esprit, soyons conscients de ce qui est juste pour nous et le Monde entier. Utilisons la visualisation créatrice et la loi de la manifestation [1].

Soyons des Artistes. Pour cela, inspirons ceux qui nous entourent à incarner leur véritable identité en étant nous-mêmes, en exprimant notre être véritable [2].

Ressentons un sentiment de plénitude et de complétude en nous. Pour cela, ressentons à quel point nous avons tout en nous, que rien ne nous manque.

Voyons la magie en nous et autour de nous.

Reconnaissons la caractère sacré et divin de notre naissance. Bannissons tout sentiment d'illégitimité.

Ayons des illuminations de l'esprit. Pour cela lâchons prise [3] et connectons-nous à notre moi supérieur [4].

Ayons foi.

PLAN CAUSAL

Dépassons nos peurs afin de nous libérer. [5]

Dépassons nos croyances limitantes afin de nous élever.

Pardonnons à ceux qui nous ont blessés. [6]

Exprimons librement notre créativité.

Conscientisons notre inconscient.

PLAN MENTAL

Soyons en paix mentalement, sereins.

Mettons du coeur à l'ouvrage lorsque nous réalisons quelque chose.

Lâchons prise et restons patients et tolérants vis-à-vis de nous-mêmes.

PLAN ÉMOTIONNEL

Soyons en paix émotionnellement.

Répondons personnellement et en toute conscience à nos besoins affectifs.

Ayons confiance en nous, développons tout notre potentiel [7].

PLAN VITAL

Répondons personnellement et en toute conscience à notre besoin de sécurité.

Sentons-nous reliés à tout ce qui est et existe.

Osons rayonner.

PLAN PHYSIQUE

Acceptons la dualité.

Voyons la beauté qui se trouve et cache parfois en tout le monde et en toute chose.

Répondons personnellement et en toute conscience à nos besoins physiologiques.

Osons exister.

Réalisons des actions positives, altruistes et bienveillantes. Générons plus d'harmonie et de beauté autour de nous.

(1) Fiche page 228 . (2) Fiche page 183 . (3) Fiche page 128 . (4) Fiche page 179 . (5) Fiche page 160 . (6) Fiche page 92

EXERCICES

Protocole

POUR ENTRER EN LIEN AVEC NOTRE ÂME :

Étape 1 **Visualisons et sentons toutes les cellules de notre corps. Certaines sont comme verrouillées, fermées à clé.**

Étape 2 Nous ressentons l'essence lumineuse et divine qu'elles portent en elles. Nous sentons au combien notre coeur y est connecté, à quel point il est y relié, à quel point il a envie que nous y accédions pleinement.

Étape 3 Cette aspiration de notre coeur entraine les cellules à se déverrouiller, à s'ouvrir, à laisser l'essence/l'élixir qu'elles portent en elles se répandre en leur intérieur puis en nous.

Nous sentons à quel point toutes nos cellules sont gorgées de cette énergie, à quel point celle-ci circule en nous, en nos veines, dans notre chair, dans nos os ; à quel point elle nous connecte au ciel, à la terre et à tout ce qui nous entoure. Nous baignons dans cette énergie symbiotique et nous nous délectons.

POUR AIDER NOTRE ÂME À S'EXPRIMER, À SE LIBÉRER :

Étape 1 **Sentons et visualisons les cellules de notre corps comme étant des étoiles. Notre corps est le ciel.** Nous tissons ensuite un lien énergétique invisible entre nos cellules et les étoiles du ciel. Nous pouvons sentir et visualiser toute leur brillance, tout leur éclat, toute leur force et beauté.

L'énergie contenue dans les étoiles du ciel coule dans nos veines pour pénétrer dans nos cellules. Celles-ci s'en gorgent.

Notre chair se veut de plus en plus tendre, aérée, légère, tel un nuage cotonneux.

Étape 2 Nos mains se libèrent : des fils, des barbelés, des cadenas, des lierres tombent d'elles et se consument au sol. Il en est de même pour nos pieds.

Les masques que nous portons sur notre visage afin de nous protéger tombent (si nous avons du mal à cela, laissons des étoiles se poser sur eux pour qu'elles puissent les faire fondre ; la force de notre coeur saura activer la puissance de ces étoiles).

Étape 3 Enfin, notre chakra de la gorge se libère, nous sentons et visualisons pour cela qu'un portail fermant ce dernier s'ouvre. Nous respirons au niveau de ce chakra. Nous laissons un son puissant sortir de celui-ci avec pour intention « je suis libéré, je m'exprime pleinement, divinement, sans peur ni crainte, seulement avec amour et bénédiction ».

Étape 4 Nous visualisons que tout ce qui nous enferme, nous emprisonne, nous retient cède, fond et disparaît. Nous sommes uniquement lumière, une seule étoile éblouissante et merveilleuse.

Se réaliser

ET S'ACCOMPLIR

“

Se réaliser, cela revient à exprimer le SOI (la conscience, l'esprit supérieur et l'âme) dans la matière. Cette réalisation apporte généralement plus de paix, d'union et d'harmonie sur Terre. Elle se manifeste la plupart du temps par le biais d'actions, de projets ou de créations réalisés dans l'amour, la paix et la joie. Une personne qui se réalise, ressent pour la plupart du temps au final, du plaisir, du contentement, de la joie et de la fierté.

La réalisation de Soi peut s'atteindre à travers une passion, une profession, ou une mission d'âme ; la vocation étant quant à elle une profession qui nous passionne et dont notre âme est ou s'est missionnée. La réalisation de SOI permet de déprogrammer l'inconscient au niveau personnel ou collectif et d'atteindre des niveaux de conscience supérieurs. La réalisation de SOI est souvent atteinte après un dépassement de SOI.

Se dépasser, revient à aller au-delà de nos croyances, de nos peurs et de nos doutes. Ce qui nous permet de nous libérer et indirectement de nous élever.

”

Mode d'emploi

AFIN DE TENDRE VERS LA RÉALISATION DE SOI, RÉPONDONS AUX QUESTIONS SUIVANTES :

PLANS SPIRITUEL ET DIVIN

- Quelles sont les Volontés de notre âme ? [cf exo]
- Comment pouvons-nous à notre échelle, et par ce que nous sommes et faisons, inspirer les autres ?
- Avons-nous le sentiment d'avoir une mission d'âme, une vocation particulière ? Si oui, laquelle ?
- Quelle est notre vision d'un monde meilleur ? Que pouvons-nous mettre en place afin d'y contribuer ?
- Que ferions-nous ou réaliserions-nous si tout était possible ? Si nous étions capables de tout ?

PLAN CAUSAL

- Qu'est-ce qui nous élève ?
- Quelles sont nos valeurs profondes, celles sur lesquelles nous ne ferons pas l'impasse ?
- Qu'est-ce qui fait sens pour nous ?
- Quel(s) message(s) sommes-nous venus exprimer au Monde ?
- De quoi rêve notre enfant intérieur ?

PLAN MENTAL

- Qu'avons-nous envie d'atteindre et pourquoi ? Sommes-nous certains qu'il est question d'une aspiration de notre coeur plutôt qu'une quête inconsciente de notre égo ?
- Quels sont les aspirations profondes de notre être ? Quels sont nos élans du coeur ?
- Quelles sont les aptitudes que nous avons acquises et qui sont source de positif pour nous et les autres ?

PLAN ÉMOTIONNEL

- Qu'est-ce qui nous procure de la joie ?
- Que souhaiterions-nous accomplir qui nous rendrait fiers ?
- Qu'est-ce qui nous fait du bien, nous aide à nous sentir en paix, en harmonie et accord avec nous-même ?
- Qu'est-ce qui nous apporte ou apporterait contentement et satisfaction ?

PLAN VITAL

- Qu'est-ce qui nous anime, nous passionne et éveille notre entrain ?
- Dans quoi avons-nous réellement envie de nous investir et de dépenser notre énergie ?
- Quel(s) égregore(s) souhaitons-nous nourrir ?

PLAN PHYSIQUE

- Quels sont nos talents naturels, nos aptitudes innées et nos atouts ?
- Que souhaitons-nous ancrer dans la matière et laisser sur Terre ?
- Que voulons-nous voir changer ou évoluer sur Terre ? Comment pouvons-nous y contribuer ?

EXERCICES

Protocole

POUR LAISSER LA PAROLE À NOTRE COEUR :

Étape 1 **Par visualisation, laissons notre coeur tracer des rigoles dans l'espace disponible devant nous (nous pouvons imaginer que l'air est du coton et que les rigoles sont des toboggans). Laissons-le faire et lâchons prise tout en observant ce qui se passe devant nous.**

Étape 2 Posons l'intention de voir disparaître les rigoles qui ne sont pas nécessaires et de voir disparaître toutes les ramifications qui seraient inutiles ou excessives.

Étape 3 Choisissons de prendre une rigole et de nous poser dessus en respirant calmement. Maintenant, répétons-nous intérieurement « j'aspire à... » tout en inspirant lentement. Puis, laissons sortir ce qui nous vient à l'esprit afin de compléter cette phrase lors de notre expiration. Réalisons ce processus tout en visualisant que nous avançons sur ce chemin-rigole sur lequel nous sommes de plus en plus à l'aise. Allons jusqu'au bout et voyons où nous arrivons.

POUR NOUS RAPPELER DE NOS VOLONTÉS D'ÂME :

Étape 1 **Répétons avec aplomb et sûreté cela :**

> *« Je me souviens porter en moi des trésors cachés, des volontés divines, des aspirations profondes. Je me souviens porter en mon intérieur des cadeaux, de la lumière divine et des éclats créateurs. Je me souviens porter en moi la profondeur de cieux brillants, de voies lactées, je porte en mon souvenir l'éternel, le sublime et le divin. Je me rappelle être un enfant des étoiles, un être profondément aimé, un être désiré, un être éblouissant. Je suis venu pour être incarné, pour m'accomplir et me réaliser sans crainte ni peur, je suis fais pour ça, pour briller, irradier. Je suis fais pour ça et plus encore. Je m'y autorise, j'y accède et me laisse aller avec plaisir et engouement. »*

Étape 2 Visualisons que nous ouvrons des portes et des portes. Notre vie est telle une pièce qui commence à s'aérer. Du positif entre à l'intérieur, le soleil de ces rayons éclaire la pièce, tout est de plus en plus clair, joyeux et limpide.

Étape 3 Répétons à nouveau le texte ci-dessus. Ouvrons encore et encore des fenêtres, des portes jusqu'à temps de voir le ciel au-dessus et autour de nous... Jusqu'à temps de voir que les murs, le sol et le plafond cèdent.

Étape 4 Nous sommes alors dans le vent, dans la lumière. Nous sentons que nous sommes divins, sublimes et lumineux. Nous nous reconnaissons, nous reconnectons à tout notre potentiel et à notre capacité à réaliser et produire le prodigieux. Nous sentons toute cette bénédiction. Nous nous sentons légers.

POUR NOUS CONSACRER BRILLAMMENT ET NOUS TROUVER :

Étape 1 Visualisons-nous sur un trône et couronnons-nous sans aucune honte mais plutôt avec fierté. Répandons des offrandes à nos pieds. Sentons combien nous les méritons, soyons à l'aise avec ceci.

Étape 2 Agrémentons notre couronne comme il se doit, le plus magnifiquement possible. Sentons que ce bijou nous relie à notre trésor intérieur que nous portons en nous et qui se veut tout aussi merveilleux (voire plus !). Si ce trésor est difficile d'accès, visualisons que nous ouvrons un coffre dans lequel il est contenu, acceptons de laisser notre brillant, notre lumière et notre merveilleux s'exprimer.

Étape 3 Sentons combien nous sommes radieux. Couvrons maintenant notre corps de lumière et d'or et affirmons « je suis prêt à briller maintenant, qu'on me laisse me réaliser sans nulle peur du succès ou de la réussite, je suis une personne brillante et merveilleuse venue s'accomplir afin de rayonner de toute sa majestuosité et divinité. Je suis prête ! »

Étape 4 Maintenant, prenons physiquement un papier et écrivons ce qui nous vient à l'esprit en gardant notre attention portée sur notre trésor intérieur et notre intention posée sur la phrase suivante à compléter :

« JE SUIS... ». Complétons cette phrase par des métaphores décrivant l'essence pure et même de notre être. Laissons-nous aller.

Je sais que la vie sait parfois se montrer difficile et tumultueuse, mais aussi douce et légère. J'espère sincèrement que cet ouvrage saura vous accompagner et vous guider, tel un compagnon de route, dans les moments où vous en aurez besoin. Notamment dans les instants de doutes, de peur et de questionnements. Mais aussi lorsque vous aurez besoin de confirmations, de conseils, de gagner en confiance ou d'être stimulés.

Je me fais un plaisir de vous délivrer toutes les clés, outils et prises de conscience qui ont su rendre mon existence meilleure, fluide et forte de sens. Je me fais une joie de me dire qu'en rejoignant cette aventure joyeuse, vous allez peut-être trouver un sens à votre vie, emprunter un chemin qui vous épanouit. La route ne se voudra jamais totalement tendre, mais si vous le restez avec vous-même, alors votre chemin saura être paisible et vous conduire vers des moments d'extase et de sérénité. Votre vie se révèlera merveilleuse si vous vous souvenez du trésor que vous êtes, si vous vous rappelez de l'amour et de la beauté qui demeurent en vous. Je ne suis pas là pour vous en convaincre, mais pour vous aider à vous en souvenir.

Je remercie toutes ces personnes incroyables qui croient en moi, et qui me font confiance pour leur servir de lumière. Je vous remercie, vous, qui avez lu ce livre et qui essayez d'exprimer sans filtres, ni masques qui vous êtes.
J'ai la chance de me dire que grâce à ces quelques mots et à votre détermination, nous pouvons être le reflet d'un monde qui sait changer, évoluer et avancer non pas en rugissant, mais en se souvenant de pourquoi il est, et demeure.

« Nous sommes l'éternité incarnée dans l'éphémère, l'âme incarnée dans la chair ; nous sommes de passage afin de graver dans les cimes les plus hautes, le souvenir des étoiles dont nous sommes venus et issus. »

merci

DE M'AVOIR SUIVIE
ET BONNE AVENTURE INTÉRIEURE

Malory
Malmasson

Remerciements

MERCI,

À toi, Marc, qui m'aime inconditionnellement et me soutient sans faille dans mon déploiement ;
À mes parents qui m'ont permis d'évoluer dans un cocon favorable à mon épanouissement ;
À ces âmes qui m'accompagnent, me bercent, m'aiment et enjolivent mon existence.

À Florent pour la confiance que tu m'accordes et pour ces portes que tu ouvres afin d'enrichir les âmes ;
À Aude et Quentin pour leur talent, qui met joyeusement en lumière mes mots.

À ces personnes qui m'ont blessée, et qui ont permis sans le savoir ma renaissance ;
À ces êtres qui m'ont fait mal, et qui ont ainsi nourri cette force qui m'habite et cette flamme qui m'anime ;
À tous ceux qui m'ont heurtée, et qui m'ont donné alors l'occasion de renforcer ma foi envers la vie et ma confiance en la personne que je suis.

souldating.fr

Éditions Massot : massot.com
Relecture, corrections : Laura Biberson, Stéphanie Zeitoun
Couverture et maquette intérieure : www.quintessence-communication.fr

Dépôt légal : octobre 2018
ISBN : 979-1-09716-041-8
Imprimé en France par Loire-Offset-Titoulet à Saint-Etienne
M00041/61